THE RESEARCH ON THE PERFORMANCE EVALUATION OF GOVERNMENTAL PROCUREMENT OF PUBLIC SERVICES FROM THE PERSPECTIVE OF PUBLIC RESPONSIBILITY

基于公共责任视角的
政府购买公共服务绩效评估研究

董 杨 ◎ 著

图书在版编目(CIP)数据

基于公共责任视角的政府购买公共服务绩效评估研究 / 董杨著. -- 北京 : 北京大学出版社, 2024. 9. -- (未名社科论丛). -- ISBN 978-7-301-35598-5

Ⅰ. D630.1 ; F812.2

中国国家版本馆 CIP 数据核字第 2024ZS5786 号

书　　名　基于公共责任视角的政府购买公共服务绩效评估研究
JIYU GONGGONG ZEREN SHIJIAO DE ZHENGFU GOUMAI GONGGONG FUWU JIXIAO PINGGU YANJIU

著作责任者　董　杨　著

责任编辑　梁　路

标准书号　ISBN 978-7-301-35598-5

出版发行　北京大学出版社

地　　址　北京市海淀区成府路 205 号　100871

网　　址　http://www.pup.cn

新浪微博　@北京大学出版社　@未名社科-北大图书

微信公众号　北京大学出版社　北大出版社社科图书

电子邮箱　编辑部 ss@pup.cn　总编室 zpup@pup.cn

电　　话　邮购部 010-62752015　发行部 010-62750672
编辑部 010-62765016

印　刷　者　三河市北燕印装有限公司

经　销　者　新华书店

650 毫米×980 毫米　16 开本　19.75 印张　290 千字
2024 年 9 月第 1 版　2024 年 9 月第 1 次印刷

定　　价　79.00 元

目 录

导 论

第一节 政府购买公共服务绩效评估的现实需求

政府购买公共服务是一项关于公共服务供给方式变革的决策，已成为近年来行政管理体制创新中最引人注目的改革措施之一，且被世界各国政府广泛采用。广义上，政府购买公共服务可界定为更多依靠社会力量，更少依赖政府来满足社会公众的需求，即在产品或服务的生产和财产拥有方面减少政府的作用，增加社会其他机构作用的行动。具体而言，它可以在官僚体制中引入竞争，提高效率；可以在政治和行政关系中引入经济学的市场分析模式，带来收益成本比更高的公共服务。然而，学术界对此看法不一，相关研究没有找到明确证据表明政府购买公共服务可以节省成本和提高效率。特别是将其以经济效率为导向，而不是以服务质量或结果为导向的理解一直存有争议。在实践中，政府购买公共服务的问题逐渐暴露，政府回购现象屡见不鲜。由此，人们对下述问题产生了浓厚的兴趣：目前，政府购买公共服务究竟发展到何种程度？存在哪些问题？带来了哪些成效？成果是否得以运用？立足于此，上述疑问均体现出对政府购买公共服务绩效评估研究的迫切需求，相关研究亟待进一步展开。

一、绩效评估是改进政府购买公共服务绩效的重要选择

戴维·奥斯本（David Osborne）和特德·盖布勒（Ted Gaebler）在《改革政府：企业家精神如何改革着公共部门》一书中指出，“评估就是我们要做的”[①]。换句话说，绩效评估一般会对行为和决策产生影响。绩效评估关注评估目的和绩效本身，激励个人和组织努力改进绩效，至少是在那些可以自我控制的行为方面进行改进。近些年各国政府大力推行政府购买公共服务，这一行为和决策需要我们对一些现实问题进行思考：政府购买公共服务的原因是什么，即什么问题导致其作为潜在的补救措施而出现？此外，有关政府购买公共服务的争议从未停歇，还需要进一步深入思考：政府购买公共服务出现了哪些问题影响其政策决策？政府购买公共服务取得成功需要什么理想的政策环境？怎样对政府购买公共服务实施有效的管理？传统上政府作为公共服务供给的唯一主体，导致对不良政府绩效的抱怨在世界范围内早已司空见惯：效率低下、服务质量低劣、缺乏管理技能、腐败现象丛生、对公众缺乏回应性等。之所以出现上述弊端，主要原因是政府活动是由垄断者实施的，它们缺乏有效利用资源和节约的动力，且不会因绩效不佳受到惩罚。可见，这些问题均反映了对政府购买公共服务绩效评估的迫切呼唤和其他深层次的改革。

政府购买公共服务现已成为提供公共服务的重要替代性选择。然而，政府做出购买决定的动机仍未得到很好的解释。20 世纪 80 年代早期的研究表明，政治因素（治理结构等）是地方政府购买公共服务的重要决定因素。然而，最近的研究质疑早期的共识，表明财政压力、经济效率以及反对利益集团的力量构成对地方政府购买公共服务决策的主要影响因素，即认为政府购买公共服务决策是务实的

---

① 〔美〕戴维·奥斯本、特德·盖布勒：《改革政府：企业家精神如何改革着公共部门》，周敦仁等译，上海译文出版社 2006 年版，第 96 页。

选择。在我国，政府购买公共服务的实践早于理论。20 世纪 90 年代，政府购买公共服务在深圳、上海、北京等多个发达地区相继展开，购买范围涉及教育、扶贫、养老、残疾人服务、社区发展、环保等诸多领域和内容。目前，政府购买公共服务从局部试点探索阶段，迈向全面深入推广阶段。我国推广政府购买公共服务的主要动因在于转变政府职能、创新政府治理模式和推进社会事业深化改革创新。基于不同的驱动因素，政府购买公共服务的发展对政府行为和决策已经产生了重要影响。

然而，在政府购买公共服务不断向前推进的同时，其成效究竟如何？为什么一些地方政府拒绝购买公共服务？政府回购现象应该如何解释？为什么学术界对政府购买公共服务在很大程度上可以提高效率、降低成本持不同意见？当前所面临的这些问题，都需要对政府购买公共服务的内容和最终结果有一个清晰的认识。因此，对于政府购买公共服务工作，亟须设计一套系统的绩效评估体系。正如奥斯本和盖布勒所说，“如果你不去评估工作结果，你就不能分辨出成功与失败”。更进一步，“如果你不能看到成功，你就不能激励并强化它”；“如果你不能认识到失败，你就不能纠正它”。[①] 因此，绩效评估使管理者从本质上认识到“事情是如何进行的”，通过这样的方式，他们才可以采取相应的措施，以保持正确的决策并改进绩效。

二、绩效评估是提升政府购买公共服务决策质量的关键环节

绩效评估致力于提供关于项目和组织绩效的各种客观的信息，这些信息可以用来强化管理和为决策提供依据，达成工作目标和改进整体绩效，以及增强相关主体的责任感。可见，开展绩效评估工作不仅能够体现对一项活动改进绩效本身的需求，还能够有助于其

---

① 〔美〕戴维·奥斯本、特德·盖布勒：《改革政府：企业家精神如何改革着公共部门》，周郭仁等译，上海译文出版社 2006 年版，第 134 页。

开阔新的视野，创建更具战略性的决策。

政府购买公共服务作为一项改革和发展公共服务供给体制的重要举措，在我国已成为一种普遍且可取的政府惯例。随着政府购买公共服务范围的逐渐扩大，各级政府越来越重视其实践与发展，并推出了相关政策与管理办法。2006 年，财政部等发布《关于城市社区卫生服务补助政策的意见》，提出了社区公共卫生服务采取政府购买服务的方式提供。2013 年 9 月，国务院办公厅公布《关于政府向社会力量购买服务的指导意见》，提出到 2020 年，在全国基本建立比较完善的政府购买服务制度的目标。党的十八届三中全会通过的《中共中央关于全面深化改革若干重大问题的决定》，则指出要进一步推广政府购买公共服务，第一次将政府购买公共服务提高到国家改革的层面。

现已取得的诸多成效是否与政策制定的目标一致？现实中政府购买公共服务的复杂性给出了答案。政府购买公共服务存在着诸多风险。在计划阶段存在着由法律规章缺失、政府能力不足所引发的购买随意性强和合同管理效率低的风险；在甄选阶段存在着权力寻租、缺乏充分竞争市场所引发的政府公信力下降和内部性购买的风险；在实施阶段则存在社会组织能力不足、政府监管失效所引发的供给方出现行为偏差和损害公众利益的风险；尤其是当政府购买公共服务过程中所涉及的主体拥有不同的动机时，以上问题更甚。在现实中政策运转遇到各种阻力的同时，在各个公共服务领域，政府购买公共服务绩效评估工作也随之逐步展开。通过上述政府购买公共服务政策的演变，更为明确的是，绩效评估这一关键环节在不断推进的政府购买公共服务过程中显得尤其重要且必要。

首先，绩效评估为政府购买公共服务决策制定提供客观的、以绩效为导向的信息。因为绩效信息一旦被运用，就会被推广并产生更优的决策。绩效信息可以促成共识，并使得决策更具客观性。政府能够通过绩效评估提供的信息（包括系统的指标体系、相关影响因素）控制或引导政府购买公共服务的质量、效率以及成本。换言之，绩效评估可以用来证明或检验政府的行政效率、合同管理能力、社会组织的专业能力、公众的参与程度等，进而审视政府购买公共服务的一系列决策。

其次，从一个整体和立体的视角来看，政府购买公共服务绩效评估能够帮助决策者了解政策目标相互作用的背后逻辑，以及政策质量如何改善，并且进一步完善政府购买制度。而在具体的服务提供部门，一个良好的绩效衡量体系可以帮助其制定战略和运营目标实施方案，并且监测进展情况，以便协助确定正确的优先事项并采取适当行动改善薄弱领域；形成长期战略和业务规划的组成部分，包括年度预算过程、管理和工作人员发展等；而从具体的购买服务合同管理来看，绩效评估能够与支付机制相联系，激励相关主体提供更好、更有质量的服务。绩效评估还能评估合同是否有效运作并交付“物有所值”。因此，从政府的宏观层面到购买服务的微观层面，政府购买公共服务绩效评估可谓既是提升政府购买公共服务决策的必要环节，也是完善购买服务流程和体系的重要手段。

公共管理融合了理性工具取向与政治价值取向。相应地，政府购买公共服务决策大致由政治问题和行政问题这两种类型问题组成。[①] 政治问题规定了政府的作用、公共责任以及其他规范和政治判断。从经济学和管理学角度而言，行政问题的核心关注点是效率和有效性。如同詹姆斯·M. 费里斯和罗伯特·格拉迪所主张的那样，政府需要在政治和法律限制内提供公共服务，提高效率且将成本降至最低。[②] 可见，行政和政策动机都立于决策的背后，使得政府购买公共服务决策既能改善现状，又符合规范。据此，政府购买公共服务决策的具体目标也应各自有所侧重。

---

① S. Domberger and P. Jensen, “Contracting Out by the Public Sector: Theory, Evidence, Prospects,” *Oxford Review of Economic Policy*, 1997, 13 (4).

② J. M. Ferris and E. Graddy, “Contracting out: For What? With Whom?” *Public Administration Review*, 1986, 46 (2).

西方国家政府购买公共服务决策目标的出发点在于：一是迫于财政压力，追求降低成本。费里斯对政府购买公共服务的决策进行了深入研究。他认为，一个常年处于财政困境中的政府部门可能成为购买的理想对象，因为潜在的成本节省是一个激励因素。① 二是基于成本—收益，追求提高效率。彼得·格雷夫在福利国家购买公共服务的实践中发现，非营利组织在提供公共服务的成本方面占据优势，能够以较低的社会成本高效实现社会平均福利。② 此外，竞争被广泛认为是政府购买公共服务成功的关键。市场理论告诉我们，竞争能促进成本降低和效率提高，因为竞争对无效率行为来说是一种惩罚性结果。③ 还有研究发现，政治因素或意识形态，也对政府购买公共服务决策目标的实现产生重要影响。④

我国政府购买公共服务决策目标的出发点在于：一是切实转变政府公共服务职能。政府购买公共服务意味着公共服务从传统的计划经济体制下的行政性单一供给，到政府向社会力量购买供给的深刻变革。⑤ 二是创新政府治理模式。在政府层面上，大量使用政府购买公共产品和服务以实现政策目标，已成为一种普遍且可取的政府惯例。这种惯例将第三方机构等纳入公共部门的管理与服务过程，形成了多主体协作的治理模式。

政府购买公共服务作为改革公共部门服务提供的机制，围绕着

---

① J. M. Ferris and E. Graddy, "Contracting out: For What? With Whom?" *Public Administration Review*, 1986, 46 (2).

② P. Graefe, "Personal Services in the Post-Industrial Economy Adding Nonprofits to the Welfare Mix," *Social Policy & Administration*, 2004, 38 (5).

③ O. Hart, A. Shleifer and R. W. Vishny, "The Proper Scope of Government: Theory and an Application to Prisons," *The Quarterly Journal of Economics*, 1997, 12 (4).

④ B. Germa' and X. Fageda, "What Have We Learned from the Last Three Decades of Empirical Studies on Factors Driving Local Prioritization?" *Local Government Studies*, 2017, 43 (4).

⑤ 王浦劬、〔英〕郝秋笛：《政府向社会力量购买公共服务发展研究：基于中英经验的分析》，北京大学出版社 2016 年版，第 202 页。

上述目标如何采取措施？目标的实现程度如何？能否达到人们所期望的结果？杰伊·M. 沙夫里茨和 E. W. 拉塞尔提出，绩效评估是对组织为达成目标所做努力的系统性整合。它是由对组织清晰和可测量目标的详细说明；系统利用组织绩效目标和标准对组织的产出进行评估；对目标达成程度、原因分析和改进分析进行回顾，以便为新一轮评估提供反馈信息。[①] 可见，绩效评估不仅有助于达成政府购买公共服务的目标，还能够针对组织所关注的目标，提供关于政府购买公共服务绩效方面的重要反馈。为了实现最终目标以及完善管理，系统建设政府购买公共服务绩效评估体系是一种必然选择。

第二节　公共责任视角下政府购买公共服务绩效评估的必要性

一、政府购买公共服务绩效评估的“新”发展

20 世纪 80 年代初，西方国家政府面临的困境推动了公共部门绩效评估的发展。公共服务市场化的压力、以控制支出为目的的立法呼声，以及把权责下放到基层政府的分权运动，这一切似乎催生出这样一种需求，即公共部门应该对立法机关和公众负责，公开政府财政支出以及支出所产生的结果。这些外部和内部因素的共同作用，重新唤起了人们对绩效评估的兴趣。当然，此时如何进行绩效评估的问题也已经被确定为当代公共管理的三大问题之一。[②]

然而，政府将公共服务转交给社会力量（私营部门、非营利组织等）生产并非总能获得人们所期望的结果，政府购买公共服务绩效评估的结果可谓喜忧参半。探究其原因可以从以下两个方面考虑：

---

① J. M. Shafritz and E. W. Russell, *Introducing Public Administration*, Longman Press, 2000.

② R. D. Behn, "The Big Questions of Public Management," *Public Administration Review*, 1995, 55 (4).

一方面，针对政府购买公共服务的绩效评估研究处于初级阶段。目前学术界关注的焦点主要集中在政府购买公共服务评估的影响因素，突出成本、效率、竞争和质量等因素对绩效的影响，以及对评估的模型与方法的关注。另一方面，对政府购买公共服务绩效评估系统性的探讨较少。概括而言，现代评估技术的应用及工具理性文化的传播，使得政府购买公共服务绩效评估中的工具理性与价值理性存在失衡现象。工具理性关注销量，讲求效益，注重工具的实践操作性与现实可行性，但却很少关注工具本身的价值性。①

自“新公共管理”范式产生以来，多样化的公共责任机制已广泛应用于公共部门，以提高绩效和公共价值。在此背景下，罗伯特·D. 贝恩总结了公共管理研究中提出公共责任的原因在于其反映了合法、公正、公平、民主的基本原则。② 因此，追求工具理性与价值理性的整合，从公共责任视角对政府购买公共服务绩效评估的认同，为一些组织管理活动提供了支持，这些活动包括一个更有针对性的使命和战略，改进管理和决策制定，改进绩效本身以及增强对政府自身和外部利益相关人的责任感。可见，政府购买公共服务绩效评估的新发展，是与战略框架相联系的，关注公众的看法，强调公共责任，评估针对目标和目的的绩效，并且通过有意义的方式把评估系统与其他管理过程有机结合起来。

二、公共责任是对政府购买公共服务绩效的一种回应

近几十年来，绩效的概念已成为公共管理改革的核心议题，这一现象也反映出效率和管理的价值在逐渐走向融合。就目前来看，绩效的概念既包含了效率也包含了管理。在这一时期，公共部门与管理者的行为评估标准既涉及效率，也涵盖了管理的产出结果。公

---

① 〔德〕马克斯·韦伯：《经济与社会》上卷，林荣远译，商务印书馆 1997 年版，第 56 页。

② R. D. Behn, *Rethinking Democratic Accountability*, Brookings Institution Press, 2001.

共部门与管理者不仅需要完成绩效指标，少花钱多办事，同时还需要承担对项目绩效的结果进行解释与回应的责任。在过去的一段时间里，与绩效概念相关的政府改革实施频度最高、涉及范围最广。绩效工资、全面质量管理、战略规划、政府购买服务等公共部门改革均瞄准了灵活性、去中心化，以及提高绩效这一终极目标。这些改革的前提假设几乎一样，即能够通过巩固绩效的方式来管理系统。

如前所述，人们对政府购买公共服务褒贬不一，有人认为政府购买公共服务就像拆除炸弹，必须审慎对待，因为错误的决定会导致危险的后果。[①] 政府购买公共服务的成效究竟如何，这引发了人们对政府购买公共服务绩效评估的关注。基于大量理论与实践分析，人们认为，采用政府购买公共服务的初衷多与经济、效率等因素相关。在此基础上，探究政府购买公共服务绩效评估的讨论大多围绕着财政、经济、效率等因素展开。很多学者将政府购买公共服务的绩效评估等同于对公共服务的绩效评估，仅采纳了投入—产出等经济类指标。

然而，实际上，政府购买公共服务不仅是一种经济行为，更是一种政治行为。政府购买公共服务绩效评估是一项十分复杂的任务，不仅要关注政府购买公共服务的经济性、效率等，更加不能忽视政府购买公共服务的公正、平等、回应性等价值体现。而“公共责任”被看作许多广泛的政治价值的代名词，例如善政、透明度、公平、民主、响应能力、责任感和诚信。[②] 因此，从公共责任视角，展开对政府购买公共服务绩效评估的分析具有重要的理论价值。公共责任被理解为对政府购买公共服务绩效评估的回应，公共责任不仅包括

---

① 〔美〕E. S. 萨瓦斯：《民营化与公私部门的伙伴关系》，周志忍等译，中国人民大学出版社 2002 年版，第 305 页。

② M. Boverns, “Two Concepts of Accountability: Accountability as a Virtue and as a Mechanism,” *West European Politics*, 2010, 33 (5).

财务责任和公平责任，也包括绩效责任。[①] 公共责任视角下对政府购买公共服务绩效评估的研究到底有多重要？

首先，它有利于探索政府购买公共服务绩效评估理论体系。“新公共管理”是一系列创造性改革的通用标签，对于政府购买公共服务绩效评估也不例外，其最显著的特征是将市场机制引入政治领域。具体而言，这意味着：在官僚体制中引入竞争，提高效率；在政治和行政关系中引入经济学的市场分析模式，如公共选择、协议契约、交易成本和委托—代理理论；引入并广泛运用竞争、基于绩效的合同承包；等等。政府购买公共服务绩效评估显然属于新公共管理的主流，体现了新公共管理的上述所有特征。然而，目前政府购买公共服务绩效评估体系尚未构建完善，程序有待进一步规范，相关理论研究也较为薄弱，这就客观上要求从公共责任视角，尽快加强政府购买公共服务绩效评估基本理论的研究，构建公共责任视角下的政府购买公共服务绩效评估理论体系。

其次，它有利于构建政府购买公共服务绩效评估责任机制。公共部门改革的一个重要原因在于社会甚至政府自身认识到，在传统行政模式下存在责任机制的失灵。管理模式取向的改革导致了责任体系的重大变革。从公共责任的视角考虑绩效评估问题则体现了在公共服务供给过程中对传统责任形式的改进。在此基础上形成的政府购买公共服务绩效评估责任机制，是政府购买公共服务绩效评估各构成要素相互联系、相互作用的模式，是政府购买公共服务绩效评估的一种基本的制度安排。

本书将要探讨的核心问题主要有两个。第一个问题集中于经验层面的探讨，即如何有效地对政府购买公共服务项目的绩效进行评估？把该问题进一步细化，可以分为：什么是绩效评估指标？有哪些绩效指标？它们在政府购买公共服务中是怎么运用的？实践中政

---

① R. D. Behn, *Rethinking Democratic Accountability*, Brookings Institution Press, 2001.

府购买公共服务绩效评估面临着哪些困境？如何构建有效的政府购买公共服务绩效评估体系？第二个问题集中于理论层面的探讨，即公共责任何以成为政府购买公共服务绩效评估的回应？对该问题的回答，主要是基于对政府购买公共服务活动涉及的理论基础、公共部门活动以及公共责任三个方面绩效评估维度的判断，为公共责任视角下政府购买公共服务绩效评估提供一个理论分析框架。把这一问题具体化，就是在梳理多维度多层次的公共责任理论基础上，提出一个公共责任的分析框架。政府购买公共服务绩效评估的研究框架至少包含行政、法律、专业、政治、道德责任五个维度，而贯穿这些维度的一个共同且关键的线索是公共责任。绩效评估的各个方面，都致力于回答这样一个问题：政府购买公共服务在多大程度上增强或降低了公共责任？在理论方面探讨的问题不是政府购买公共服务是否需要进行绩效评估，而是如何更有效地在政府购买公共服务中实施绩效评估系统，如何确定绩效评估的内容与指标，如何确保绩效评估有效地用于公共责任机制建设并改进绩效。

第三节　研究现状

公共责任是公共行政中的一个核心概念，西方学术界对公共责任的探索经历了从传统的命令控制向复合型公共责任的转变。随着公共行政改革的发展，结果导向以及重视效率等观点使得加强责任制成为潮流，复杂的公共责任关系增加了公共管理的难度，公共责任赤字、超载等问题也相继而来。同时，围绕绩效和责任的研究成为热点话题。而在我国，相关研究尚不丰富，仍有较大发展空间。现有文献关于公共责任视角下政府购买公共服务绩效评估的研究并不多见，这是本书的研究面临的一项挑战，也是本书探索的关键性目标。

一、公共责任研究现状

（一）国外研究

1. 两种理论范式

长期以来，西方学术界对公共责任理论进行了深入的探讨，尤其是美国的行政学界，主要形成了两种理论范式。一种是以命令与控制为核心的传统责任范式，其形成主要与古德诺 vs. 威尔逊、范恩 vs. 弗里德里希的这两场辩论相关。这种责任机制侧重外部监督、辩护、服从、惩罚与控制等方面的意义，责任是通过法规、命令和正式的程序、监督与强制、避免违法、避免不当行为以及采取完善的管理等方式实现的。[①] 二是被称为"责任立方体"的复合型公共责任范式。该范式由芭芭拉·S. 罗姆泽克和梅尔文·J. 杜布尼克所建立，他们指出公共部门的责任呈现多维度、复杂性的特点，并按照"机构受控制的来源"以及"自由裁量权的程度"将公共责任分为四种互补类型，即行政责任、法律责任、专业责任和政治责任[②]；其重视的价值分别是效率、法治、专业化及回应性[③]。行政责任强调对上级指令和规章的遵从程度；法律责任强调组织采取的行动是否公平、合理，是否遵从外部的法律法规；专业责任强调对个体的专业知识、技能与判断的尊重；政治责任强调组织活动需符合公共利益并及时回应外部关键性的利益相关者。但这一复合性责任观念的主要缺陷也很明显，即四种责任概念不明确，界限不清晰，易造成责任失灵。乔纳森·科佩尔对其进行了批判，认为缺乏具体的责任含义会破坏

---

① 虞维华：《公共责任的新概念框架——复合性公共责任理论及其意义》，《东南学术》2006 年第 3 期。

② B. S. Romzek and M. J. Dubnick, "Accountability in the Public Sector: Lessons from the Challenger Tragedy," *Public Administration Review*, 1987, 47 (3).

③ B. S. Romzek and P. W. Ingraham, "Cross Pressures of Accountability: Initiative, Command, and Failure in the Ron Brown Plane Crash," *Public Administration Review*, 2000, 60 (3).

组织的绩效，损害其有效性。[①] 这是因为，缺乏具体含义可能会造成组织在理解错误的基础上承担责任，并且会试图满足不同责任所带来的相互冲突的期望，最终造成组织功能失调，其中也不乏责任缺失的情况。由此，他指出了多重责任障碍（multiple accountabilities disorder，MAD）这一现象，并认为对任何组织和个人来说，区分透明化（transparency）、义务（liability）、可控性（controllability）、职责（responsibility）和回应性（responsiveness）这五个维度的责任概念是非常必要的。

2. 公共责任超载、赤字与悖论等相关问题研究

目前，国外关于公共责任的研究已不再局限于概念界定和类型区分。受新公共管理改革以及强调加强责任制建设的影响，责任越发呈现多样化的发展趋势，同时引发了公共责任赤字、超载等一系列问题，甚至有学者质疑加强责任制是否真的可以保证组织绩效的提高和公共利益的实现。因而，公共责任相关研究逐渐丰富，内容不断扩展，学者们更加关注公共责任的加强和履行困境、效果及其影响因素等一连串问题。在实践中，有关公共责任的问题大致有公共责任超载、公共责任赤字、公共责任不对称、责任陷阱以及责任悖论，对它们的研究构成公共责任理论中重要的一部分内容。

（1）关于公共责任超载和公共责任赤字。杰弗里·布伦南指出，责任超载与越来越多的行政行为规定和标准有关。[②] 而马克·博文斯等则指出了公共责任超载的具体表现是，当需要公职人员或公共机构承担过多的责任时，就对他们有限的时间和精力提出了特别高的要求；同时包含较多相互矛盾的评价标准，其绩效标准也远远超出了可评估的范围，且似乎特别有利于目标转移或颠覆行为。而某一

① J. GS Koppell, “Pathologies of Accountability: ICANN and the Challenge of ‘Multiple Account-Abilities Disorder’,” *Public Administration Review*, 2005, 65 (1).

② G. Brennan, “Institutionalizing Accountability: A Commentary,” *Australian Journal of Public Administration*, 1999, 58 (1).

责任制体现的这种特征越多，越容易失败和无效。[①] 而责任赤字被认为是公职人员或公共机构不恰当行为的一种表现形式，具体表现为反应迟钝、不透明、不负责任和无效率。但是目前，有关负责任行为的标准并没有普遍的共识，这些标准因主体角色、制度背景、时代和政治观点而不同。因此，在这种意义上，公共责任在特定领域中不可避免地在本质上存在争议。[②] 公共责任赤字主要体现在行政人员、行政机构数量及公共权力相对于立法机构呈现惊人增长，议会有效控制行政机构的能力和洞察力严重受阻，以及在新兴的网络治理领域（包括多边和多层次的治理实践）中增加了问责的困难等方面。

（2）有关公共责任不对称问题。迈克尔·科尔把不对称的观点延伸到责任问题上，并指出权力下放在加强纵向责任制的同时可能会导致政府责任安排的巨大差异。[③] 阿诺斯特·维斯利则在欧洲背景下探究了责任制概念及其实践，提出了责任不对称的问题，即责任在行动者之间分配不平衡，主要体现在公共服务提供者的责任增多了，而政府部门的责任却没有增加，甚至对政府部门的问责被忽略了，而这一问题可能会引发信任危机，使得公众和政府间的关系紧张。同时他也指出，责任超载则与专业定向障碍相关，即不同的专业评估者对其有不同的责任与期望，评估角度也有所不同，增加了被评估者的负担。[④]

（3）公共责任陷阱和责任悖论等问题都与绩效评估及责任超载

---

① M. Bovens, T. Schillemans and P. Hart, "Does Public Accountability Work? An Assessment Tool," *Public Administration*, 2008, 86 (1).

② M. Bovens, R. E. Goodin and T. Schillemans, eds., *The Oxford Handbook of Public Accountability*, Oxford University Press, 2014.

③ M. Cole, "Asymmetrical Public Accountability: The National Assembly for Wales, Questions and Quangos," *The Political Quarterly*, 2006, 77 (1).

④ A. Veselý, "Accountability in Central and Eastern Europe: Concept and Reality," *International Review of Administrative Sciences*, 2013, 79 (2).

有关联。责任陷阱是指当对人和组织进行更频繁和更密集的评估时，理论上他们应该会更好地满足绩效要求，但在实践中，这种频繁的评估却未带来更好的绩效。而公共责任悖论则是指公共责任的加强并不一定会造就一个更加有效的政府，过度的责任反而会阻碍公共管理者的创新。[①] 而菲利普·乔斯和马克·汤普金斯则认为责任悖论是指“合法的外部责任要求的负责任的解释和应用依赖于美德的培养，这些美德支撑着良好的行政判断，但用于沟通这些外部标准和监督遵守这些标准的机构或机制经常威胁到这些支撑负责任判断的品质”[②]。

3. 公共责任与绩效评估

自20世纪90年代以来，美国政府为加强绩效责任做出了努力，采用了以结果为导向的绩效衡量体系，取得了一定的成效。而在公共行政改革的过程中，许多西方国家也形成了一套依托绩效评估制度强化公共责任的方法，包括倡导公众本位导向和结果管理理念，注重公众监督和法制保障及建立报告制度等。[③] 而且，随着公共行政改革的进行，关注结果的绩效评估也成为热潮。贝恩指出，当谈论到让人们负责任时，我们通常指的是对财务、公平或绩效三件事中的一件负责。绩效责任应涵盖公民的期望意味着，对公民负责就是要达到比买卖双方“投入—产出”绩效更高水平的绩效标准。[④] 阿里·哈拉赫米从询问定期评估是否有助于优化问责制和提高生产力开始论述它们之间的关系，以美国《政府绩效和结果法》（GPRA）

① M. Bovens, T. Schillemans and P. Hart, “Does Public Accountability Work? An Assessment Tool,” *Public Administration*, 2008, 86 (1).

② P. H. Jos and M. E. Tompkins, “The Accountability Paradox in an Age of Reinvention: The Perennial Problem of Preserving Character and Judgment,” *Administration & Society*, 2004, 36 (3).

③ 陈巍：《国外政府绩效评估助推公共责任机制建设的经验及启示》，《湘潭大学学报（哲学社会科学版）》2013年第1期。

④ R. D. Behn, *Rethinking Democratic Accountability*, Brookings Institution Press, 2001.

为例论述虽然绩效评估对于这两个目的都很有价值，但这并不意味着相同的评估方案对这两个目的可以同时或同样有效。[①] 卡罗琳·J. 海因里希则分析了公共部门基于结果的绩效管理对政府责任和效率的影响，通过对联邦职业培训项目的实证分析发现，行政绩效管理中的数据，虽然不能对真实项目绩效进行完全的、准确的估计，但公共管理者可以从中获取有用信息，并使用相关信息提升项目绩效。[②] 安娜·A. 阿米尔汉扬针对不同绩效评估方法对政府合同责任有效性的影响进行了实证研究，分别论证了投入、成本、质量、非正式监测、服务及时性、服务供给对客户的影响、客户满意度等指标对公共责任履行的影响研究发现，绩效评估对政府有效管理合同的能力具有一定的积极影响，但非营利性质的承包商的加入可能降低责任制的有效性，这是由于非营利组织缺乏管理能力、提供的服务性质复杂且模糊。同时，承包商规模较小，专业化程度低[③]，此外，政府的直接监测和政府雇员的意识也是影响责任制的重要因素。

（二）国内研究

1. 以公共责任为理论视角的研究

在我国，2003 年“非典”结束以来，公共卫生、公共安全等公共性问题逐渐成为社会各界关注的中心议题。公共责任作为公共性的一个重要体现，也逐渐受到关注。总体上来说，我国学界对公共

---

① A. Halachmi, “Performance Measurement, Accountability, and Improved Performance,” *Public Performance & Management Review*, 2002, 25 (4).

② C. J. Heinrich, “Outcomes-Based Performance Management in the Public Sector: Implications for Government Accountability and Effectiveness,” *Public Administration Review*, 2002, 62 (6).

③ A. A. Amirkhanyan, “What is the Effect of Performance Measurement on Perceived Accountability Effectiveness in State and Local Government Contracts?” *Public Performance & Management Review*, 2011, 35 (2).

责任的相关研究并不深入，也不系统。我国学者研究公共责任更多地将其当作一个理论视角来研究各种问题，但其明显不足在于，对公共责任理论本身研究的不足导致公共责任概念不清、理论框架不成熟，使得现实中存在公共责任缺失、机会主义等许多问题。① 在实践中，公共责任总是与公共权力等其他概念相关联。刘雪华指出，公共责任最终需要以公共利益来评价，而公共利益的实现必然需要公共权力的强力支撑，依赖于公共权力的良好运行。②

2. 公共责任聚焦于社会组织的研究

当前，随着公共权力的回归，公共责任主体也相应扩展到政府之外的社会组织。与此同时，政府、市场、社会组织间的责任界限模糊，与公共责任有关的问题也逐渐显现，因此更多学者将公共责任研究聚焦于社会组织，并对其内涵、履行困境、实现机制与治理机制等进行了分析研究。一是关于社会组织公共责任概念的解构。曹爱军认为，社会组织的公共责任体现多种价值，涉及国家、社会和人民的利益关系，并不是单纯道德意义或者法律意义上的，并指出其公共责任重在对公共利益和公共信任的维持。③ 王俊、骆威则对大学基金会的复合性公共责任进行了研究，构建了包括责任流程向度、责任对象向度、责任属性向度、责任质量向度在内的“公共责任多面体”的结构框架。各个公共责任向度或维度重叠组合，共同构成“公共责任多面体”，而公共责任的具体结构形态则受到外部环境和组织内部条件的影响而不断变化，各个公共责任维度，孰轻孰

① 江秀平：《公共责任与行政伦理》，《中国社会科学院研究生院学报》1999 年第 3 期；郑石桥、杨婧：《公共责任、机会主义和公共责任审计》，《中国行政管理》2013 年第 3 期。

② 刘雪华：《论公共权力与公共责任的构建》，《社会科学辑刊》2004 年第 4 期。

③ 曹爱军：《非政府组织的公共责任：逻辑延展与治理机制》，《内蒙古大学学报（哲学社会科学版）》2013 年第 6 期。

重也成为主体需要考虑的现实问题和挑战。[①] 二是关于社会组织公共责任方面存在的困境及其实现机制研究。徐勇指出，非营利组织落实公共责任的困境有三个，即履行公共责任的偏差、管理结构体系存在缺陷及外部监督体系不完善。[②] 陈秋苹指出，非营利组织在承担公共责任时，面临着角色和义务的冲突，其主要原因在于公共权力的冲突、社会角色冲突和经济利益冲突三方面。[③] 陈华则认为，非营利组织的公共责任监管应同时具有技术性和价值性，即公共责任监管在注重完善监督、评估、反馈三大机制的同时，也要注意其中的公共性和回应性等特征。[④] 另外，公共责任监管的困境在于利益相关者多样化（多重责任特性）导致其责任的模糊，社会角色和功能定位的模糊（“官民二重性”特征）导致其责任不清晰，经济利益的冲突导致公共责任缺失三方面。张玉磊则认为非营利组织的公共责任主要存在监督困境，这主要是因为非营利组织在责任机制上存在先天缺陷，其主要表现在服务或产品的数量和质量难以测度，服务具有间接性，监督主体缺位以及监督机制制度化不足。针对此，他指出多元共治是非营利组织公共责任的实现机制。[⑤]

3. 公共责任与绩效评估

通常谈到公共责任，相关探讨更多地集中于政府绩效评估与政府责任制之间的关系，这两者也正是公共行政改革中重要的组成部分，即建设高效政府与责任政府的要求，且两者之间也一直存在着复杂而紧张的关系。而现代公共行政不仅要求效率，更强调民主、

---

① 王俊、骆威：《公共责任的多面体——大学基金会的复合性公共责任的困境及其改善》，《甘肃行政学院学报》2017 年第 4 期。

② 徐勇：《非营利组织公共责任伦理初探》，《理论与改革》2004 年第 6 期。

③ 陈秋苹：《公共治理视角下的非营利组织公共责任机制》，《学术月刊》2006 年第 9 期。

④ 陈华：《论非营利组织的公共责任机制》，《学术界》2007 年第 6 期。

⑤ 张玉磊：《市场化运作背景下非营利组织的公共责任实现机制探析》，《中共浙江省委党校学报》2007 年第 5 期。

平等、回应性、透明性等公共价值，因此如何平衡两者之间的关系一直是实践和理论研究中重要的研究课题。绩效评估实质上是问责的一种工具，是为了保障公共责任的履行。

(1) 关于公共责任与绩效评估关系的研究。蔡立辉指出，绩效评估是公众进行利益表达、参与政府管理的重要途径与方法，贯穿了公共责任与顾客至上的管理理念。他认为政府绩效评估就是根据效率、能力、服务质量、公共责任和公众满意程度等方面的分析与判断，对政府公共部门管理过程中投入、产出、中期成果和最终成果所反映的绩效进行评定和划分等级。[①] 这说明，公共责任是绩效评估所体现的重要价值之一，也是要实现的目标之一。而邹东升、包倩宇则将既有的公共责任的多重内涵归纳为效率和公共价值两个维度。[②] 总的来说，绩效评估与公共责任中都包含了效率及公平两种价值取向，两者间存在程序或环节上的联系。在我国，一些学者也注意到了绩效评估强化责任的重要作用，并认为政府绩效评估与责任机制之间具有内在统一性，并可以实现良性互动。陈巍认为，绩效评估是一种有效的政府责任机制，政府绩效评估和行政责任机制在理念、程序方面存在内在的统一性。二者理念的内在统一性体现在“顾客至上”“结果导向”与“责任行政”中，即认为二者间的价值取向具有内在统一性；程序的内在统一性则体现在二者运行环节的大致趋同。[③] 行政责任机制是由健全责任、履行责任、监督责任、追究责任四个环节构成的不可分割的循环系统；政府绩效评估则包含了确立标准、过程评估、结果运用等步骤，确立标准的过程就是明确

---

① 蔡立辉:《西方国家政府绩效评估的理念及其启示》,《清华大学学报（哲学社会科学版)》2003 年第 1 期。

② 邹东升、包倩宇:《城市水务 PPP 的政府规制绩效指标构建——基于公共责任的视角》,《中国行政管理》2017 年第 7 期。

③ 陈巍:《以政府绩效评估推进行政责任机制建设的内容与途径》,《湖南社会科学》2012 年第 3 期。

责任的过程，评估标准涉及责任内容，结果运用过程也是追究责任的过程，按照权责对等和奖优罚劣的原则，实现结果运用与行政问责相结合。王柳和陈国权进一步认识到了政府绩效评估本身所存在的缺陷对政府责任机制造成了负面影响，导致绩效评估问责功能的减弱。[①] 政府绩效评估的主要困境在于，指标体系不科学、公众参与不足、绩效评估制度不健全、程序不规范、评估信息系统不健全、缺乏对决策责任的评估等，导致对政府及其工作人员的约束难、公众问责难、评估结果不够客观公正等现象。[②] 另外，高晓霞和钱隆认为政府绩效评估在本质上是一个政治过程，其责任政治属性主要体现在政治过程性、政治责任性和政治信任性等方面，并发挥着政治使命引领、政治监督纠偏和政治信任提升的功能。[③]

另外，新公共管理运动强调结果导向的绩效责任，直接促进了绩效评估的兴起与广泛应用，"绩效问责"一词也出现在公众视野。在我国有关公共责任与绩效评估的文献中，研究绩效问责的并不多，"绩效问责"属于新生事物。通常，学者们将绩效问责看作行政问责的一种重要补充，是行政问责的创新手段。王柳认为，绩效问责经历了科学管理范式下的合规性控制向分权治理背景下对结果问责的演变，并因治理环境的快速变迁和治理结构的多元开放，呈现出参与导向绩效问责的发展趋势。同时，他也指出绩效问责试图在"行为—绩效（结果）—责任"之间建立因果链，但这一链条可能由于社会问题的多维性和复合性、治理结构的多主体性，以及评估技术处理简单化的风险断裂。[④] 因此，需要发挥制度协同的效应，借由绩效

---

① 王柳、陈国权：《论政府问责制与绩效评估的互动》，《国家行政学院学报》2007年第6期。

② 陈巍、曹丹：《绩效评估与政府责任机制的完善》，《湖南社会科学》2008年第6期。

③ 高晓霞、钱隆：《论政府绩效评估的责任政治逻辑》，《学习论坛》2019年第9期。

④ 王柳：《绩效问责的制度逻辑及实现路径》，《中国行政管理》2016年第7期。

评估回溯、反思、创新的制度特性，发展促进组织学习的积极责任机制。[①] 尚虎平等则提倡全过程绩效问责，认为这是全面质量管理原理在绩效评估与绩效问责中的表现，指出应以预防式问责代替“追责”，推行责任底线制度、绩效责任标准化制度。[②]

（2）对绩效评估是否加强了公共责任的研究。王晓虎通过实证研究，调查了美国市政当局的问责实践，主要包括财政责任和绩效责任，分析了问责工具、问责内容、问责原因以及问责效应等方面。研究发现，问责制的实现与政府工作人员的动机相关，因此要落实问责制需要强化对政府工作人员的激励；而绩效责任与分散决策紧密相关，所以要加强责任制，就需要加强控制和反馈。[③]

二、政府购买公共服务研究现状

（一）国外研究

西方学术界对于政府购买公共服务有着非常丰富的研究成果，主要集中在以下几个方面。

1. 驱动因素与对决策的影响

自从詹姆斯·费里斯发表了分析政府购买公共服务驱动因素的多元经验研究[④]，相关研究相继问世。除了财政因素与经济因素这两个熟知的确定变量外，驱动政府购买公共服务的因素还包括政治因素和意识形态因素。相关研究主要围绕以下四个驱动因素展开分析：

---

① 王柳：《作为绩效问责机制的绩效整改及其优化》，《中共浙江省委党校学报》2017年第3期。

② 尚虎平等：《我国政府绩效问责的成就、不足与改进之路——面向20个改革案例的矩阵分析》，《中国行政管理》2016年第2期。

③ X. H. Wang, “Assessing Administrative Accountability: Results from a National Survey,” *The American Review of Public Administration*, 2002, 32 (3).

④ J. M. Ferris, “The Decision to Contract Out: An Empirical Analysis,” *Urban Affairs Quarterly*, 1986, 22 (2).

一是财政压力。格尔马·贝尔和泽维尔·法格达的研究确证了财政压力对政府购买公共服务的积极影响。研究中用于检验财政压力对政府购买公共服务影响的变量已扩展到税收负担、债务、预算赤字和政府的财政依赖性。[①] 就方法论而言，萨夫拉·戈麦斯等认为应同时使用多个变量作为评估不同维度的财政压力的指标。[②]

二是经济效率。贝尔和法格达以及玛格丽特·博乔提出政府购买公共服务与规模经济、人口之间存在正相关关系，发现在较大的城市中政府购买公共服务的可能性更大。[③] 此结果的一个可能的解释是，较大的地方政府具有较强的签约能力，因此它们能够更好地处理与外部生产相关的交易成本。小规模城市的政府正积极地转向合作，以利用政府购买公共服务来发展规模经济，这是可行的替代方案。此外，交易成本已被用来解释政府在购买公共服务决策中的选择。贝尔和法格达以及杰里德·卡尔等聚焦交易成本对政府购买公共服务决策的影响，认为较低交易成本的服务更可能被落实。[④] 赫菲兹和华纳提出，服务的特征对于政府购买公共服务决策同样至关重要。[⑤]

---

① G. Bel and X. Fageda, "Why Do Local Governments Privatize Public Services? A Survey of Empirical Studies," *Local Government Studies*, 2007, 33 (4).

② Z. Gómez, et al., "Financial and Political Factors Motivating the Privatization of Municipal Water Services," *Local Government Studies*, 2016, 42 (3).

③ G. Bel and X. Fageda, "Partial Privatization in Local Services Delivery: An Empirical Analysis of the Choice of Mixed Firms," *Local Government Studies*, 2010, 36 (1); M. Boggio, "From Public to Mixed Ownership in Local Public Services Provision: An Empirical Analysis," *Local Government Studies*, 2016, 42 (3).

④ G. Bel and X. Fageda, "Factors Explaining Local Privatization: A Meta-Regression Analysis," *Public Choice*, 2009, 139 (1-2); J. B. Carr, K. LeRoux and M. Shrestha, "Institutional Ties, Transaction Costs, and External Service Production," *Urban Affairs Review*, 2009, 44 (3).

⑤ A. Hefetz and M. E. Warner, "Contracting or Public Delivery? The Importance of Service, Market and Management Characteristics," *Journal of Public Administration Research and Theory*, 2012, 22 (1).

三是政治利益。贝尔和法格达分析多种服务，侧重于城市规模较小的研究，倾向于验证利益集团影响的假设。研究中用来检验利益集团影响的最常见变量是城市财富的指标，包括诸如平均收入水平、贫困率和领取福利的人口占比。[①] 在大多数考虑某种收入变量的研究中，高收入家庭更倾向于采用政府购买公共服务这一假设得到了证实。[②]

四是意识形态。对此，学界的看法不一。赫菲兹等人的研究发现，意识形态取向对政府购买公共服务决定没有明显的影响。[③] 然而，这种观点最近在欧洲国家进行的几项研究中受到挑战，包括约瑟夫·巴蒂、阿斯穆斯·奥尔森和莱恩·佩德森，以及米尔贾姆·普林廷加等学者，在政府购买公共服务的决策中发现了意识形态偏见。[④] 特别令人感兴趣的是安德斯·森德尔和维克托·拉普恩特的研究，他们发现选举竞争越激烈，意识形态的作用就越强。[⑤]

---

① G. Bel and X. Fageda, "Why Do Local Governments Privatise Public Services? A Survey of Empirical Studies," *Local Government Studies*, 2007, 33 (4).

② G. F. Gómez, A. J. Tadeo and J. Guardiola, "Why Do local Governments Privatize the Provision of Water Services? Empirical Evidence from Spain," *Public Administration*, 2011, 89 (1); A. Hefetz, M. E. Warner and E. V. Gadot, "Privatization and Inter-Municipal Contracting: The US Local Government Experience 1992-2007," *Environment and Planning C: Government and Policy*, 2012, 30 (4); A. Sundell and V. Lapuente, "Adam Smith or Machiavelli? Political Incentives for Contracting Out Local Public Services," *Public Choice*, 2012, 153 (3-4).

③ A. Hefetz, M. E. Warner and E. V. Gadot, "Privatization and Inter-Municipal Contracting: The US Local Government Experience 1992-2007," *Environment and Planning C: Government and Policy*, 2012, 30 (4).

④ Y. Bhatti, A. L. Olsen and L. H. Pedersen, "The Effects of Administrative Professionals on Contracting Out," *Governance: An International Journal of Policy, Administration, and Institutions*, 2009, 22 (1); M. Plantinga, K. Ridder and A. Corra, "Choosing Whether to Buy or Make: The Contracting Out of Employment Reintegration Services by Dutch Municipalities," *Social Policy & Administration*, 2011, 45 (3).

⑤ A. Sundell and V. Lapuente, "Adam Smith or Machiavelli? Political Incentives for Contracting Out Local Public Services," *Public Choice*, 2012, 153 (3-4).

2. 合同管理

合同管理可以简单地理解为对合同签订过程的管理。它的关键之处在于对合同签约的每一个步骤进行管理，进而确保供给优质的公共服务。目前文献主要分析合同管理能力的重要性，以及合同管理对政府购买公共服务成功或者失败的影响。菲利普·库珀（Phillip J. Cooper）指出，合同管理质量直接影响政府购买公共服务质量。[①]有效的合同管理使合同的执行得到更好的评估和监督。[②]

3. 绩效监测与评估

涉及绩效监测与评估的研究大多与服务的效率、成本与质量有关。但有趣的是，学者们对政府购买公共服务在多大程度上提高了服务效率和服务质量持不同意见。萨瓦斯断言，私人承包商在执行同等质量的工作时通常比公共部门更有效率。[③] 希拉·卡默曼和阿尔弗雷德·卡恩则认为，降低成本可能是以降低服务质量为代价的。[④]此外，大多数政府购买公共服务的研究都强调了监督承包商行为和绩效的重要性。[⑤] 塞尔吉奥·费尔南德斯认为，绩效评估的重点在于

---

① 〔美〕菲利普·库珀：《合同制治理：公共管理者面临的挑战与机遇》，竺乾威等译，复旦大学出版社2007年版，第2页。

② D. F. Kettl, *Sharing Power: Public Governance and Private Markets*, Brookings Institution Press, 1993; B. S. Romzek and J. M. Johnston, "Effective Contract Implementation and Management: A Preliminary Model," *Journal of Public Administration Research and Theory*, 2002, 12 (3); T. L. Brown and M. Potoski, "Transaction Costs and Institutional Explanations for Government Service Production Decisions," *Journal of Public Administration Research and Theory*, 2003, 13 (4).

③ 〔美〕E. S. 萨瓦斯：《民营化与公私部门的伙伴关系》，周志忍等译，中国人民大学出版社2002年版，第152页。

④ S. B. Kamerman and A. J. Kahn, *Privatization and the Welfare State*, Princeton University Press, 1989.

⑤ T. L. Brown and M. Potoski, "Transaction Costs and Institutional Explanations for Government Service Production Decisions," *Journal of Public Administration Research and Theory*, 2003, 13 (4); A. Hefetz and M. Warner, "Privatization and Its Reverse: Explaining the Dynamics of the Government Contracting Process," *Journal of Public Administration Research and Theory*, 2004, 14 (2).

监测、竞争和信任对政府购买公共服务绩效的影响。研究结果显示，较高的信任度不仅会降低成本，而且会提高服务质量，并能更好地响应地方政府的需求。[①] 监测和绩效之间的关系似乎更为复杂和偶然。在很多情况下，监测可能不会改善服务绩效，并且在某些情况下，监测的成本可能会抵消甚至超过其带来的好处。研究结果仅对竞争改善服务绩效的主张提供了有限的支持。

4. 政府回购

政府回购现象已十分普遍，这种现象反映了市场选择与公共交付过程中公共服务提供的复杂性。政府回购动态过程涉及委托代理问题、政府管理、经济和市场考虑，以及监测和公民参与等综合因素的影响。赫菲兹和沃纳在美国进行的一项关于政府回购的研究使用交易成本理论进行解释，当购买服务无法节省成本和提供优质服务时，地方政府会采用内部提供。关于政府回购的大多数定量研究都使用交易成本框架来阐释地方政府如何管理政治利益、市场和合同。[②] 最近，政府回购的过程得到了越来越多的关注，并有了一个新名称“重新市政化”（re-municipalization）。[③] 这些新文献中有很多是基于案例研究的，并且强调了政治因素作为主要推动力的作用。[④]

（二）国内研究

国内学术界基于政治学、公共行政学、管理学、经济学、社会

---

① S. Fernandez, “Understanding Contracting Performance: An Empirical Analysis,” *Administration & Society*, 2009, 41 (1).

② A. Hefetz and M. Warner, “Privatization and Its Reverse: Explaining the Dynamics of the Government Contracting Process,” *Journal of Public Administration Research and Theory*, 2004, 14 (2).

③ D. Hall, et al., “Re-Municipalisation in the Early Twenty-first Century: Water in France and Energy in Germany,” *International Review of Applied Economics*, 2013, 27 (2).

④ S. Kishimoto and O. Petijean, *Reclaiming Public Services: How Cities and Citizens Are Turning Back Privatization*, Transnational Institute, 2017.

学和法学等多学科交叉视角，探究政府购买公共服务本土化的制度与实践问题，主要内容涉及政府购买公共服务的基本理论、模式、风险防范、主体间的关系、资金来源、绩效评价、体制机制创新、国外经验借鉴与比较等方面。进而，为进一步深入了解政府购买公共服务的发展提供了多重研究思路。

1. 政府购买公共服务的基本动机

一部分学者认为政府购买公共服务的动机在于化解计划经济体制形成的政府管理一元化与市场经济下公共服务多元化之间的矛盾、基本公共服务责任与相对匮乏的行政资源之间的矛盾、严格的政府考核与有限的地方政府财政能力之间的矛盾这三种矛盾。[①] 一部分学者认为既能降低服务成本和行政成本，又可以提升服务质量与效率是实行政府购买公共服务的主要原因。[②] 还有学者认为政府自身生产公共服务存在局限性，且无法满足社会公众对公共服务日益增长的需求，所以是需求促使其产生并向前发展。[③] 还有部分学者从促进公共财政体系建设、转变政府角色和职能、促进社会组织发展、实现公共服务均等化等角度进行解释。[④]

2. 政府购买公共服务的具体方式

从相关研究来看，政府购买公共服务的方式多种多样。李军鹏认为从各国的实践来看，政府购买公共服务主要有合同外包、公私合作、政府补助、凭单制四种基本购买方式。[⑤] 许多学者对政府购买

---

① 王浦劬、〔美〕莱斯特·M. 萨拉蒙：《政府向社会组织购买公共服务研究：中国与全球经验分析》，北京大学出版社 2010 年版，第 15 页。

② 吴帆等：《政府购买服务的美国经验及其对中国的借鉴意义——基于对一个公共服务个案的观察》，《公共行政评论》2016 年第 1 期。

③ 汪锦军：《政府与非营利组织合作的条件：三层次的分析框架》，《浙江社会科学》2012 年第 11 期。

④ 苏明等：《中国政府购买公共服务研究》，《财政研究》2010 年第 1 期。

⑤ 李军鹏：《政府购买公共服务的学理因由、典型模式与推进策略》，《改革》2013 年第 12 期。

公共服务的方式进行分类的主要依据是主体是否具有独立性、购买程序是否具有竞争性。王名与乐园将政府购买方式分为四种：依赖关系非竞争性购买、独立关系非竞争性购买、独立关系竞争性购买和依赖关系竞争性购买。[①] 陈少强和宋斌文在此基础上总结出政府购买公共服务的三种方式，分别是形式性购买（民办公助）、非竞争性购买（公办私营）、竞争性购买。[②] 韩俊魁则在竞争性购买和非竞争性购买的基础上，提出体制内吸模式和体制外非正式的按需购买模式。[③] 管兵和夏瑛总结了项目制、单位制和混合制三种模式。其中，项目制是指以具体项目作为购买服务的标的，由社会组织竞标承接的模式；单位制是以设立家庭综合服务中心为基本做法的模式，对社会组织的要求较高；混合制是项目制和单位制的混合，既提供了基础性服务，又提供了专业性的特殊服务。[④] 句华认为政府购买公共服务方式涉及几个关键术语，这些术语包括公私伙伴关系等相对宏观的制度安排，也包括合同承包、政府资助等相对具体的操作工具。[⑤] 人们对政府购买公共服务方式的理解不尽相同，有必要进一步统一认识。例如，除了合同承包，资助与凭单制都可以看作政府购买公共服务的方式，而社会影响力债券是在合同承包的框架下使用的，本身并非政府购买公共服务的方式。

3. 政府购买公共服务的主体间关系

大多数学者认为在购买公共服务过程中政府与其他主体间的关

---

① 王名、乐园：《中国民间组织参与公共服务购买的模式分析》，《中共浙江省委党校学报》2008 年第 4 期。

② 陈少强、宋斌文：《政府购买社会工作服务初步研究》，《财政研究》2008 年第 6 期。

③ 韩俊魁：《当前我国非政府组织参与政府购买服务的模式比较》，《经济社会体制比较》2009 年第 6 期。

④ 管兵、夏瑛：《政府购买服务的制度选择及治理效果：项目制、单位制、混合制》，《管理世界》2016 年第 8 期。

⑤ 句华：《社会组织在政府购买服务中的角色：政社关系视角》，《行政论坛》2017 年第 2 期。

系体现了一种积极的、平等的合作共治理念。政府与社会组织之间的互动关系是政府购买公共服务主体间关系研究的核心。崔正等人认为从短期来看，政府和社会组织是平等的契约合作关系；从长期来看，政府购买公共服务和社会组织的发展之间是一种相互促进的互动关系。[①] 关信平提出政府购买公共服务有助于社会组织的制度规范化建设，以及发挥社会组织在公共服务供给和社会治理方面的主动性，而不只是被动地完成政府部门交办的任务。[②] 此外，贾博则从委托代理关系、责任利益关系以及合作关系三方面出发，对政府与社会力量、政府与公民间的关系进行了详细的分析。在政府与社会力量的关系方面，贾博认为在委托代理关系中存在的信息不对称问题造成了一定的监管困难，而可能出现的过分追求自身利益和利益合谋现象会对责任关系造成损害；在合作关系中要发挥政府主导作用，也要鼓励和支持社会各方面广泛参与，实现双方合作共治。[③] 陈天祥和何红烨从研究中发现，政府对待社会化组织的行为偏好既非简单的控制或放权，亦非简单的吸纳或“合谋”。合作关系的建立与管理存在着时序和主体的差异，这使得关系模式之间存在转换的可能性。[④] 还有学者对政府在购买公共服务中的内部关系进行了深入研究。肖雪和颜克高基于社会网络方法提出，整体上，政府部门间形成了“一核多元、两极分化”的星形关系网络，政府内部对财政部门具有强依赖性，并构建了“强度—广度”二维分析框架，分析各部门网络中的位置类型，从微观层面上揭示了政府内部机构在购买

① 崔正等:《政府购买服务与社会组织发展的互动关系研究》,《中国行政管理》2012年第8期。

② 关信平:《当前我国社会保障制度公平性分析》,《苏州大学学报（哲学社会科学版)》2013年第3期。

③ 贾博:《对公共服务主体角色的理论分析》,《理论导刊》2014年第2期。

④ 陈天祥、何红烨:《政府与社会组织关系折射下的政府职能转变——基于珠三角的一项问卷调查》,《四川师范大学学报（社会科学版)》2016年第4期。

服务中的互动关系。[①]

4. 政府购买公共服务的成效

从现有文献与实际观察来看，政府购买公共服务已经取得了初步成效。对于政府部门而言，政府购买公共服务实现了政府角色转型，推动了政府职能转变，降低了财政成本，提高了公共服务质量。[②]对此，学术界基本达成共识。然而，对政府购买公共服务对于社会组织发展的影响，学者们至今观点不一。一部分学者认为对于社会组织而言，政府购买服务既为社会组织的生存提供了资金来源，也为社会组织成长发展提供了空间。[③] 而另一部分学者聚焦于政府对社会组织的控制上，提出“嵌入型监管”“内卷化”等关系模式，认为中国的社会组织在与政府的合作过程中普遍存在自主性缺乏的现象[④]，部分社会组织为了获取行动上的自主权而放弃部分结构上的自主权[⑤]。

三、政府购买公共服务绩效评估研究现状

（一）国外研究

自 20 世纪 90 年代，公共行政领域对绩效和有效性的话题重新

---

① 肖雪、颜克高:《一核多元——政府购买服务中的部门间网络关系与行动逻辑》,《公共行政评论》2020 年第 6 期。

② 王浦劬、〔英〕郝秋笛:《政府向社会力量购买公共服务发展研究：基于中英经验的分析》，北京大学出版社 2016 年版，第 23 页；苏明等:《中国政府购买公共服务研究》,《财政研究》2010 年第 1 期；石亚军、高红:《政府职能转移与购买公共服务关系辨析》,《中国行政管理》2017 年第 3 期。

③ 肖雪、颜克高:《一核多元——政府购买服务中的部门间网络关系与行动逻辑》,《公共行政评论》2020 年第 6 期；田凯:《我国公共服务领域政府与社会组织合作关系的发展》,《国家行政学院学报》2018 年第 5 期。

④ 刘鹏、孙燕茹:《走向嵌入型监管：当代中国政府社会组织管理体制的新观察》,《经济社会体制比较》2011 年第 4 期；李春霞等:《体制嵌入、组织回应与公共服务的内卷化——对北京市政府购买社会组织服务的经验研究》,《贵州社会科学》2012 年第 12 期。

⑤ 林闽钢、战建华:《社会组织的自主性和发展路径——基于国家能力视角的考察》,《治理研究》2018 年第 1 期。

产生了兴趣。学者们对不断增长的公共部门绩效的研究主要有：公共部门绩效评估采用和实施的方式[①]；有关管理层对组织绩效影响的理论和实证研究[②]，以及确定组织有效性的决定因素[③]。但出乎意料的是，这些文献中很少有研究明确地涉及政府购买公共服务的绩效问题。[④]

购买公共服务是公共部门的一项关键职能，对其进行绩效评估有助于改善政府部门的绩效，从而促进实现总体公共目标。因此，提高政府购买公共服务的有效性也已逐渐成为各国政府持续关注的重要话题。学者们对政府购买公共服务绩效评估的研究涉及绩效评估的基本属性，绩效测量的维度、影响因素、指标体系，绩效模型，绩效评估的应用及其治理等方面。[⑤] 但研究评估政府购买公共服务绩效的重点内容主要集中在绩效评估的维度方面，以及成本、竞争、

---

① P. L. Julnes and M. Holzer, "Promoting the Utilization of Performance Measures in Public Organizations: An Empirical Study of Factors Affecting Adoption and Implementation," *Public Administration Review*, 2001, 61 (6).

② R. D. Behn, "Why Measure Performance? Different Purposes Require Different Measures," *Public Administration Review*, 2003, 63 (5).

③ L. J. Toole and K. J. Meier, "Modeling the Impact of Public Management: Implications of Structural Context," *Journal of Public Administration Research and Theory*, 1999, 9 (4); K. J. Meier and L. J. Toole, "Public Management and Organizational Performance: The Effect of Managerial Quality," *Journal of Policy Analysis and Management*, 2002, 21 (4).

④ S. Domberger and D. A. Hensher, "On the Performance of Competitively Tendered, Public Sector Cleaning Contracts," *Public Administration*, 1993, 71 (3); B. S. Romzek and J. M. Johnston, "Effective Contract Implementation and Management: A Preliminary Model," *Journal of Public Administration Research and Theory*, 2002, 12 (3).

⑤ G. A. Hodge, *Privatization: An International Review of Performance*, Routledge, 2000; R. Andrews, G. A. Boyne and R. M. Walker, "Strategy Content and Organizational Performance: An Empirical Analysis," *Public Administration Review*, 2006, 66 (1); D. Moynihan, *The Dynamics of Performance Management*, Georgetown University Press, 2008; C. C. Hood and R. Dixon, "The Political Payoff from Performance Target Systems: No-Brainer or No-Gainer?" *Journal of Public Administration Research and Theory*, 2010, 20 (2).

质量、腐败、公共责任等因素对政府购买公共服务绩效的影响。学者们不仅关注服务的成本、竞争或质量，还关注其他重要方面，如回应性、及时性和法律合规性等，可谓每一种绩效维度都提供了一种价值观。

1. 经济维度及其影响因素

这一维度对绩效评估的影响占主导地位。通常认为政府购买公共服务是出于对经济和效率的考量，即通过竞争招标将公共服务外包可以降低行政成本。许多实证研究也支持该观点。[①] 值得注意的是，“竞争”似乎在降低政府购买公共服务成本中发挥了重要作用。[②] 然而，近期研究结果表明，在政府购买公共服务过程中，以竞争方式进行的政府购买同样面临绩效问题的困扰，竞争可能并不会带来许多人期望的利益。[③] 因此，在寻求改善政府购买公共服务的绩效时，平衡市场竞争与组织关系更为重要。[④]

---

① E. S. Savas, “An Empirical Study of Competition in Municipal Service Delivery,” *Public Administration Review*, 1977, 37 (6); S. Domberger and S. A. Meadowcroft, “Competitive Tendering and Efficiency: The Case of Refuse Collection,” *Fiscal Studies*, 1986, 7 (4); S. Domberger and D. Hensher, “On the Performance of Competitively Tendered, Public Sector Cleaning Contracts,” *Public Administration*, 1993, 71 (3).

② E. S. Savas, “An Empirical Study of Competition in Municipal Service Delivery,” *Public Administration Review*, 1977, 37 (6); R. A. Gonzalez and S. L. Mehay, “Publicness, Scale, and Spillover Effects in Defense Spending,” *Public Finance Quarterly*, 1990, 18 (3); D. Malatesta and C. R. Smith, “The Effects of Competition-Based Public Policy on Contractual Arrangements,” *Policy Studies Journal*, 2011, 39 (2).

③ B. M. Brunjes, “Your Competitive Side Is Calling: An Analysis of Florida Contract Performance,” *Public Administration Review*, 2022, 82 (1) .

④ A. A. Amirkhanyan, “Collaborative Performance Measurement: Examining and Explaining the Prevalence of Collaboration in State and Local Government Contracts,” *Journal of Public Administration Research and Theory*, 2009, 19 (3); A. A. Amirkhanyan, H. J. Kim and K. T. Lambright, “Closer than ‘Arms Length’: Understanding the Factors Associated with Collaborative Contracting,” *The American Review of Public Administration*, 2012, 42 (3).

2. 社会维度及其影响因素

在社会承诺的背景下，政府购买公共服务已被当作意识形态的重要组成部分。这些广泛的承诺不仅包括提高效率，还包括为公众带来一系列好处：更高的质量、更好的服务、更低的价格，以及更多的选择。[①] 因此，从社会影响视角评估政府购买公共服务的绩效同样引人关注。与对经济绩效进行了大量的研究相比，学术界相对缺乏对整个社会绩效的统计。这些研究中有少数是关于非经济措施的，包括培训质量[②]、运输服务质量、清洁服务质量[③]，此外，对社会维度的评估还应考虑就业以及是否扩大社会差异等因素。[④]

3. 民主维度及其影响因素

首先，腐败被认为是影响民主的重要因素。约翰·D. 多纳休与彼得·科布拉克通过对国际相关的重大案例的研究，认为在政府购买公共服务过程中腐败现象是不可避免的。[⑤] 然而，萨瓦斯则认为，政府购买公共服务更多地表现为有限政府和更好的政府，他将合同腐败视为一个孤立现象。[⑥] 其次，公共责任被认为是贯穿政府购买公共服务绩效评估的重要内容。事实上，政府购买公共服务的

---

① G. A. Hodge, *Privatization: An International Review of Performance*, Routledge, 2000.

② B. Berglund, "Effects of Indoor Air Pollution on Human Health," *Indoor Air*, 1992, 2 (1).

③ D. Domberger, C. Hall and E. A. Li, "The Determinants of Price and Quality in Competitively Tendered Contracts," *The Economic Journal*, 1995, 105 (433).

④ A. A. Amirkhanyan, "Collaborative Performance Measurement: Examining and Explaining the Prevalence of Collaboration in State and Local Government Contracts," *Journal of Public Administration Research and Theory*, 2009, 19 (3).

⑤ J. D. Donahue, *The Privatization Decision: Public Ends, Private Means*, Basic Books, 1989; P. Kobrak, "The Social Responsibilities of a Public Entrepreneur," *Administration & Society*, 1996, 28 (2).

⑥ 〔美〕E. S. 萨瓦斯：《民营化与公私部门的伙伴关系》，周志忍等译，中国人民大学出版社2002年版，第305页。

支持者的主要观点之一就是，通过采用评估程序可以强化公共责任。[①]

4. 法律维度及其影响因素

罗伯特·S. 吉尔摩与和劳拉·S. 詹森指出，政府购买公共服务合同的确立和履行会同时受到公法和私法的管辖和约束。[②] 西蒙·杜姆伯格以合同外包方式为代表，认为合同中记录的法律安排是履行合同的重要依据。[③] 此外，林德尔·霍尔库姆指出，如果与服务有关，合同中还应明确包括公共价值等方面的标准。他在对合同协议的评估中发现，现有合同对财务、资金等方面的标准较为完善，但对于公共服务是否使公民满意等方面的标准较为匮乏。他认为，每个协议的条款和类似条款，在公共性方面都存在着很大差异。[④] 可见，从法律维度出发，合同可能需要确保其条款对经济以及其他方面具有更强或更加标准的约束。

5. 政治维度及其影响因素

政府购买公共服务与其说是一种经济行为，不如说是一种政治行动。在许多领域中，开展政府购买公共服务的主要目标是减少政治权力。事实上，彼得·科布拉克将私营部门与政府之间的关系称为“舒适政治”[⑤]。这种说法提醒我们，政府购买公共服务的出现，

---

① T. Lee and P. Moylan, “ACTU View of the Industry Commission Report on Competitive Tendering and Contracting,” *Australian Journal of Public Administration*, 1998, 57 (2).

② R. S. Gilmour and L. S. Jensen, “Reinventing Government Accountability: Public Functions, Privatization, and the Meaning of ‘State Action’,” *Public Administration Review*, 1998, 58 (3).

③ S. Domberger, “Public Sector Contracting: Does It Work?” *Australian Economic Review*, 1994, 27 (3).

④ R. G. Holcombe, “Barriers to Entry and Political Competition,” *Journal of Theoretical Politics*, 1991, 3 (2).

⑤ P. Kobrak, “The Social Responsibilities of a Public Entrepreneur,” *Administration & Society*, 1996, 28 (2).

很可能导致原有的力量失衡，从工会工人的传统权力基础向即将获得合同的私营企业转移。从政治绩效来看，政府购买公共服务的做法可能存在政治风险。

（二）国内研究

近年来，伴随着政府购买公共服务在我国已经取得了初步成效，有关政府购买公共服务绩效评估的研究也逐渐成为学术界讨论和关注的话题。但在政府购买公共服务研究领域，针对政府购买公共服务绩效评估的研究并不是非常丰富。现有文献主要集中在绩效评估的方法、指标体系的建设、评估模型的建构、评估的困境及改进路径等方面。

1. 绩效评估的方法

常用的绩效评估方法主要有德尔菲研究法、层次分析法（AHP）、数据包络分析法、TOPSIS 综合评估法等。范炜烽和许燕运用德尔菲法对评估指标体系做进一步拟定和筛选，再通过层次分析法确定指标的权重，最终为政府购买公共服务构建了一套行之有效的评估指标体系。[①] 罗瑜亭和鲁志国运用 TOPSIS 综合评估法——一种多目标决策分析中常用的有效方法，以全国 29 个省份的相关数据为样本，对我国政府购买公共就业培训服务配置效率进行实证分析。[②] 钱海燕和沈飞运用数据包络分析法对安徽省合肥市政府购买居家养老服务财政支出效率进行了实证分析，发现政府购买服务的项目规模收益、项目数量、享受服务人员数量以及服务满意度等是影响政府购买服务财政支出效率的重要因素。[③] 除此之外，有关政府购买公共服务绩效

---

① 范炜烽、许燕：《政府向社会力量购买公共服务评估指标体系构建研究》，《科学决策》2020 年第 5 期。

② 罗瑜亭、鲁志国：《我国政府购买公共就业培训服务配置效率研究》，《甘肃行政学院学报》2016 年第 23 期。

③ 钱海燕、沈飞：《地方政府购买服务的财政支出效率评价——以合肥市政府购买居家养老服务为例》，《财政研究》2014 年第 3 期。

评估的方法还有平衡计分卡、关键绩效指标、目标管理法等。常晋、刘明慧指出，购买中的绩效评估可以采用行为导向性的绩效评价方法，购买后的绩效评估可以采用图解式评估量表法。同时，他们还提出，针对评估指标可采用单一或组合的评价方法，如可运用主成分分析法评价不同购买客体的竞争力，运用平衡计分卡法分析购买客体的绩效，运用成本—收益分析法评价财政资金的使用效益等。[①] 张妍妍等试图从物有所值评估、基于第三方的关键绩效指标评估及满意度评估三方面，验证政府购买公共服务的效用价值，以期深化政府购买公共服务在成效评估环节的研究。[②]

2. 指标体系的建设

大多学者从建设原则、建设维度以及设计思路等方面探讨政府购买公共服务绩效评估指标体系的建设。叶托和胡税根通过文献法建立了政府购买社会服务绩效评估的概念化模型，并从投入、过程、产出、品质、成效、政治等六个维度展开分析，其研究结果显示，“成效”和“品质”维度的权重远高于其他维度，“政治”和“产出”维度权重居中，“过程”和“投入”维度的权重略低。[③] 徐家良、许源把政府购买服务绩效视为公共政策绩效和公共服务绩效的综合体，从公共性、制度化、社会化的维度来评价政府购买绩效的合法性，从经济、效率、效果的维度来评价政府购买绩效的有效性。[④] 刘素仙认为，不同于其他绩效评估，政府购买公共服务绩效评估的对象是公共服务，而公共服务本身是具有多重价值维度的，因此在指标体系建立时，

---

① 常晋、刘明慧：《政府购买公共服务：一个文献述评》，《地方财政研究》2016 年第 5 期。

② 张妍妍等：《政府购买公共服务之成效评估研究》，《图书馆理论与实践》2018 年第 7 期。

③ 叶托、胡税根：《政府购买社会服务的绩效评估指标体系研究——基于德尔菲法和层次分析法的应用》，《广东行政学院学报》2015 年第 2 期。

④ 徐家良、许源：《合法性理论下政府购买社会组织服务的绩效评估研究》，《经济社会体制比较》2015 年第 6 期。

要体现出公共性、回应性和有效性等价值原则。[1] 王成和丁社教从客户感知可靠性、个性化服务和社会组织的专业化水平等方面构建绩效评估指标体系。[2] 吴瑞君等对服务单位（承接组织）进行了全方位的评估，主要分为服务单位基本管理制度达标度与组织管理绩效两个方面。服务单位基本管理制度达标度是从资料公开、高效管理、回应具体需要、尊重使用者权利等层面展开。服务单位组织管理绩效维度主要考察服务提供组织的生命周期及组织管理的成效，依托员工需求满足、团队精神以及个人成长等指标进行测量。[3]

3. 评估模型的建构

包国宪和刘红芹以 SERVQUAL 模型为参考，设计了效率和消费者感知服务质量的政府购买居家养老服务质量评价模型。[4] 王春婷等分析政府购买公共服务绩效要素结构，据此假设政府购买公共服务绩效由政府成本、效率、社会公正度和公众满意度四个指标构成，并构建了政府购买公共服务绩效的结构概念模型。[5] 宁靓和李纪琛结合政府购买服务的过程和在过程中涉及的利益相关者作为出发点，将绩效棱柱模型应用于公共服务领域，并建立与之相适应的政府购买社区居家养老服务评估体系。[6]

---

① 刘素仙:《政府购买公共服务绩效评价的价值维度与关键要素》,《经济问题》2017 年第 1 期。

② 王成、丁社教:《政府购买居家养老服务质量评价——多维内涵、指标构建与实例应用》,《人口与经济》2018 年第 4 期。

③ 吴瑞君等:《政府购买社会服务综合绩效评量模型设计与参数估计——以上海市浦东新区计生系统购买社会服务为例》,《华东师范大学学报（哲学社会科学版）》2019 年第 4 期。

④ 包国宪、刘红芹:《政府购买居家养老服务的绩效评价研究》,《广东社会科学》2012 年第 2 期。

⑤ 王春婷等:《政府购买公共服务绩效结构模型建构与实证检测——基于深圳市与南京市的问卷调查与分析》,《江苏师范大学学报（哲学社会科学版）》2013 年第 1 期。

⑥ 宁靓、李纪琛:《政府购买社区居家养老服务的绩效棱柱模型评价研究》,《中国海洋大学学报（社会科学版）》2020 年第 6 期。

4. 评估的困境及改进路径

郃鹏峰指出政府购买公共服务评估存在着诸如社会组织功能的偏移、政府职能的错位、法律文本不成熟、科学机制缺乏等问题，这些问题把评估的实践工作引入困境。[①] 袁同成认为在实际操作过程中，存在着政府部门权力过大、第三方机构独立性不强、多元主体参与不足、互动不够等问题，严重损害了评估的专业性和科学性。[②] 左敏和周梅华以动态绩效管理的视角为切入点把评估实践的困境分为两大类："内卷"与"共谋"。内卷化主要来自评估过程中制度缺失、资金依赖、评估专业性不足、信息不对称等问题，而共谋化则是因为目前承接政府服务项目的社会组织和第三方评估机构，大多仍是以政府主导组建，评估机构对政府的依赖度较高，权力资源的不平等导致评估机构迎合政府需要，进而陷入评估功能性困境。[③] 姜爱华和杨琼指出，我国的绩效评价工作在绩效评价环境、绩效评价程序、评价主客体的参与程度、评价结果的应用等方面仍然存在着一些问题需要解决。[④] 尚虎平和杨娟指出，让合适的部门在合适的时间、合适的地点去做合适的事情，才可能真正产生行政管理、公共服务的效率。[⑤] 换言之，政府购买公共服务绩效评估需要采取相应的改进措施，进而提高政府提供公共服务的效率

---

① 郃鹏峰:《政府购买公共服务的监管成效、困境与反思——基于内地公共服务现状的实证研究》,《辽宁大学学报（哲学社会科学版)》2013 年第 1 期。

② 袁同成:《当前政府购买社会组织服务评估模式存在的问题及对策》,《社会科学辑刊》2016 年第 1 期。

③ 左敏、周梅华:《动态绩效管理视域下政府购买服务的评估困境及路径优化》,《重庆社会科学》2020 年第 10 期。

④ 姜爱华、杨琼:《北京市政府购买公共服务绩效评价中存在的问题及对策分析》,《经济研究参考》2019 年第 12 期。

⑤ 尚虎平、杨娟:《公共项目暨政府购买服务的责任监控与绩效评估——美国〈项目评估与结果法案〉的洞见与启示》,《理论探讨》2017 年第 4 期。

与质量，最大限度地满足服务对象的需求。胡穗提出政府需要建立服务供给绩效评估制度，同时建立多元主体评估制度，加强动态评估和公民需求评估，使绩效评估的指标体系兼顾效率价值和公平价值。[①] 曹堂哲和魏玉梅指出，应强化绩效付酬作为连接绩效评价和结果应用的中介作用。[②] 绩效付酬是指根据购买公共服务的绩效评价结果来进行支付，这对保证购买公共服务的质量和效率能够起到很好的约束作用。

此外，现有文献中也有基于众多实际案例从不同视角探究政府购买公共服务绩效评估的相关研究。徐家良等以公共价值理论为分析框架，采用定性比较分析法，研究我国政府购买公共服务市场竞争度。[③] 韩清颖和孙涛基于我国各地政府与第三方机构协力评价且已结项的公共服务购买案例，在获取有效性评价数据的基础上，实证检验了我国公共服务购买有效性及其影响因素。[④]

综上所述，公共责任方面的相关研究中以西方为主的公共责任理论发展主要经过了两个阶段：第一个阶段是传统的命令控制阶段；第二个阶段是复合型公共责任类型理论阶段，主要包括行政责任、政治责任、专业责任、法律责任等多种责任类型的混合。复合型公共责任主要是随着民主制度发展而出现的。更准确地说，公共责任关系复杂化是随着公共行政改革出现的，传统的官僚体制不再流行、公共权力的回归、多元管理主体的出现使得传统的命令控制的行政

---

① 胡穗:《政府购买社会组织服务绩效评估的实践困境与路径创新》,《湖南师范大学社会科学学报》2015 年第 4 期。

② 曹堂哲、魏玉梅:《政府购买服务中的绩效付酬：一种公共治理的新工具》,《改革》2019 年第 3 期。

③ 徐家良等:《公共价值视域下政府购买公共服务市场竞争度研究——基于 S 市的定性比较分析（QCA）》,《上海行政学院学报》2019 年第 5 期。

④ 韩清颖、孙涛:《政府购买公共服务有效性及其影响因素研究——基于 153 个政府购买公共服务案例的探索》,《公共管理学报》2019 年第 3 期。

责任制已不能满足公共管理的需要，因此责任制被加强。新旧责任观念交杂、自治与管控以及各种责任关系的平衡成为公共管理新的挑战。同时，对加强责任制的质疑也相继而来，公共责任赤字和超载、责任悖论等一系列新问题开始出现。目前的研究也主要聚焦于这些问题，学者们致力于对其概念框架进行解构和实证分析，寻找公共责任的影响因素。而绩效则与公共责任密切相关，互相影响。绩效评估是确保责任履行的工具，而责任制又影响绩效水平，关于绩效与责任两者之间的关系也是学者们研究的焦点问题之一。总体上，我国相对于国外来说，相关研究成果并不丰富，缺乏理论研究。但也有一定的扩展，这主要体现在对公共责任主体的研究中，例如对社会组织和公民公共责任的内容及其困境的研究。

关于政府购买公共服务，尤其是针对政府购买公共服务绩效评估的研究越来越受到重视。国内外学术界在政府购买公共服务绩效评估的价值取向上的认识是相对一致的，从前更关注经济效率标准，现在正转向关注公共价值等标准，也更加注重绩效评估中公众满意度的指标构建，更加关注公众需求，而且正向全方位的评估转变。此外，随着对公共责任研究的不断深入，以及对公共责任与绩效评估之间关系的持续关注，现有研究都为基于公共责任视角的政府购买公共服务绩效评估提供了理论基础。目前，有关研究虽已取得一定成果，但仍存在较大的局限性。围绕政府购买公共服务绩效评估这一主题，基于公共责任视角的探讨还十分有限，如何构建公共责任视角下政府购买公共服务绩效评估的理论分析框架，政府购买公共服务绩效评估如何增强各主体的责任感，如何建立我国政府购买公共服务绩效评估的责任机制，以确保公共责任的履行，还有待进一步讨论。可见，对于政府购买公共服务绩效评估与公共责任的相关研究还有非常大的探索空间，上述有待深入挖掘的问题也是本书重点研究的问题。

第四节　本书结构

本书旨在基于公共责任视角对政府购买公共服务绩效评估展开系统研究。“公共责任”视角彰显公民本位、公民参与的价值取向，并非传统行政部门以单向“命令—控制”链为核心、以政府为主体的责任内涵，而侧重于实现公共利益、政府回应为目标的公共价值导向。政府购买公共服务绩效评估不仅包含效率、投入—产出、成本—收益等效率价值的指标，更注重体现公众需求、公民满意等公共价值指标的实现。本书在深入挖掘现有政府购买公共服务绩效评估公共责任赤字风险的基础上，引入公共价值创造的相关理论，包括公共责任理论、循证治理、公民参与理论等作为研究的理论主线和依据，构建公共责任视角下政府购买公共服务绩效评估的分析框架，确定行政责任、政治责任、法律责任、专业责任和道德责任五个维度的指标体系权重，并试图探讨公共责任视角下绩效评估体系的验证与结果应用，进而最终建立一种有效的政府购买公共服务绩效评估责任机制。

一、概念体系与理论依据

实践中，随着政府购买公共服务改革的深入推进，绩效评估的作用日益凸显，现阶段，政府购买公共服务绩效评估已成为保障公共服务提供、提升政府购买公共服务决策质量不可或缺的重要组成部分。理论上，无论是对公共责任还是对政府购买公共服务绩效评估的探讨均已有一定积累，绩效评估在公共部门行政改革中作为一种强化责任、提升效率的重要机制也早已达成共识。然而，现实生活中，有关政府购买公共服务绩效评估的发展内涵并不十分明确，其强化责任等成效也有待进一步检验；相关理论研究多以公共管理视角为切入口，将新公共管理、治理研究等作为理论基础。本书第一章试图在对公共责任与政府购买公共服务做必要介绍的基础上，讨论政府购买公共服务绩效评估独特的发展内涵，并以公共价值这一超越工具理性与价值理性的视角，探讨公共价值创造的可能途径，进而分析基于公共责任视角政府购买公共服务绩效评估的理论依据。

二、地方实践与风险识别

理论上，有效的绩效评估可以改进绩效、提升决策水平以及提高公众满意度，可以说，绩效评估为政府购买公共服务的发展提供了有力保障。事实上，在2013年国务院办公厅印发《关于政府向社会力量购买服务的指导意见》之前，实践领域就存在着对政府购买社区卫生服务、政府购买社会工作服务等绩效评估的诸多讨论，这为深入剖析我国政府购买公共服务绩效评估相关研究提供了现实基础。本书第二章从政府购买公共服务的发展历程和相关政策出发，梳理政府购买公共服务绩效评估地方实践的典型做法，进而提炼绩效评估实践困境的共性特征。与此同时，总结国外政府购买公共服务绩效评估的主要特征，并详细探析其制度基础和制度保障。通过对上述国内外实践内容的比较分析，并结合公共责任这一视角，笔者认为，政府购买公共服务绩效评估中存在公共责任赤字风险。根据笔者所构建的公共责任赤字理论框架来看，公共责任赤字风险的具体表现在信息、评估和结果三个阶段。信息基础缺乏、有效评估受阻、结果应用不充分三个方面相互影响，共同弱化了绩效评估的实际效用，损害了绩效评估所应体现的回应性、有效性以及责任感等公共价值。

三、基于公共责任视角的政府购买公共服务绩效评估分析框架

构建基于公共责任视角的政府购买公共服务绩效评估分析框架

至关重要，它是下文绩效指标设计和选取的主要依据，涉及绩效指标选取是否恰当，评估体系设计是否合理，以及在政府购买公共服务绩效评估中如何凸显公共责任等重要环节。本书第三章通过判断政府购买公共服务理论、政府购买公共服务目标、公共部门活动、公共责任及相应责任关系中可能的绩效范畴，围绕公共责任核心视角，最终得到一个由行政责任、法律责任、专业责任、政治责任和道德责任所构成的概念化分析框架。

四、构建基于公共责任的政府购买公共服务绩效评估指标体系

为有效实现政府购买公共服务决策目标，绩效评估指标设计及绩效评估指标体系构建是重点环节，需要做好大量且充足的准备工作。首先，遵循绩效评估体系设计的一般原则与逻辑。现有绩效评估体系设计原则已十分普遍，对于构建公共责任维度的政府购买公共服务绩效评估指标体系具有重要指导意义。基于公共责任视角，第四章以目标一致性、系统性、可操作性、导向性为原则，以量化公共责任为核心目标进行绩效指标设计与分析。其次，针对本书研究开展具体调查与研究论证。通过德尔菲法初步拟定指标并建立指标体系后，发放专家咨询问卷，采用层次分析法并利用 SPSS 软件进行问卷信度效度检验，实现指标体系的构建、判断矩阵的生成以及问卷数据的分析。

五、公共责任视角下政府购买公共服务绩效评估体系检验与结果应用

第五章结合现实中政府购买公共服务绩效评估的相关案例，从其绩效指标和指标设计出发，将前文构建的绩效评估体系在绩效管理、预算管理以及公共服务质量改善与效率提升中进行检验，并说明公共责任视角下政府购买公共服务绩效评估结果的应用。研究发

现，虽然实践中基于公共责任视角的政府购买公共服务绩效评估体系尚未完善，但某些衡量公共责任的指标已成为评估的重要组成部分，且涉及多个维度。公共责任视角下政府购买公共服务绩效评估结果应用于不同方面，侧重体现的公共责任类型也各不相同。在绩效管理中，绩效评估偏重对法律责任与行政责任维度的测量，且重视相关制度建设、项目投入与管理过程；在预算管理方面，承接方资金使用相关指标是衡量专业责任的重要指标，预算编制相关指标则是行政责任的主要体现；公共服务质量改善与效率提升的根本目的在于满足公众需求，包括服务满意度在内的项目效果指标是其测量政治责任的主要体现，项目完成情况则直接或间接反映公共服务承接方的专业责任。而道德责任塑造行为，正确的价值观和责任意识等是促进服务改善的内在动力，不可或缺，但目前却缺少相关测量指标，相关方面没有得到应有的重视。同时，绩效评估实践中存在的结果评定有偏差、基于结果的问责不到位、预算决策与结果相关程度弱、结果公开程度不足、绩效改进有限等诸多问题，阻碍了绩效评估真实效用的发挥。

六、一种有效的责任机制安排

政府购买公共服务绩效评估作为一种管理工具，是落实公共责任的重要手段，是一种有效的责任机制。在公共责任缺失的背景下，强化绩效评估制度是必然选择。这是因为绩效评估本身蕴含着公共责任价值取向并发挥着保障公共责任的重要作用。绩效评估与公共责任机制在价值、程序和功能方面具有契合性和相似性，绩效评估可以从责任追究机制建设、组织绩效提升、责任政府回应性加强三方面助推公共责任机制建设。这可以说明，公共责任视角下政府购买公共服务绩效评估责任机制安排具有一定的必要性和可行性。由此，需要不断完善基于公共责任视角的政府购买公共服务绩效评估责任机制。从公共责任机制所反映的信息、评估、结果三个阶段出发，结合政府购买公共服务绩效评估实践中的问题和困境，第六章提出要基于公共责任视角的政府购买公共服务绩效评估机制围绕绩效评估信息机制、全过程评估机制、结果应用机制三方面进行优化，并加强包括项目规划与管理、预算管理、公民参与机制和组织管理与学习机制四方面绩效评估配套机制建设，更好地促进基于公共责任视角的政府购买公共服务绩效评估责任机制的制度化和规范化，保证公共责任的落实。

第一章　概念体系与理论依据

第一节　概念体系

一、公共责任的内涵与分类

（一）公共责任的内涵

公共责任的内涵较为丰富，其含义已远远超出“要求对自己行为负责”[①] 的核心意涵，扩展到许多方面，被用作许多合意但定义松散的政治目标的代名词，例如善治、透明度、回应能力、公平、民主等[②]。在专制制度下，国家由君主统治，君主是权力的唯一享有者，而官员虽然对君主负责，但这种责任实质上并不属于公共责任的范畴，公共责任尚不存在。阶级产生后，由于公共权力掌握在政府手中，在很长一段时期内，公共责任几乎等同于行政责任，主要与控制相关，通过法规、命令、正式的程序、完善的管理、监督与

---

① R. Mulgan, “Accountability: An Ever-Expanding Concept?” *Public Administration*, 2000, 78 (3).

② J. GS Koppell, “Pathologies of Accountability: ICANN and the Challenge of ‘Multiple Account-Abilities Disorder’,” *Public Administration Review*, 2005, 65 (1); A. Veselý, “Accountability in Central and Eastern Europe: Concept and Reality,” *International Review of Administrative Sciences*, 2013, 79 (2); B. S. Romzek, “Living Accountability: Hot Rhetoric, Cool Theory, and Uneven Practice,” *Political Science & Politics*, 2014, 48 (1).

强制等方式来避免违法或不当行为。[①] 近代资产阶级的相关政治思潮与民主政治体制为公共责任理论的产生创造了前提条件。民主制度下，分权制衡的实施使得政府权力在得到明确的同时也受到限制。而且，随着社会和政府专业化程度的不断提高，以及政府授权链条的不断延长，公共管理主体呈现多元化的趋势，公共权力在多个行动者或组织间扩散，公共责任也不再简单地集中于政府部门手中。公民意识的不断提高使得人们越来越多地要求政府对公众负责，依赖于层级结构提供正式联系的传统责任机制因削弱了公民的声音，不利于公众监督，已不再适应社会发展，复合型公共责任出现。

从根本上说，公共责任是一种社会互动和交换关系[②]，描述了两个或多个参与方之间的某种协议。首先，公共责任来源于国家、市场和社会三者之间的关系，它是三者共享共生的基础，有助于弥合复杂化社会的结构性紧张。[③] 在进入现代化时期后，社会从结构上逐渐分化为国家、市场、社会三个相互独立的领域，且在现代社会治理中，三者各司其职，相互协作。[④] 公共责任是政府、市场与公民三者间联系的桥梁。管理社会公共事务的政府部门是实现以公共利益为核心的公共责任的主要承担者。但随着民主制度与市场化的发展，公共责任不仅限于公共组织，更是延伸到行使公共特权或接受公共资金的私人机构，其本质都是要实现公共利益，对公民负责。因此，承担公共责任的行为主体从政府逐渐扩展到社会各类主体，而公共责任的客体是人民大众及民意机构。政府购买公共服务则是这样一

---

① 虞维华：《公共责任的新概念框架——复合性公共责任理论及其意义》，《东南学术》2006 年第 3 期。

② R. Mulgan, *Holding Power to Account: Accountability in Modern Democracies*, Springer, 2003.

③ 程关松：《社会管理创新领域的公共责任及其法治化》，《江西社会科学》2012 年第 5 期。

④ 俞可平：《走向国家治理现代化——论中国改革开放后的国家、市场与社会关系》，《当代世界》2014 年第 10 期。

种举措，它打破了公共服务领域中的政府垄断，引入市场机制，原本政府承担的责任和权力部分下放到社会，社会组织承担了政府一部分社会职能，因此承包商也应对顾客（公民）负责，承担相应的公共责任，但政府仍承担最根本的公共责任，确保其中公共利益的最终实现。从三者关系来看，公共责任的落实，需要明确公平、民主、公开、回应等的内涵并实现其内涵的内在一致性。

其次，公共责任的履行涉及典型的委托—代理关系，即公民授权政府进行公共事务管理，而政府则授权其下属或其他代理机构履行职责。整个过程在形成一个授权链条的同时，也形成了一个责任链条，包含错综复杂的责任关系。公共责任不仅要求行动者向授权方或公众披露与使用公共资源有关的所有责任、义务与活动，还要求行动者对已做或未做的事情负责，涉及说明、解释等一系列行为与活动，强调责任双方的互动关系，这就是一种社会机制，是狭义的公共责任。马克·博文斯从社会意义上提出了一个经典定义，他认为公共责任是一种社会关系或社会机制，行为主体有义务解释和证明其行为，责任客体则可以据此提出问题并进行裁定，使行为主体面临一定的后果。[1] 其中，行为主体是指需要承担责任的个人或组织，而责任客体则是指有权对行为主体进行监督及责任追究的特定个人或机构，即行为主体必须对其负责的其他实体，如议会、法院、公民、新闻记者等。我国学者也对此进行了详细的阐述，周志忍等认为公共责任主要包含了三重含义：一是行动者应在行为实施前根据自身所享权力明确其要实现的公共目标，这种目标应展现高度的承担责任和履行义务的取向；二是行动者在行为实施过程中应自觉接受监督，并主动述职，提供账目、报告或说明等；三是在行为实施后应对行为结果进行审查和判断，撤销或惩罚违法行为、纠正不

① M. Bovens, "Analysing and Assessing Accountability: A Conceptual Framework," *European Law Journal*, 2007, 13 (4).

当行为，赔偿相应的损失。[①] 以上两种解释具有异曲同工之妙，都强调双方的互动关系，但前者更加侧重于责任的监督与追究，而后者则明确包含了职责履行方面的内容。

最后，从绩效角度来看，公共责任可以简单理解为对绩效的回应，即根据绩效追究责任——如果职责履行得当，应予以奖励；反之，则应实施制裁或惩罚。[②] 绩效是获取公众信任的关键因素，绩效的完成或改善向公众传达着一种透明、可信的形象。在传统的行政范式中并没有充分强调绩效的重要性，绩效责任的产生主要是伴随着新公共管理运动而兴起的，绩效提升、责任改善都是公共行政改革的重要内容。通常认为公共责任制的加强对绩效提升是至关重要的，它可以促进组织对服务规则、行为守则和绩效标准的学习，促使公共行政人员的行为更加规范，使公共行政更加透明、公开、公正，并进一步提高公共服务供给质量；同时它也可以为政府带来精确的绩效标准，确定在多大程度上服务满足了公众的期望。[③] 由此说明，公共责任与绩效相辅相成，甚至在一定程度上来说二者的价值取向愈来愈趋向一致，同样包含效率等经济价值与民主、公正等公共价值，或者说绩效改善已成为一种必须实现的公共责任。

（二）公共责任分类

以上对公共责任的概念阐释中，“谁负责”“对谁负责”和“对什么负责”三个问题组成了公共责任的三大构成要素，并可以据此对

---

① 周志忍、陈庆云主编：《自律与他律：第三部门监督机制个案研究》，浙江人民出版社 1999 年版，第 18 页。

② B. S. Romzek, “Living Accountability: Hot Rhetoric, Cool Theory, and Uneven Practice,” *Political Science & Politics*, 2015, 48 (1).

③ M. S. Haque and G. M. Mudacumura, “Introduction: Growing Concerns for Public Accountability under The State in Transition,” *Public Administration Quarterly*, 2007, 31 (4); M. Dubnick and H. G. Frederickson, *Public Accountability: Performance Measurement, the Extended State, and the Search for Trust*, Kettering Foundation, 2011.

公共责任类型进行划分(见表1-1)。马克·博文斯按主体的不同即“谁负责”将公共责任划分为：法人责任、行政责任、集体责任与个人责任。法人责任指的是，公共组织是具有独立法律地位的法人团体，它们可以作为单一的行动者运作，并可以相应地承担责任；行政责任是指，公共组织大多呈现金字塔结构，对外通常由最高领导者负责，而在组织内部则严格按照“指挥链”或者上下级关系承担相应的责任；集体责任是将公共组织看作是由个人组成的集体，当组织行为不当时，可以选择组织中的任何成员，让其个人对整个组织行为负责，即承担集体责任；个人责任则指，每个人都要对本人的行为负责。①

表1-1 公共责任类型

分类依据	公共责任类型
谁负责	法人责任 行政责任 集体责任 个人责任
对谁负责	政治责任 法律责任 行政责任 专业责任 社会责任
对什么负责（行为的性质）	财务责任 程序责任 产品责任

按客体的不同，即“对谁负责”可以将公共责任划分为政治责任、法律责任、行政责任、专业责任和社会责任五大类。与前文中

① M. Bovens, “Analysing and Assessing Accountability: A Conceptual Framework,” *European Law Journal*, 2007, 13 (4).

的复合型公共责任有相似之处，但增加了社会责任。政治责任主要是公共行政人员或官员向选民、政党或大众媒体负责，其中政党和大众媒体是以非正式的形式对其进行监督问责；法律责任通常是公共行政部门对法院负责；行政责任则是强调审计部门、监察机构等部门向官方、半官方的公共行政部门进行问责与监督；专业责任对于在专业公共组织（如医院、学校、研究机构等）工作的公共管理人员或专家尤其重要，是根据对所有成员具有约束力的可接受的行为标准，由专业监督机构在同行评审的基础上进行监督和执行；社会责任则是要发挥非政府组织、利益集团和客户作为“利益相关者”的作用，对公共行政部门及其工作人员进行监督及问责。① 对公共责任的分析往往依赖于公共责任分类，这样做既可以解释公共责任的复杂性，体现公共责任内容的多样化，以此为基础也更容易形成公共责任的概念框架，区分不同的责任关系。由此，公共责任的合理划分成为研究的热点问题。

按公共责任内容的不同即“对什么负责”可以将公共责任类型划分为财务责任、程序责任、产品责任。财务责任与财务的适当性相关，程序责任涉及行为的合法性，产品责任则与组织效率相关。② 博文斯并未对此分类中的公共责任做出详细定义，但可以借助贝恩的论述③了解财务责任和产品责任。“责任”与“会计”在历史上有着紧密的联系，财务责任是一种较为原始的责任，它要求合理使用纳税者的钱并对此负责；绩效责任则涉及公共目标的实现，要求结果达到关于公共部门的产出、成就的预期。④ 因此，这里所述的产品责任

---

① M. Bovens, “Analysing and Assessing Accountability: A Conceptual Framework,” *European Law Journal*, 2007, 13 (4).

② Ibid.

③ R. D. Behn, *Rethinking Democratic Accountability*, Brookings Institution Press, 2001.

④ 〔澳〕欧文·E. 休斯:《公共管理导论（第四版）》，张成福等译，中国人民大学出版社 2015 年版，第 144 页。

可以理解为绩效责任。

除了以上分类，根据责任关系的空间维度，可将其分为纵向责任（vertical accountability）和横向责任（horizontal accountability）。[①] 纵向责任是上下层级之间的责任关系，包括向上负责和向下负责。横向责任则被界定为同一等级或层次的不同机构之间的责任关系。伴随新公共管理运动的发展，横向责任得到一定程度的加强，如独立的第三方评估机构的出现。博文斯根据义务的性质这一标准，将对角责任（diagonal accountability）纳入进来，它指的是在平等基础上各机构之间的相互责任关系，通常是一种中介形式。大多数监察员、审计机构、监督机构等与公共组织之间没有直接的等级关系，也几乎没有强制执行的权力，但它们大多数要最终向部长或议会报告和负责，因此从中获得了必要的非正式权力。[②] 除了这三大构成要素以外，摩根认为在此基础上还应该增加“怎样负责”这一责任要素，即通过何种方式或程序使公共部门是负责任的且可追责，这包括提交书面报告、通过法庭或其他合法设立的公开听证会进行正式的调查和询问，以及私下讨论和询问等。[③]

二、政府购买公共服务的界定、模式和趋势

（一）政府购买公共服务的概念界定

政府购买公共服务是促使公共服务供给主体多元化的重要方式，也是提高公共服务质量与供给效率的有效途径。20 世纪 80 年代以来，政府购买公共服务逐渐被西方国家作为重要举措纳入公共行政

① S. I. Lindberg, “Mapping Accountability: Core Concept and Subtypes,” *International Review of Administrative Sciences*, 2013, 79 (2).

② M. Bovens, “Analysing and Assessing Accountability: A Conceptual Framework,” *European Law Journal*, 2007, 13 (4).

③ R. Mulgan, *Holding Power to Account: Accountability in Modern Democracies*, Springer, 2003.

的改革实践中，并收到了显著效果。通常情况下，政府购买公共服务在国外被称作“公共服务外包”，并被看作公共服务市场化的一种使用最广泛的形式。公共服务外包的主要驱动力是效率，它的实施可以改变公共服务供给低效问题，降低成本，促进公共服务质量改善，并在一定程度上缓解政府失灵。关于公共服务外包，最具代表性的定义来自民营化大师萨瓦斯，他认为公共服务外包是指，政府通过与私营部门或非营利部门签订有关服务与商品的合同，由后者生产并提供公共服务的过程。[①] 克尔曼则将公共服务外包的定义概括为一种政府与私人实体间的商业安排，而私人实体则会按照承诺向政府或其代表提供某些产品或服务以换取金钱。[②] 由此可见，公共服务外包的基本内涵在于政府与私营部门或者是非营利部门签订有关契约来提供公共服务，其本质是在公共服务领域引入市场机制，是鼓励社会力量参与的一种方式。公共服务外包是一种规范的市场化行为，其核心在于契约，合同的签订、实施与完成贯穿公共服务外包全程。合同是连接政府与公共服务承接方关系的桥梁，也是政府作为委托人监督作为代理人的公共服务供给者的重要依据。

在我国，“政府购买服务”“政府购买公共服务”“政府购买”“政府购买社会组织服务”“公共服务购买”等都是政府购买公共服务的名称。周佑勇指出，政府购买公共服务是指政府部门自身不使用财政资金来达成某些公共服务目标，而是通过建立契约关系，由营利或非营利组织等其他主体提供公共服务，政府支付相应费用。[③]

---

① 〔美〕E. S. 萨瓦斯：《民营化与公私部门的伙伴关系》，周志忍等译，中国人民大学出版社 2002 年版，第 73 页。

② S. J. Kelman, *Contracting in the Tools of Government: A Guide to the New Governance*, Oxford University Press, 2002.

③ 周佑勇：《公私合作语境下政府购买公共服务现存问题与制度完善》，《政治与法律》2015 年第 12 期。

王浦劬等则认为政府购买公共服务是指，将原来政府直接提供的公共服务通过直接拨款或公开招标的方式，委托给有资质的社会服务机构，最后据其公共服务供给的数量和质量进行费用支付。[①] 虽然一些定义并未直接阐明，但买卖双方，即政府部门与公共服务承接方之间必定蕴含着契约关系，需要通过合同来维系，要明确双方的责任和义务，以便任务的实现和监督。由此可见，无论是西方，还是我国，关于政府购买公共服务的表述虽然多种多样，但其本质上都是相同的，即政府通过契约将公共服务供给的职责转移给社会组织，并根据合同进行资金支付的过程。

政府购买公共服务的购买方是政府及其相关部门；公共服务承接方，是有资格、有能力进行公共服务供给的社会力量，包括社会团体、企事业单位等；公共服务则是购买内容。关于公共服务的购买范围学界多有分歧，这也是实践中的一大难题，关系到公共服务购买的成败。一般认为，涉及政府关键职能的公共服务是不可以随便进行外包的（如治安），且需要考虑服务的公共性与公益性、公共服务外包的效益以及社会发展等众多因素。更为重要的是，政府购买公共服务的重点在于改善公共服务供给。所以，公共服务提供必须满足公众需求，创造公共价值，造福人民群众。

总的来说，政府购买公共服务是指政府及其相关部门通过契约委托有资格的社会力量提供公共服务，根据公共服务供给的数量和质量来支付费用，并确保公共利益与公共价值实现的一种政府行为。

通常认为，政府购买公共服务是政府采购的一种重要形式，并且许多国家将其纳入政府采购的法律体系进行规制和约束。我国也不例外，政府购买公共服务适用于《中华人民共和国政府采购法》。根据该法律规定，政府采购是指各级国家机关、事业单位和团体组织，使用财政性资金采购依法制定的集中采购目录以内的或者采购

① 王浦劬、〔美〕莱斯特·M. 萨拉蒙：《政府向社会组织购买公共服务研究：中国与全球经验分析》，北京大学出版社 2010 年版，第 4 页。

限额标准以上的货物、工程和服务的行为。这样来说，政府采购的外延要远远大于政府购买公共服务的外延，两者存在许多不同之处。政府购买公共服务的主体更加严格，不承担行政职能的事业单位和团体组织不属于公共服务购买主体，且在政府购买公共服务中费用支付需在科学评估的基础上进行，更加强调绩效评估的重要性，且更需要考虑社会公众，实现公共利益。①

此外，公私合作与政府购买公共服务一样是引入社会力量参与公共服务提供的方式，在西方发达国家公共行政改革背景下不断得以推进，亦是为了满足人民多样化的需求、提高公共服务供给的效率与服务质量、促进职能转变而进行的制度安排。在研究中，两者界限通常是模糊的，存在概念混用的现象。实践中也存在不少错误认识，出现公私合作“借道”政府购买服务违法违规融资等突出问题。理论界目前关于公私合作的具体内涵仍然存在争议。②《2015〈政府工作报告〉缩略词注释》对其进行了规范性界定，政府和社会资本合作（PPP，即公私合作）模式是指政府通过特许经营权、合理定价、财政补贴等事先公开的收益约定规则，引入社会资本参与城市基础设施等公益性事业投资和运营，以利益共享和风险共担为特征，发挥双方优势，提高公共产品或服务的质量和供给效率。③ 相对来说，公私合作关系更强调政府与社会组织之间的深度合作，在这种合作关系中，政府与社会组织间更加平等，相互独立性也较高。

---

① 周佑勇：《公私合作语境下政府购买公共服务现存问题与制度完善》，《政治与法律》2015 年第 12 期；刘晓洲：《政府购买服务、政府和社会资本合作（PPP）与政府采购关系探析》，《地方财政研究》2018 年第 4 期。

② N. A. Khanom, “Conceptual Issues in Defining Public Private Partnerships,” *International Review of Business Research Papers*, 2010, 6 (2)；宁靓等：《PPP 与政府购买服务：概念辨析与异同比较》，《中共福建省委党校学报》2019 年第 6 期。

③ 《2015〈政府工作报告〉缩略词注释》，https：//www.gov.cn/xinwen/2015-03/11/content_2832629.htm，2023 年 2 月 12 日访问。

而政府出资是政府购买公共服务的必要条件之一，社会组织更依赖于政府，且两者并不一定能达成“伙伴关系”和深度合作。[①]

（二）政府购买公共服务的模式

政府购买公共服务源起于西方发达国家，在西方的发展相对来说较为成熟。就世界范围内来看，合同外包仍然是其最常见、最基本的方式，即公共服务购买主体与社会组织签订合同，根据合同向社会组织支付费用，由社会组织按照合同规定进行公共服务供给。此外，还存在政府补贴、消费券、凭单制、项目申请制等主要模式，而模式的采用多因地方实践发展的不同而不同。德国等主要是对公共服务供给进行分类财政补贴，韩国和匈牙利主要依靠政府拨款补助，英国则多通过贷款和贷款担保来实施，而法国、荷兰和美国则更倾向于消费券这一方式。[②] 同时，地区差异也会带来不同的政府购买公共服务模式。英国模式中的公共服务承接主体更倾向于私人部门，德国模式中非营利组织占有非常重要的地位，而日本模式则更加突出政府的主体地位。[③]

根据我国政府购买公共服务的制度安排，可以将其分为单位制、项目制和混合制三种模式。[④] 其中，单位制管理相对容易，强调统一性，致力于基础性公共服务供给，对社会组织具有较高要求。单位是我国社会组织普遍采取的一种特殊形式，在市场经济改革之前普遍存在，占据重要的地位，之后随着市场经济的发展而有所收缩，其典型代表是广州市街道家庭综合服务中心。单位制培育了一批起

① 句华：《政府购买服务的方式与主体相关问题辨析》，《经济社会体制比较》2017年第4期。

② 王浦劬、〔美〕莱斯特·M. 萨拉蒙：《政府向社会组织购买公共服务研究：中国与全球经验分析》，北京大学出版社2010年版，第296页。

③ 李一宁等：《推进政府购买公共服务的路径选择》，《中国行政管理》2015年第2期。

④ 管兵、夏瑛：《政府购买服务的制度选择及治理效果：项目制、单位制、混合制》，《管理世界》2016年第8期。

点高、全面发展的社会组织。随着政府财政转移支付的需要逐渐变大，以及对公众需求的应对，项目制作为一种主要的制度模式被广泛应用。项目制是由社会组织通过成功竞标具体的服务购买项目来承接服务的模式，上海的分层项目制模式是项目制的代表，其主要特征或经验是资金来源多元化、操作流程规范化、操作方式多样化。[①] 混合制是项目制与单位制的混合，单位制进行基础性公共服务供给，而项目制则提供更具专业性的特殊服务。该模式综合了两种模式的优点，实现有效分工合作，有助于供给效率的提高。

除此之外，政府购买公共服务模式划分主要依据两个标准：一是作为公共服务承接主体的社会组织与作为购买主体的政府（即买卖双方）之间是否具有独立性，可以分为独立性购买与依赖性购买；二是依据购买程序是否具有竞争性，可以分为竞争性购买和非竞争性购买。[②] 因此，结合这两个维度可以将政府购买公共服务模式分为四种（见图 1-1）。

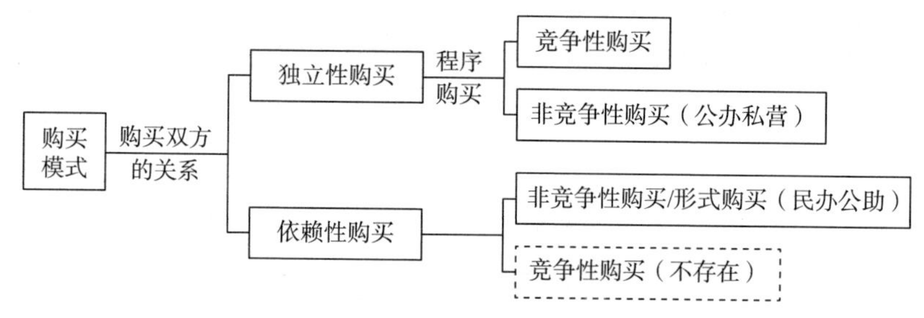

图 1-1 政府购买公共服务模式分类

在依赖关系非竞争性购买模式中，公共服务承接者往往是由政府部门职能延伸而来，大多由政府设立，并且存在资源上的依赖关

---

① 薛泽林、孙荣：《分层项目制：上海市推进政府购买公共服务的经验与启示》，《上海行政学院学报》2017 年第 6 期。

② 王名、乐园：《中国民间组织参与公共服务购买的模式分析》，《中共浙江省委党校学报》2008 年第 4 期；陈少强、宋斌文：《政府购买社会工作服务初步研究》，《财政研究》2008 年第 6 期；苏明等：《中国政府购买公共服务研究》，《财政研究》2010 年第 1 期。

系，其签订的契约通常是政府购买部门单方面意志的体现，没有明确的公共服务标的，购买程序是定向的，并不具有竞争性，因此也被称为形式购买。2003 年，上海市提供相关社会服务的三个民办非企业单位便是典型案例，它们都是由中共上海市委政法委牵头组建的。在独立关系非竞争性模式中，承接服务的社会组织不是政府购买部门专门为了某个服务事项而成立，而是早已存在，双方具有相对独立性，形成契约关系，但政府在选择上相对单一，具有良好社会声誉的社会组织通常是政府部门的首选，上海罗山市民会馆①便是典型。独立关系竞争性购买模式中，存在竞争性市场，政府在选择上具有很大空间，并且具有透明性，买卖双方相互独立，共同承担责任，不存在资源、人事等方面的依赖，江西省的扶贫试点项目②则是其代表。依赖关系竞争性购买在现实中并不存在。

西方学者德霍格认为竞争性投标模式是最理想的公共服务外包模式，这是竞争性购买的一种。他强调该模式的重点在于其程序的设置，包括所需服务的完整说明、广泛的广告和招标、客观的奖励与制裁、费用支付和绩效监测程序等。但这种模式需要较为完善的竞争作为其成功的条件，承接主体间需存在竞争、充足的组织资源、稳定的客户需求、充足的资金、较高的技术等，这些缺一不可，但这在现实中是很难实现的，因此也往往不会达到低成本、高效率的预期效果。③ 尤其是在我国市场机制不完善，社会组织发育不成熟、依赖性强的条件下，这种模式的实现更加困难，因此相关实践也较少，其他两种模式的实践则相对丰富。其中，形式购买是政府购买

① 杨团：《社区公共服务设施托管的新模式——以罗山市民会馆为例》，《社会学研究》2001 年第 3 期。

② 王名、乐园：《中国民间组织参与公共服务购买的模式分析》，《中共浙江省委党校学报》2008 年第 4 期。

③ R. H. Dehoog, "Competition, Negotiation or Cooperation: Three Models for Service Contracting," *Administration and Society*, 1990, 22 (3).

公共服务发展前期最普遍的模式。

（三）政府购买公共服务的趋势

20世纪80年代，为了应对政府的财政危机、信任危机、公共服务供给低效及传统行政模式下的责任机制失灵等问题，英美等西方国家陆续开始了以新公共管理理论为主要指导思想的公共行政改革。公共服务市场化、绩效管理和责任管理等成为改革的重要内容。从20世纪80年代后期开始，美国的民营化急剧加速。[①] 政府购买公共服务是其主要形式或制度安排。20世纪中后期，英国政府由于财政压力过大、国有企业效率低下、政府失灵等现象的加剧，以撒切尔为首的保守党政府在公共服务领域开始了以自由主义和市场化为主题的改革，并产生积极影响，引领了世界公共服务改革创新。1997年，代表工党利益的布莱尔政府上台，强调利用多种力量提供公共服务，形成“政府、市场与社区、志愿组织等第三部门”的合作，推动英国的公共服务发展进入一个新阶段，取得了突出的成就。进入21世纪，卡梅伦政府提出了“小政府、大社会”计划，并提出政府要给予社会组织更多的帮助，让其参与公共服务的公平竞标，政府购买公共服务成为一项重要的改革举措。西方发达国家的经验促使政府购买公共服务逐渐成为一项世界性的制度安排，这说明它是提高政府效率的一种有效选择，同时也为我国的相关理论与实践发展提供了经验借鉴与启示。

我国政府购买公共服务的实践大致可以分为三个阶段。[②] 第一阶段是起步探索阶段（1994—2002），我国深圳罗湖区和上海浦东新区最早进行了政府向社会组织购买公共服务的探索。第二阶段为试点推进阶段（2003—2011），政府购买公共服务试点工作迅速在全国范

---

① M. David and V. Slyke, “The Mythology of Privatization in Contracting for Social Services,” *Public Administration Review*, 2003, 63 (3).

② 李一宁等:《推进政府购买公共服务的路径选择》,《中国行政管理》2015年第2期。

围内的主要城市开展，北京、江苏、浙江、广东等地纷纷进行了实践。第三阶段为全面推广阶段（2012 年以后），中央和地方政府纷纷出台相关政策，政府购买服务在全国范围内实施。

概括而言，政府购买公共服务的发展具有以下趋势：第一，政府购买公共服务的实施范围不断扩大，这不仅体现为政府购买公共服务逐渐成为一种世界性的改革措施以及在我国的大范围实施，更体现为政府购买的公共服务范围正在不断扩展。从理论上看，公共服务购买存在一定的边界，公共服务的自身特性、价值判断，以及政府的职能边界都是需要考虑的因素，但是理论上的适用范围与实践中的并不相符，实践中出现公共服务皆可外包的现象。经过几十年的发展，我国政府购买公共服务实施的条件更加完善，发展趋于成熟，但仍出现了一定的逆向外包趋势，理论上竞争市场的优势与实践中竞争的不充分成为该措施受到质疑的主要原因。

第二，政府购买公共服务趋向科学化、规范化、法治化发展。无论是西方各国还是我国，政府购买公共服务的相关法规和配套措施相继颁布实施，在不断完善中明确其适用的法律范围，逐步走上规范化道路。

第三，从政府购买公共服务的模式来看，其发展趋于多样化，更加符合地域特色。从理论上来说，独立性购买是最理想的购买模式，也是应该发展的方向。而实践中，随着技术的进步、政策的完善、市场环境的改善等，我国社会组织的发育程度明显提高，独立性也有一定的改善，政府购买公共服务也正在朝着具有规范性、竞争性、独立性的购买模式发展。我国各地方政府的公共服务购买在探索中不断发展，逐渐完善并形成具有地方特色的购买模式。

第四，与政府购买公共服务相关的绩效评估的理论与实践更加丰富、成熟。政府购买公共服务绩效评估是当前相关领域理论研究的热点问题，相关研究涵盖绩效指标构建、全过程绩效评估、第三方绩效评估以及评估困境与优化路径等方方面面。而在实践中，相关政策和规定的出台，为有效评估实践保证政府财政的使用效率及资源的合理配置提供指导。

三、政府购买公共服务绩效评估的发展内涵

绩效评估一直以来都是政府购买公共服务中不可或缺的组成部分，但其受到关注则是在20世纪80年代。在政府购买公共服务发展的前期，大部分学者认为竞争可以天然达到改进的效果，即竞争可以带来服务的高效率、高质量，可以更好地对客户进行回应，实现物有所值，从而忽略了监督的重要性。但在公共支出合理化过程中，公众需求的增加及其所带来的财政压力等使得对公共服务提供者的绩效评价变得越来越重要。从理论上看，政府购买公共服务过程中蕴含着典型的委托—代理关系，必然存在着信息不对称、道德风险、逆向选择、机会主义等困境，并且由于实践中的各种因素，政府购买公共服务利用竞争促使成本降低和效率提高的优势也不一定会显现，因此需要进行评估与监督，以保证公共服务供给和公共利益的实现。可以说，政府购买公共服务绩效评估的发展依赖于政府绩效评估的发展，是其重要方面，或者更进一步，政府购买公共服务绩效评估是公共服务绩效评估和公共政策绩效评估在实施政府购买公共服务过程中的具体应用。[①] 因此，理顺政府购买公共服务绩效评估的发展，首先要从政府绩效评估或公共部门绩效评估着手。

20世纪初，美国将绩效理念引入公共部门，并将其应用于财政管理领域，强调政府的成本控制。但绩效理念的理论基础可追溯到19世纪末产生的传统公共行政学。西方国家当时正处于自由资本主义向垄断资本主义的过渡时期，产生了政党分赃、腐败、效率低下

---

① 黄春蕾、闫婷：《政府购买公共服务绩效评估研究述评》，《山东行政学院学报》2013年第6期；徐家良、许源：《合法性理论下政府购买社会组织服务的绩效评估研究》，《经济社会体制比较》2015年第6期；杨娟：《政府购买公共服务绩效及关联性概念的理论探索性研究》，《现代商业》2017年第3期。

等一系列复杂问题，使人们关注到了政府与行政问题，开始了公共行政学研究。这一时期强调以效率原则为最高标准，主要聚焦于经济学意义上的投入与产出。20世纪60、70年代绩效管理在公共部门中的应用朝着广泛化、规模化发展，且其关注方向逐步向公共部门应如何承担公共责任转变。[①] 随着20世纪80年代以建立企业家政府为核心思想的新公共管理运动的兴起，绩效管理在公共部门的应用真正在全球范围内流行，与责任制改善、市场化一同成为公共部门改革的重要内容，绩效评估也在改革中占据重要地位，是促进责任改善、效率提升的重要机制。20世纪后期，我国开始正式引入西方的政府绩效管理理念，绩效评估逐渐受到重视，作为一种重要的改革工具被广泛使用。同时，随着公民意识的增强与公民需求的增加，人们对公共服务的质量、政府绩效等公共问题的关注度提升；公众满意度评估等开始兴起，逐渐成为绩效评估的一种重要形式。进入21世纪后，政府绩效管理需要进行优化整合，绩效评估朝着规范化方向发展成为政府管理完善的主要目标[②]；且应我国政府职能转变的要求，政府绩效评估从原先侧重机构方面的绩效评估逐渐转向侧重公共服务绩效评估[③]。

虽然政府购买公共服务绩效评估依赖于政府绩效评估的发展，但其复杂性早已突破了政府绩效评估、公共服务绩效评估的单一范畴。公共服务作为政府的一项基本职能，有其特殊性，政府购买公共服务又涉及多元主体，绩效指标的设计不仅需要考虑政府组织的效率，也需要监督并关注公共服务承接方的行为，以及公共服务供

---

① 卓越、赵蕾：《公共部门绩效管理：工具理性与价值理性的双导效应》，《兰州大学学报》2006年第5期。

② 贠杰：《中国政府绩效管理40年：路径、模式与趋势》，《重庆社会科学》2018年第6期。

③ 孟华：《推进以公共服务为主要内容的政府绩效评估——从机构绩效评估向公共服务绩效评估的转变》，《中国行政管理》2009年第2期。

给的效率和效果等多方面内容，特别是要体现公共价值和公共利益，如公平与公正等，所以政府绩效或公共服务绩效的相关指标不能简单代替政府购买公共服务绩效指标。在我国不断深化改革、推进国家治理体系和治理能力现代化的时代背景下，政府购买公共服务绩效评估具有其独特的发展内涵和实践意义。

（1）政府购买公共服务绩效评估是促进绩效提升，改善公共服务质量的创新管理方式。党的十九大报告将全面实施绩效管理提升到一个前所未有的高度。绩效管理是一种克服官僚主义的创新管理方式，是新时代国家治理的新要求，绩效评估的持续探索与创新是推动政府改革和国家治理能力现代化的重要方面。传统的政府管理方式注重过程，忽视了结果的重要性；而结果导向是现代绩效评估的主要原则之一，强调顾客至上，并最终促进绩效提升与公共服务质量改善。绩效评估是一种正式的、结构化的制度，形成一个包括指标建立、评估、反馈等在内的持续循环过程，用来衡量、评价并影响行为和结果，有利于控制绩效目标达成的进程，为政府与承接方提供关于指标完成程度的信号。管理者通过设定绩效目标和具体指标，定义应该达到的预期标准，通过收集绩效数据进行分析和评价，生成绩效结果，并通过绩效反馈做出更好的决策，以促进绩效优化与公共服务质量改善。绩效评估中所包含的大量客观的、量化的绩效数据和信息为委托人提供了一种减少信息不对称问题的手段。这些有用的绩效信息则成为制定政府购买公共服务相关决策的重要科学依据，为公共管理者改进管理、有效履行责任和提升公共服务水平提供了第一手信息。①

同时，政府购买公共服务绩效评估也促进了竞争机制的形成，激励政府与公共服务承接方优化绩效和改善公共服务质量。我国的政府购买公共服务的市场具有较大的供给缺陷，不能形成有效的市

---

① 包国宪、王石：《绩效评估：推动行政管理体制改革的新引擎》，《兰州大学学报》2008 年第 3 期。

场竞争，而绩效评估则可以被视为公共领域中市场信号的替代工具，它可以通过评估与比较真实反映市场中的相关供需信息，有效缓解公共服务供给过程中由于市场竞争、利润刺激、市场规范等缺失所带来的问题，并在此基础上通过评估结果的运用形成一种约束行为和保持改进的动力机制。[①] 而基于绩效反馈与绩效结果的比较，同样可以形成一定的竞争机制，并促进反思与学习，最终达成绩效改进与公共服务改善的目标。公开绩效结果可以将结果传达给承接公共服务的社会组织，通过对结果的分析与对比，它们可以更容易发现公共服务供给中的不足与优势，并进行改进；同时，结果问责可以创造一种竞争环境，使绩效结果不理想的公共服务承接方产生危机感，进而加强组织间学习，产生提升绩效、改善服务的内在动机。政府同样可以利用绩效评估提供的客观信息进行经验总结，改进管理流程，优化绩效评估体系，以此提升组织效率。

（2）政府购买公共服务绩效评估是促进财政资源配置优化，资金使用效率提升的关键举措。2018 年，《中共中央、国务院关于全面实施预算绩效管理的意见》中明确全面实施预算绩效管理是推进国家治理体系和治理能力现代化的内在要求，是深化财税体制改革、建立现代财政制度的重要内容，是优化财政资源配置、提升公共服务质量的关键举措。

政府购买公共服务项目实施过程中的绩效评估可以监测资金的使用方向与效率，有助于及时发现问题，有效防止腐败行为，并通过有效的改进措施优化项目中的资金配置进而提升资金使用效率。政府购买公共服务项目完成后实施的绩效评估是有效的问责机制，也将进一步影响政府决策，促进政府财政资金的优化配置。客观的绩效结果真实地反映了项目资金的使用状况，将其作为财政资金的分配依据是进行责任追究的重要手段。基于绩效结果的问责是公平

---

① 卓越、赵蕾：《公共部门绩效管理：工具理性与价值理性的双导效应》，《兰州大学学报》2006 年第 5 期。

公正的，将结果与预算配置结合起来，即达到一定绩效期望的承接方才能维持与政府间的交易，分配到足够多的预算资金，而达不到绩效目标的则要减少其预算，甚至终止合作，重新寻找可以胜任的公共服务承接方，改进项目方案。这样便可以减少资金浪费，提升整个政府预算资金的分配与使用效率，有效刺激承接方主动提高资金使用效率与服务质量。通过绩效评估提供的有用信息及绩效反馈也将帮助政府和承接方总结经验，改进资金配置，更有目的、有效率地管理它们的项目或进行资金分配。

（3）政府购买公共服务绩效评估是改善公共责任，实现公共利益的保障措施。传统责任机制以单一的行政命令为主，依赖于层级结构所提供的正式关系，灵活性差，不利于公众发声，也无法对横向责任关系实施有力的行为控制和约束，愈加呈现失灵的状态，急需加强责任制建设或寻找可替代的有效的责任机制。实施绩效评估的主要推动力之一就是改善责任制的需求。20 世纪 80 年代中期，绩效评估以目标责任制为主要载体运用于我国政府，成为一种新兴责任机制。基于绩效结果的问责是一种有效的责任追究机制，是绩效评估作为新兴责任机制的核心，试图回答“事情做得对吗?”的问题①，有利于增强有关组织的责任感。

政府购买公共服务绩效评估是使代理人不偏离委托人期望的重要手段，增加了政府部门与公共服务承接方的绩效责任。评估主体依据一系列科学的绩效指标进行评估，得到客观反映现实的绩效结果，并据其结果进行科学评级，以此作为责任追究的依据。另外，绩效评估为公民参与提供了有效的途径，形成外部责任机制，是传统责任机制做不到的。政府购买公共服务在公共服务领域中融入市场机制，增加横向责任关系，也将责任更多地置于市场中，那么就应该包含绩效报告，秉承顾客至上的理念，使绩效评估接受公众监

---

① H. S. Chan and J. Gao, “Putting the Cart Before the Horse: Accountability or Performance,” *Australian Journal of Public Administration*, 2009, 68 (1).

督，使绩效评估的激励作用得到最大限度的发挥，并通过公众监督给予相关组织绩效压力，使其更加意识到承担公共责任的重要性和自身的责任。

(4) 政府购买公共服务绩效评估是实现政府职能转变，引导公民参与的重要手段。服务型、法治型、责任型、高效型政府是我国政府建设的主要目标，而绩效评估作为一种有效的监督控制工具和问责机制，增加了绩效责任，保障了公共利益的实现，可以有效转变政府职能，实现政府建设的主要目标。同时，政府购买公共服务绩效评估是全面绩效管理的重要组成部分，为公民参与公共服务供给提供了有效途径，有利于提高政府的公信力和执行力，进而促进政府职能转变。政府购买公共服务绩效评估的最终目的是改进绩效，提升服务质量，对人民负责，实现公共利益。因此，绩效评估不仅要注重效率目标，更要注重公共服务购买项目所产生的社会影响或社会效益。而现代绩效评估关注公共价值，要求必须以公众为中心，使公共服务更加符合公众需求，增强对公众的响应，实现为人民服务的公共责任，这就有利于促进服务型、高效型政府的建设。依据科学的绩效指标体系，通过合理的评估方式，进行有效的绩效评估，并根据绩效结果追究责任，有利于实现持续的绩效监测和行为约束。

完善的绩效评估制度、配套措施以及法律法规可以有效地规范政府购买流程，促进其规范化与法治化，实现有法可依，是实现法治型政府的重要内容。绩效评估作为一种新兴责任机制，将责任与具体行为联系在一起，化为具体的结果与可视的形式，有利于责任型政府的建设。此外，绩效评估构建了社会与政府对话的桥梁，为政府搭建了一个回应与展示的平台，有助于增强政府的回应性并向公众展示良好的形象，取得公民信任。而这一平台公开的绩效信息也为公民参与奠定了基础。公众满意度评估是公民参与政府购买公共服务绩效评估的主要方式，同时也是一种收集公众反馈的重要途径。公众是最终的公共服务享用者，他们可以帮助政府与公共服务承接方发现关键性问题，公众提出的建议与反馈有些具有重要的作用和价值，是改进公共服务的重要依据。政府购买公共服务立项之初的需求评估是了解公众需求的重要方式，有利于制定以公众需求为导向的绩效目标，最大限度为公民服务。这些环节有助于塑造公民意识，引导公民参与到国家治理中。

第二节　理论依据

一、公共价值创造的趋势

20 世纪末期，新公共管理理论日渐衰微，带来了公共服务碎片化和公共价值缺失的治理困境。在此背景下，1995 年出版的《创造公共价值：政府战略管理》(*Creating Public Value：Strategic Management in Government*) 一书中，马克 · H. 穆尔（Mark H. Moore）正式提出“公共价值”一词，拉开了公共价值研究的序幕。公共价值理论超越了公共行政与新公共管理，整合了工具理性与价值理性，为促进公共行政转变、回应治理困境提供了一种新视角，成为公共管理领域重要的指导思想。① 公共价值体现为主观存在的共同价值观，是公民对政府的期望与公民偏好的集中反映，是一种价值集合。而公共产品与公共服务则是公共价值客观存在的载体。公共价值理论重新审视了民主与效率间的关系，认为创造公共价值是公共管理者的新使命。它强调政府的整合型运作，重视公民参与，希望形成一种政府与社会间持续互动的对话机制，视公民为公共问题的解决者以及发现和创造公共价值的合作者，政府则是公共价值的发现者、判断者，

---

① 〔美〕马克 · H. 穆尔：《创造公共价值：政府战略管理》，伍满桂译，商务印书馆 2016 年版，第 100 页。

也是执行者和引领者。[①]

公共价值的创造经历识别、创造、评估三个过程。穆尔提出的战略三角是其经典模型，它包含公共价值、授权环境、运作能力三个核心概念。其中，公共价值是指特定情境下，组织的总体使命与目标，即机构可以生产有价值的东西且投入成本应该较低；授权环境则是要争取社会的持续支持，以得到实现目标与使命所需的资源和授权，获得合法性来源；运作能力则是指组织如何利用资源安排并采取行动以达成目标，满足公共价值产出的需求。[②] 概括来说，目标、资源、行动缺一不可。这一理论的主要目的在于为公共管理者提供一个找出问题症结的框架，即应该怎样根据所处的环境来识别公共价值，通过资源的合理利用进行公共价值创造。因此，在公共管理主体愈加多元化，公共行政愈加复杂、不确定的情况下，公共管理者更要集中关注并适应工作环境，弄清楚组织使命，以按照公众要求创造更多的公共价值。

公共责任视角下的政府购买公共服务绩效评估搭建了政府与公共服务承接方沟通的桥梁，为公民参与提供了有效途径，促进了治理网络的形成。通过决策过程中的讨论与协商，相关主体就其责任和义务等问题达成共识，建立一种较为稳固、协调的关系，为公共价值创造提供更为坚实的合法性支持。同时，它监督政府购买公共服务的一系列行为活动或责任实现程度，保障并促使其通过履行公共责任来实现公共价值创造。此外，它通过对某一公共服务购买项目的公共价值进行识别与评估，提供更多关于管理与执行的有用信息，有助于相关方总结经验，为政府购买公共服务相关政策及其绩效评估决策的优化提供基础，使政府购买能适应环境变化，提高有

---

① 韩兆柱、郭红霞：《公共价值管理理论的研究进展与前瞻》，《河北大学学报》2017年第6期。

② 〔美〕马克·H. 穆尔：《创造公共价值：政府战略管理》，伍满桂译，商务印书馆2016年版，第101页。

效性，进而通过管理与责任的改善实现更大的公共价值创造。从此意义上来看，公共责任视角下的政府购买公共服务绩效评估是促使公共价值创造的可能途径。

（一）网络化治理中的公共价值创造

自新公共管理运动以来，现代社会日益呈现出复杂化、不确定化的特征，公共行政处于更加开放和不确定的环境中。面对问题识别困难、不可预知结果、价值冲突显著等一系列棘手问题，治理不仅需要纵向的层级权威，更需要横向的合作网络，使它们共同为法治提供基础。[①] 2006 年，斯托克指出，公共价值管理是适应网络化治理趋势的指导思想和新理论范式，网络化的协商与服务交付机制是其关键特征，追求公共价值应成为公共行政的中心目标，以获得更多合法性认可；同时，应建立蕴含公共服务文化、开放稳定的公共服务获取机制，以及具有灵活性并持续改进的公共服务供给机制。[②] 随着非政府部门与政府部门的合作关系逐渐增加，公共管理主体愈加多元化，逐渐形成治理网络。

在这一新的发展趋势中，公共价值的创造过程建立在多方协调合作、共同治理的基础之上，公共价值创造不再是政府一个组织的特权，治理网络中的各个主体都将参与公共价值创造。而社会与民主制度不断发展，其复杂性也逐渐增强，体现出更高的公共价值要求，所以在治理过程中也不可避免地面临不同公共价值创造主体的价值冲突。利益冲突是价值冲突的表象。治理网络中存在多重利益中心，所以不仅要关注公众与公共利益产出的关系，也不能忽略利益相关者之间的各种利益联系。网络治理体系注重对价值冲突的消解，公共价值分析是冲突消解的第一个步骤，但不能只是集中于政

---

① 王学军等：《政府绩效合法性与公共价值创造——第四届政府绩效管理与绩效领导国际学术会议综述》，《中国行政管理》2016 年第 4 期。

② G. Stoker, "Public Value Management: A New Narrative for Networked Governance?" *The American Review of Public Administration*, 2006, 36 (1).

府与公众利益之间的联系上，必须视具体情况以特定的利益相关者群体及其利益为中心。共识主导的公共价值为竞争性的利益表达和制衡提供了一个可用的框架。[①] 以共识为主导的公共价值不仅关注结果的达成，而且关注结果达成的过程，即关注结果达成过程中的行动正当性，包括相关主体在实现目标过程中应具有的权利、应履行的责任和义务，以及他们应当遵循的行为准则和价值规范，并强调应当就这些问题形成共同认知。[②] 这对于缓解利益冲突，创造更大的公共价值具有重要作用。

作为公共服务治理网络中一种重要的监督问责机制和管理工具，政府购买公共服务绩效评估也可看作是一个由政府主导、多元主体参与的治理网络，各个利益主体在绩效评估中寻求自身利益，存在不同利益冲突，尤其是政府与社会组织的角色冲突所带来的价值冲突。政府作为公共事务管理者，其根本宗旨在于对人民负责，通过公共服务改善民生、维持社会稳定，重视公共利益与公共价值。绩效评估的最终目的在于监控公共服务供给，促进公共服务供给效率与质量提升。公共服务承接方以提高经济收益为根本利益，可能会为了提高生产率而牺牲产出的质量，并且当在不完全契约以及质量难以衡量的情况下，它的机会主义动机将会更加明显。绩效评估是为了更有效地工作而设计的，若想其不断发挥作用，就必须寻求更多利益相关者的参与。[③] 这意味着绩效评估也是一个达成共识的过程，需要得到利益相关者的理解与支持，尤其是需要纳入公民参与，进行公民监督。

---

① 王学军、张弘：《公共价值的研究路径与前沿问题》，《公共管理学报》2013 年第 2 期。

② 杨黎婧：《从单数公共价值到复数公共价值："乌卡"时代的治理视角转换》，《中国行政管理》2021 年第 2 期。

③ D. P. Moynihan, et al., "Performance Regimes Amidst Governance Complexity," *Journal of Public Administration Research and Theory*, 2011, 21 (1).

公共责任视角下，绩效评估的顺利实施建立在厘清政府购买公共服务及其绩效评估中的责任及各主体间责任关系的基础上。因此，有必要加深政府购买公共服务绩效评估中的公民参与程度，将利益相关者纳入决策过程中，并就绩效评估工作中包括相关主体的责任、义务、权利以及应完成的项目目标等在内的基本问题进行协商，达成价值共识，进而帮助各主体间建立一种相对稳定的合作关系，实现冲突消解。同时，绩效目标与指标体系的建设过程也是一个公共价值识别与确定的过程，通过对公众需求进行评估，考虑公共服务特点与服务供给能力等因素，可以进行公共价值排序以确定最终的绩效目标。另外，公民也在这一过程中承担一定的公共责任，监督绩效评估工作，并有权利提出相关建议，同政府一道为促进公共价值创造而努力。基于公共责任的绩效评估注重满意度评价，重视公民参与及其相关机制建设的完善，而公民参与有助于价值共识的达成，从而使项目获得公众的支持与理解，并增强其合法性，以更好地促进治理网络的形成与有效治理。

（二）绩效评估促进公共价值创造

创造公共价值已成为公共部门的一项主要任务，公共价值愈加成为公共管理的中心。将其与政府管理理论和工具相联系，并将其作为判断政府绩效的关键依据，是未来公共价值研究的重要发展方向之一。[①] 绩效评估作为当下流行的管理和监督工具之一，与公共价值相结合也是当前创新绩效评估的重要议题。新公共管理理论指导下的政府绩效管理强调“结果导向”原则，具有明显的工具属性，却在一定程度上忽视了公共价值基础，这就使得政府绩效的合法性不足。[②] 为解决这一问题，绩效管理需要回归对公共价值的思考。公共价值

---

① 王学军、张弘：《公共价值的研究路径与前沿问题》，《公共管理学报》2013 年第 2 期。

② 王学军、曹钶婕：《公共价值范式下的政府绩效管理学科体系构建与绩效治理——第五届政府绩效管理与绩效领导国际学术会议综述》，《中国行政管理》2018 年第 1 期。

存在于一个相对的环境中，随着环境不断发生变动，政府需要识别和理解公共价值观以应对社会环境的变化，这样便于采用适当的绩效管理工具，提升管理绩效。[①] 公共服务的根本在于为人民服务，满足公众需求，改善民生。因此，政府购买公共服务及其预期绩效必须以反映广大人民群众偏好的公共价值为基础，促进公共价值创造。基于公共责任的政府购买公共服务绩效评估体系便在其中发挥着重要作用。

第一，政府购买公共服务绩效评估本身就具有公共价值倾向，是较为全面的绩效评估体系。公共责任这一概念包含公共价值与经济价值在内，基于此的绩效评估全面监督公共服务购买一系列活动或行为，准确有效感知与识别公共服务质量，评判公共服务供给所产生的公共影响及其是否实现了公共利益，以维护公共部门的基本公共价值。

第二，政府购买公共服务绩效评估对公共责任的监督与改善具有重要的作用，而这与绩效结果的应用相关。通过科学制定的绩效指标和标准，可以监督并检验公共服务供给中公共价值的实现及其是否符合公众期望，得出反映现实情况的客观评估结果，包括公共责任的履行情况。基于绩效结果的问责有利于控制政府购买公共服务项目的进程及其公共价值创造的过程，根据结果进行奖惩刺激公共服务承接方履行公共责任，改善公共服务，从而激发其公共价值创造的动机。绩效结果的公开是外部监督、问责的基础，有助于增强相关主体的绩效压力与责任感。绩效结果的应用影响相关决策和管理，关乎绩效评估的最终有效性及价值。对绩效结果的分析比较有利于相关主体反思问题所在，从而通过改善公共责任更好地促进公共价值创造。从此意义上说，政府购买公共服务绩效评估体系有着监督和改善公共责任的重要作用，有利于促进公共价值创造。

---

① 〔美〕马克 · H. 穆尔：《创造公共价值：政府战略管理》，伍满桂译，商务印书馆 2016 年版，第 108 页。

(三) 政策优化增加公共价值创造

公共部门干预私人生活是公共政策最核心的特征[①]，公共价值则是其最根本的原则，也是公共政策需要实现的目标之一。那么，所实施的公共干预是否对社会产生了积极的效果或影响，即是否创造了公共价值则成为公共管理者必须考虑的关键问题。[②] 公共政策是公共管理者回应并应对多元诉求的工具，集中体现了社会利益。[③] 利益相关者通过各种途径将自己的利益或需求输入政策系统，由政策制定主体协调复杂的利益关系，使其获得合法性支持，最终出台符合公共利益的政策。随着社会环境的不确定性与复杂性的增加，价值冲突日益成为治理面临的重要挑战。公共价值理论为政策制定及其中的公共价值冲突缓和提供了理论方法。

现代社会中，政府不再是实现公共利益的唯一责任承担者，其他公共管理主体与政府共同承担公共责任，创造公共价值。那么如何在众多的公共价值中进行抉择，如何确定衡量标准，特定的利益相关者群体就相关问题如何达成价值共识是必须解决的问题。公共价值源于集体决策过程。政府作为政策制定中的主导角色，可以通过与外界保持一种持续互动的状态，在讨论与协商中对涉及的公共价值进行科学排序以确定政策制定的价值取向，达成共识，努力创造最大化的公共利益。各个利益相关者能否对政策产生相对平衡的影响，对于共同价值观的达成至关重要。[④] 有研究指出，公共价值争

---

① 〔英〕米切尔·黑尧：《现代国家的政策过程》，赵成根译，中国青年出版社 2004 年版，第 54 页。

② G. Stoker, "Public Value Management: A New Narrative for Networked Governance?" *The American Review of Public Administration*, 2006, 36 (1).

③ 靳永翥、赵远跃：《辐射型多元诉求与前瞻性权威介入：公共政策如何在公共价值冲突中实现"软着陆"》，《行政论坛》2020 年第 6 期。

④ 杨博、谢光远：《论"公共价值管理"：一种后新公共管理理论的超越与限度》，《政治学研究》2014 年第 6 期。

辩与公民参与的缺乏是政策冲突形成的重要因素。[①] 社会治理网络形成的关键在于政策制定过程中公民的参与。[②] 公民在与政府的沟通过程中，可以加深对政策的信任与理解，有利于共识的达成和合法性的获取。不同政策需要体现不同的公共价值，例如生态治理政策需要体现其可持续性、生态效果等，而公立医院的改革政策则需要考虑其可及性、公平性与公正性等公共价值。因此，进行准确的公共价值识别是政策制定并通过政策创造公共价值的重要前提。

波兹曼提出了通过"公共价值描绘"（public value mapping）进行公共价值确定的一套方法，我们可以据此评估并判断是否出现了公共价值失灵的现象。[③] 这实际上涉及基于公共价值的政策评估，其目的在于判断某一政策是否产生了预期的效益或影响，是否真正使公民受益，创造了公共价值。穆尔认为政策分析、项目评估、成本—效益分析是评估特定政策或项目的有效技巧，涵盖事前与事后评估，可以帮助人们从多个方面进行客观分析，对政策制定具有重要的影响。[④] 具体来说，事前评估可以为政策制定提供科学依据，而事后评估则通过客观、有用的信息来优化政策，以促进公共价值创造，这样便可以有效保证政策不断适应环境变化并保持可持续发展。

---

① 王佃利、王铮：《国外公共价值理论研究的知识图谱、研究热点与拓展空间——基于SSCI（1998—2018）的可视化分析》，《中国行政管理》2019年第6期。

② 张宇、刘伟忠：《公共政策活动中的公共价值共同生产——基于公民政策参与有序性的观照》，《贵州社会科学》2020年第5期。

③ 公共价值失灵主要是指政府和市场所提供的公共产品与公共服务并未实现公共价值。价值表达机制失灵、公共领域的不完全垄断、利益的集中与公共利益损害、公共价值供给稀缺、短期行为对公共价值的威胁、市场交易侵犯核心价值是判断公共价值是否失灵的六个标准。具体参见 B. Bozeman，"Public-Value Failure：When Efficient Markets May Not Do，" *Public Administration Review*，2002，62（2）。

④〔美〕马克·H. 穆尔：《创造公共价值：政府战略管理》，伍满桂译，商务印书馆2016年版，第54页。

政府购买公共服务作为公共行政改革的重要方面，是公共服务领域一项重要的改革举措，项目是其重要载体，相关项目符合公众期望、对公民负责是其通过公共服务创造公共价值的前提。在这一过程中，政府的工作重心应该由服务供给转变为监督和系统维持，并且应该不断地进行学习和反思，寻找并创造更大的公共价值，给社会带来更大的公共利益。基于公共责任的政府购买公共服务绩效评估是一个需要持续改进、保障公共利益实现的体系。它可以通过立项前的成本—收益分析、公共需求评估等技术识别并明确特定政府购买公共服务项目的公共价值体系，以促进公共价值共识的达成。绩效评估过程其实就是按照设定的专业标准来判断公共服务供给的公共价值，进而确保公共目标和公共性有效实现的过程。可以说，这是对政府购买公共服务这一举措的一种公共价值衡量工具。从这一意义上来说，公共责任视角下的政府购买公共服务绩效评估在优化决策的基础上增进了公共价值创造，所以可以看作是创造公共价值的一种可能途径。

二、公共价值创造的理论依据

（一）绩效评估的回应——公共责任理论

公共责任是公共部门管理社会公共事务过程中就其行为对公共利益所负有的责任，是公众对公共部门信任的基础，可以简单理解为对绩效的回应。20 世纪 80 年代，为了应对政府所负担的巨大的财政压力、公共服务供给低效、传统行政模式下的责任机制失灵以及公众信任不足等问题，英美等西方国家陆续开始了以新公共管理理论为主要指导思想的公共行政改革。因此，公共服务市场化、绩效管理和责任管理等成为改革的主要内容。但也正是这次全球范围内兴起的公共部门改革逐渐打破了以层级制为主的传统责任机制的束缚，改变了以命令与控制为核心的、单一的传统责任概念，使得绩效评估成为一种新型责任机制。在管理主义的责任模式下，公共责任更多地依靠市场机制来实现。[①] 绩效评估作为一种市场化环境下常见的责任机制，是改善公共责任的内在要求，具有保障公共责任的重要作用，可以回应公民诉求，促进公民权与公共精神积极表达。而将对公众的直接责任纳入公共责任体系，强调在结果上回应公众，改善公共部门与公众之间的关系，是管理主义视角下责任机制与传统责任机制最大的区别。[②]

绩效评估兼具价值理性和工具理性，融合了多种价值判断，包括对行动者行为效率、效益、服务质量、时效性、公众满意度等价值。这些价值是公共责任这一概念下的重要内容，也是公共价值的重要方面。创造公共价值是公共组织所要实现的公共目标，可以将其视为一种更深层、更高形式的公共责任。同时，公共管理者负责任的行为创造了公共价值，体现为政府活动所产生的影响或效益中。如果公共管理者公共责任意识缺失，以自身利益为准则，滥用公共权力，那么公共利益必将受损，公共价值也无法体现，所能体现的只不过是其个人利益或所在组织的利益。只有政府按照规定履行公共责任，进行政治活动时，公共价值才有可能被创造，才能满足公民对政府的期望。公共责任视角下政府购买公共服务绩效评估的实施是保障公共责任实现、促进公共价值创造的内在要求和可能路径，将保证并促进政府购买公共服务的高效运行。

基于公共责任的政府购买公共服务绩效评估体系注重公共价值和公民参与。借助 PDCA（Plan-Do-Check-Action）循环（见图1-2），绩效评估可以贯穿政府购买公共服务的全过程，以此形成管理循环，不断在评估中发现问题，回应问题，落实公共责任，优化管理体系，满足公民需求。在政府购买立项准备时，需要进行事前评估，对公

---

① 〔澳〕欧文·E. 休斯：《公共管理导论（第四版）》，张成福等译，中国人民大学出版社 2015 年版，第 152 页。

② 同上书，第 149 页。

众需求进行论证和确认，并在此基础上进行公共价值分析，设置较为全面、合理以及真实体现责任行为、责任意识与公共服务供给效果的绩效目标和指标体系。通过对这些指标进行评分，参与绩效评估的各个主体可以据此时时检视自身责任履行的不足与缺失，公众也可以清楚地观察或了解政府与社会组织应承担的责任及其行为的正当性与合理性，从而加强公众对政府的信任，提高政治合法性。从委托—代理理论来看，公共责任的根本目的是鼓励政府作为代理人，按照公民（政府的委托人）的偏好行事。而在政府购买中，政府与公共服务承接方通过签订契约再次形成委托—代理关系，实现了公共责任共担，所以政府必须通过监管加强对公共服务承接方的管理，以实现其公共责任。而绩效监控和验收检查可以判断政府是否认真落实了公共责任，实现了绩效目标，是对其责任履行过程与结果的衡量。

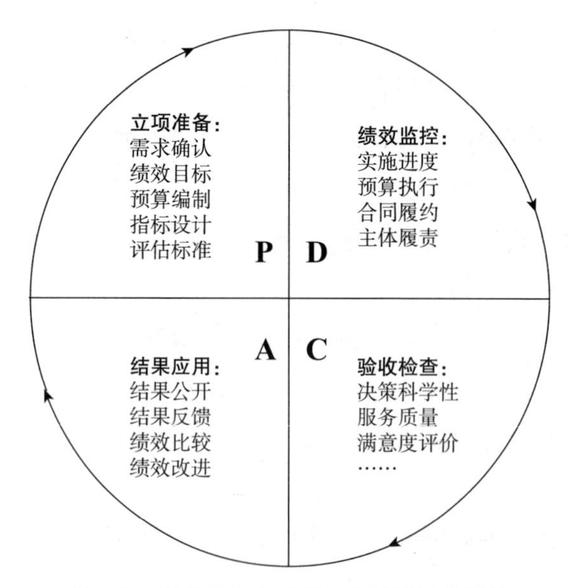

图 1-2　政府购买公共服务全过程绩效评估

基于公共责任的绩效评估尤其注重公共利益的实现，强调对公民负责，是政府监督公共服务承接方的工具，同时它也为政府与公众提供了持续有效的互动平台，加强了政府对公众的回应性。政府在公共服务购买绩效评估过程中是公共责任的主要承担者，对绩效结果负有最终责任，所以需要进行信息公开以增加绩效评估的透明度，并向公众解释、说明政府购买公共服务绩效，接受公众的质询和监督。而在事后评估中，对公众满意度的测量则是回应性加强的典型表现，从中可以收集公众反馈与公众需求；结果应用过程中的结果公开、绩效反馈、绩效比较、绩效改进等则是对公民负责的表现。由此，绩效评估的实施可以帮助政府和公共服务承接方对公众需求进行重新确定，进行公共价值分析，并在此基础上重新审视自身角色与定位，再次明确其责任与义务，促进资源优化与公共责任改善，进而通过采取更为正当合理的行为进行公共价值创造。

（二）评估结果的运用——循证治理理论

在公共行政领域，循证决策成为后新公共管理时期一种重要的理论思潮，其基本理念是：最好的决策是建立在可以获得最好的证据基础之上的。[①] 它承袭了理性主义传统，关注决策的有效性，是公共政策的合法性基础。然而，面对高度复杂的公共行政实践问题，循证决策的有效性面临挑战。实践中的证据分析与选择、客观性与主观性冲突、证据应用偏差、技术偏误等影响了循证决策效果，引起了学术界对循证理念运用的深刻反思，循证治理理论由此出现。王学军、王子琦认为，循证治理的基本要素及其逻辑与循证医学有着异曲同工之处。因此，根据循证医学中的三要素，即医学研究的证据、临床医生的临床经验、患者的价值观及意愿，循证治理形成了包含证据、领导力与公共价值三个要素在内的动态三角模型（如图1-3）。[②] 在这里，证据为公共部门的科学治理提供依据，

---

① 马亮：《行为科学与循证治理：治国理政的创新之道》，《经济社会体制比较》2016年第6期。

② 王学军、王子琦：《从循证决策到循证治理：理论框架与方法论分析》，《图书与情报》2018年第3期。

是循证治理的核心；公共价值反映大部分公民达成的价值共识，起着重要的规范与引领作用，同时也是公共部门治理的实现目标，奠定了政府绩效的合法性基础；领导力干预、引导证据的产生，并以证据为基础做出决策，是实现、创造公共价值的重要保证。三者需要达到动态平衡，实现有效治理。

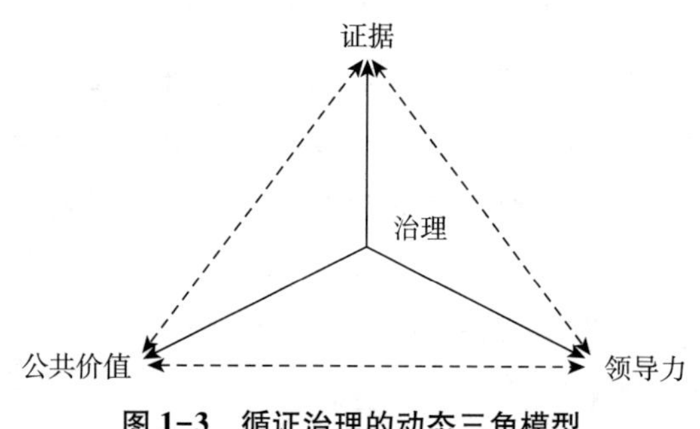

图 1-3　循证治理的动态三角模型

政府购买公共服务打破了公共服务领域的政府垄断，使公共服务供给主体多元化，形成了公共服务的合作治理网络，其绩效评估也是多元主体进行交流的互动过程。建设公共责任视角下的政府购买公共服务绩效评估体系，首先要识别公共价值，达成价值共识，这是进行绩效评估工作的重要指导基础。只有在达成多主体共识的情况下，才能获得民众支持与合法性，这是实现有效性的条件。公共价值并不是简单的公共服务供给者或公民等个体偏好的相加，而是一项服务所涉及的政府官员和利益相关者进行讨论和协商的结果。循证治理理论有助于政府明确多种公共价值之间的复杂关系。在循证治理中，证据是“科学的共识”，公共价值是“权利、义务和规范的共识”。[①] 在政府购买公共服务立项准备阶段，进行公民需求调研、市场调查等前期评估是为决策寻求可靠证据的途径。这样可以根据评估结果确定符合公众期望的绩效目标和标准，将公众偏好作

① 王学军、王子琦：《从循证决策到循证治理：理论框架与方法论分析》，《图书与情报》2018 年第 3 期。

为决策的重要依据之一，进而确定可行的绩效评估计划和绩效契约。在这个过程中，可靠的证据为决策提供了坚实后盾，而政府的领导能力也是至关重要的，因为政府需要引导公共价值的形成，协调各方利益，促使更深层次的共识产生，进而使政策更具合法性。

基于公共责任的政府购买公共服务绩效评估实际上是通过收集证据进行评估，再运用绩效信息的过程。证据来源于数据和信息，但又超越了数据和信息，是经过科学研究和实证检验的。证据的质量决定了评估结果的可靠性，进而影响结果运用的有效性。循证治理理论可以为获取和使用绩效信息提供重要的方法论支持。这一理论强调证据收集依赖于综合利用多种证据的协同治理网络。基于公共责任的政府购买公共服务绩效评估的实施需要收集较为全面的行为信息，包括产出、投入等数据，政府、社会组织、公民、相关专家等都是证据收集的对象，需要通过交流沟通进行信息互换，实现多种证据的综合。这一过程需要多元主体的配合，那么价值共识在这里就发挥着重要作用，但这也有赖于相关主体公共责任意识的强弱。多种信息来源决定了证据的多样性，也造成了筛选障碍。循证治理不仅强调证据的科学可靠，更强调证据应与现实情况相符合，即证据需要适用并可行，这实际上有赖于证据使用主体的信息分析与处理能力，以及对信息质量的评估能力。通过有力的证据进行评估产生的绩效结果与绩效信息是实现监督，制定科学、客观的决策，进行绩效改进的关键。绩效结果提供公共服务的质量与供给效率等方面的最终判断，为管理者进行绩效评级提供参考，以此实施奖惩、进行责任追究。而适当的奖励制度有望促进期望的绩效结果产生并创造公共价值，同时增加评估者与被评估者之间的目标共识。[①] 评估结果的公开则可以作为信息共享的一个重要途径，通过公开评估结

---

① A. M. Girth, “A Closer Look at Contract Accountability: Exploring the Determinants of Sanctions for Unsatisfactory Contract Performance,” *Journal of Public Administration Research and Theory*, 2014, 24 (2).

果增强证据的可及性[1]，进一步促进证据质量的提高。

此外，基于公共责任的政府购买公共服务绩效评估是一个绩效追踪的过程，不是一次性的，可能会有多次绩效评估以监控项目完成进度。而在这一次又一次的评估过程中，政府可以及时发现问题，并通过绩效沟通更新绩效信息，获取更有价值的证据，以此优化评估体系，加强绩效管理。同时，公众满意度评价、公众诉求表达等可以反映公众意见，使下一阶段的公共服务供给更加贴近公众期望，创造出更大的公共价值。绩效反馈与问题解决过程中所进行的有意义的交流沟通也将有助于人们理解绩效目标，实现提高效率的目的。公共价值代表着一种积极的增值意识，而不是维护利益的被动意识。[2] 而这一增值意识表明公共价值不是一个固定的概念，没有先验的标准，它存在于一个相对的环境中，随着环境不断发生变动。所以，政府和特定的利益相关者应该根据社会环境的变化积极主动地及时回应公众或公共服务使用者的偏好，并进行相对准确的公共价值分析，从而完善相关政策，例如政府购买公共服务的管理办法、绩效评估的实施、绩效契约制定以及预算编制等许多方面，以促进政府购买公共服务的规范化、科学化，更好地实现公共价值创造。

基于公共责任的政府购买公共服务绩效评估体系尤其反映公共服务供给所产生的公共价值以及一系列管理与执行活动，其结果运用实际上是一种适应社会发展与现实情境的过程，将不断提升政府的管理能力和经验，同时促进政府购买公共服务的可持续发展及相关一系列政策的完善。综上，循证治理理念运用于政府购买公共服务绩效评估过程中，在有效促进科学管理和决策的同时，也将促进价值共识的塑造与形成以及公共价值创造，有助于优化公共责任视角下的政府购买公共服务绩效评估体系并增强其合法性。

---

① 王学军等:《作为信息的证据，抑或作为证据的信息？——循证视角下的政府绩效信息管理框架》,《图书与情报》2018 年第 6 期。

② J. Alford and J. O'Flynn, "Making Sense of Public Value: Concepts, Critiques and Emergent Meanings," *Journal of Public Administration*, 2009, 32 (3-4).

（三）公民满意度提升——公民参与理论

20世纪60年代，参与式民主理论、公民身份理论和协商民主理论等推动了公民参与理论的发展。同期出现的新公共行政理论认为社会公平是现代公共行政的核心价值，而实现公平的一个重要途径是扩大公民参与。[①] 伴随着公民参与理论的兴起，公民作为公共价值创造的重要主体之一参与到绩效评估过程中。

绩效评估开始注重对公民负责与公共利益的实现，并成为追踪公民感受的重要工具。20世纪80年代兴起的新公共管理运动的实质在于调整政府与公民间的关系，使政府重新获取公众信任。绩效评估作为重要的改革工具逐渐受到重视，但还是未能摆脱管理主义的束缚，强调效率价值。新公共服务理论的兴起突破了这一工具色彩浓重的桎梏，它批判新公共管理，强调公共利益和尊重公民权利的重要性，并认为只有实现公民参与才能让人们降低对自身利益的关注，转而更加关注公共利益。20世纪90年代后期兴起的公共价值理论则认为公共价值是公众偏好的反映，只有公众才能判断是否创造了公共价值，主张扩展公民参与并重视公众偏好的表达。与此相呼应，20世纪90年代起，西方国家绩效评估的重心发生了重要转变，从繁文缛节、内部控制逐渐向外部满意发展[②]，即公共领域的绩效评估早已超出了组织的范围，最终需要将绩效展示在公共话语的舞台上进行评判[③]，注重公民参与。马克·霍哲（Marc Holzer）认为公民参与绩效评估可以帮助公共部门专注于它们真正需要解决的问题[④]，

---

① 夏晓丽：《当代西方公民参与理论的发展进路与现实困境》，《行政论坛》2014年第4期。

② 周志忍主编：《政府绩效评估中的公民参与：中国地方政府的实践与经验》，人民出版社2015年版，第16页。

③ S. Ranson and J. Stewart, *Management for the Public Domain: Enabling the Learning Society*, Macmillan International Higher Education, 1994.

④ 〔美〕马克·霍哲、张梦中：《公共部门业绩评估与改善》，《中国行政管理》2000年第3期。

他概括了绩效评估与绩效改进的七个主要步骤，并详细阐明了每一环节中公民参与的方式与具体内容（如表1–2）。

表1–2 评估与绩效改进的步骤和公民参与的方式与内容

评估与绩效改进的七个步骤	公民参与的方式与内容
鉴别要评估的项目	共同决定是否要实施绩效评估；在评估对象（项目或部门）的选择上具有发言权
陈述目标并界定所期望的结果	和政府部门一起，制定政府部门的使命、愿景、战略规划和重要目标
选择衡量标准和指标	与公共部门管理者一起确定评估指标体系，包括投入、能力、产出、结果、效率和生产力等
设置绩效和结果的标准	与管理者一起确定目标实现程度的评价标准，即如何确定所陈述的有效性及质量标准是否达到
监督结果	与管理者一起系统地、周期性地监督项目或部门绩效，寻求采取纠正措施的机会
绩效报告	绩效资料的表述应立足于公民；绩效报告公开化以利于公民监督
使用结果和绩效信息	与管理者一起确认优势、缺点和改善机会，从而改进和完善绩效规划、资源配置和内部管理

资料来源：〔美〕马克·霍哲、张梦中：《公共部门业绩评估与改善》，《中国行政管理》2000年第3期。

周志忍则综合考虑参与的基本形式、参与的范围与广度，以及参与产生的实际影响三方面，将绩效评估中的公民参与划分五个层次：一是公民无参与，绩效评估基本属于内部活动；二是无效参与，即公民独立进行绩效评估，但是对评估结果缺少回应，没有产生所期望的影响；三是有限参与，即公民有限参与到绩效评估的某些环节中，或者发言权有限，或者公民满意度的影响力有限等；四是高度参与，公民参与到决策环节中，参与范围广泛且影响力显著；五是主导型参与，公民自主发动评估并拥有高度自主权，评估结果具有实质性的影响，这是最理想的参与形式，但实践中尚未实现。[①] 我国政府购买公共服务绩效评估中的公民参与主要以公众满意度评价为主，但这种参与通常是被动的，公民只是信息提供者[②]，公民对决策环节的影响很少。根据周志忍的标准可以判断，我国政府购买公共服务绩效评估仍停留在有限参与的阶段，需要扩展公民参与的广度与深度。公共责任视角下的政府购买公共服务绩效评估注重责任行为与责任意识，包括公众参与机制的完善情况、公众满意度评价指标以及回应性等，这将促进公众参与的落实，进而有利于绩效评估中的主要利益相关者，尤其是作为公共服务接受者的公众，承认绩效评估的合理性与合法性。由此，公众参与是公共责任视角下政府购买公共服务绩效评估促进公共价值创造的体现之一，公民参与理论可以为此提供理论解释与支撑。

公共责任视角下的政府购买公共服务绩效评估不仅关注结果，而且关注过程，注重对政府购买公共服务中的一系列活动，包括政府与公共服务承接方的行为进行评判，而这同时也是对公共价值创造过程的监督以及对公共价值的评估过程。公民期望公平、高效和有效的公共服务，他们满意与否是衡量公共服务供给成败的重要因素。如果政府购买公共服务过程得到适当的管理，使公民参与到绩效评估中，并依靠绩效评估系统修正公共服务供给中存在的问题，公民权利和公民的共同愿望就可能得到满足，他们也会趋向于认为该机构或公共服务具有更高的公共价值，满意度与信任度也会随之增加。绩效评估在寻求建立合法机制的过程中，需要以公共价值作为其合法性的基础，寻求公民认同。在决策阶段，公众与政府一同讨论决定绩效评估实施的必要性，制定绩效目标与绩效指标，确定评估标准，这有助于在绩效指标中体现公众需求，并使结果符合公

---

① 周志忍主编:《政府绩效评估中的公民参与：中国地方政府的实践与经验》，人民出版社 2015 年版，第 34 页。

② 周志忍:《政府绩效评估中的公民参与：我国的实践历程与前景》,《中国行政管理》2008 年第 1 期。

众期望。这里的公众不仅是指作为公共服务接受者的社会大众，也包括公共服务承接方以及专家学者等与某一公共服务购买项目相关的社会主体。将公众纳入决策阶段，不仅增加了决策的科学性，还使绩效评估体系更容易获得公众的理解与支持，从而促成价值共识的达成。公众的反应是公共价值确定的重要途径之一，在决策过程中纳入公众需求是确定公共价值的需要。通过对公众需求的评估可以明确公众在该项公共服务供给中所具有的公共价值倾向，结合其他因素可以建立特定的公共价值体系，并进行公共价值排序，以此为基础确定绩效目标和标准。这样可以建立更加有意义的绩效指标，更准确、客观地评价该公共服务购买项目所应创造的公共价值。

在评估的实施过程中，公民发挥着重要的监督作用。公民作为外部监督者会在一定程度上给公共部门及其工作人员施加压力，而这种压力将会是一种促进相关部门提升公共服务绩效和质量的动力，从而有助于绩效评估的长期可持续性，并有利于从外部督促相关部门对社会公众的需求与反馈进行及时回应，从而增加公众信任与增强绩效评估系统的合法性，进一步促进公众满意度的提升。同时，公众满意度评价可以有效测量公共价值。在结果应用阶段，公民参与可以带来实质影响。公民参与的总体目的是实现公民与政府的持久协作，促进公共服务质量改善与效率提高，从而促进公共价值创造。绩效报告及结果的公开更有利于公众监督公共责任的履行情况并帮助政府发现关键问题和不足，以及提出有价值的意见以改善公共责任和促进公共价值创造。尤其是，从公众满意度评价结果中可以得到有关公众诉求以及公共价值实现的信息，这些内容可以反作用于决策、重新识别公共价值，从而促进决策优化和绩效评估体系的可持续发展。政府管理的改进、绩效提升、服务改善的实现巩固了公众对政府的信心和公民参与的意愿，将进一步促进公民参与的落实。

第二章　政府购买公共服务绩效评估的实践与风险

理论上，有效的绩效评估能够帮助公共部门和非营利组织更好地制定决策、改进绩效以及增强责任感。然而，在实践中，绩效评估是否可以真正带来高水平的工作项目、服务质量的改进、更高的公众满意度及组织更有效的运转？事实上，绩效评估并不是解决组织和项目所面临的全部问题和挑战的“万能药”。本章基于对国内外政府购买公共服务绩效评估实践的讨论，论证了绩效评估中对公共责任关注的不足，最终反思公共责任赤字风险所带来的后果。

第一节　我国政府购买公共服务绩效评估的地方实践

一、现实背景与政策推动

近年来，政府购买公共服务绩效评估研究逐渐成为热点问题。其原因可以概括为以下两个方面：一方面，政府购买公共服务理论上存在着道德风险、逆向选择、机会主义等困境，并且由于受实践中多种因素的影响，政府购买公共服务降低成本、提高效率的优势也不一定会显现，因此需要进行有效的监督与评估，以保证公共服务供给和公共利益的实现。另一方面，政府购买公共服务绩效被认为是政府绩效中的重要组成部分。随着我国服务型政府的建设，政府绩效评估也逐渐从机构绩效评估向公共服务绩效评估转变，而公共服务绩效亦成为近年来关注的热点。因此，回顾和分析我国政府购买公共服务绩效评估的现实背景和政策效果，准确把握政府购买公共服务的现状和所面临的困境，有助于厘清政府购买公共服务的绩效内涵，明确治理目标，制定更加科学合理的政策决策，以便高效推进政府购买公共服务与绩效评估发展。

（一）政府购买公共服务绩效评估的发展动因

20世纪末，我国深圳、上海等地率先引入政府购买公共服务。目前，政府购买公共服务在我国经过近三十年的发展，正处于全面推广的阶段，促进了公共服务供给的多元化和政府职能的转变。但政府购买公共服务中存在复杂的利益关系、不完善的竞争环境、社会组织发育的不成熟等现实问题，面临着道德、逆向外包、寻租腐败等风险，有时甚至达不到节约成本、促进供给效率和质量提升等效果，因此，如何保证公共服务供给的质量及其公共性成为社会关注的焦点问题，政府购买公共服务绩效评估逐渐受到人们的关注。

1. 政府购买公共服务的发展困境

政府购买公共服务付诸实施以来的经验表明，政府购买并非解决公共服务问题的“万能药”，其自身存在内在的天然缺陷，只有准确把握其内在缺陷，切实分析其运行中存在的阻力与困境，才可以在制度设计和实际运行中做到扬长避短。目前，关于政府购买公共服务的阻力与困境等问题的研究取得一定成果，其中较具代表性的观点包括：一是政府购买公共服务过程中存在的竞争不足、低效率、机会主义和供应商垄断等困境较为突出。[①] 二是根据政府购买公共服务的过程、结果进行风险划分，认为除了运行过程中政府监管不到位、社会组织垄断公共服务提供的风险外，还应重视运作结果中公共服务提供效率不高的风险。[②] 三是从整体视角考虑，政府购买公共

---

① 周俊：《政府购买公共服务的风险及其防范》，《中国行政管理》2010年第6期。

② 刘志辉：《风险矩阵视阈下政府购买服务的风险评估——基于对174个社会组织的调查研究》，《长白学刊》2019年第1期。

服务存在目标置换风险、财政风险、道德风险、逆向选择风险，认为政府在实践中仍然存在全能性政府的思维惯性、借购买服务之名“甩包袱”、对“有利可图”的购买事项优先申请的认知偏差，从而加剧了政府购买公共服务成功的阻力，降低了政府的公信力。[①] 此外，政府购买公共服务表面上是公共服务供给方式的转变及供给主体的多元化，但实质上是公共权力共享问题，并且在实践中相关利益主体之间的力量对比并不均衡，由此社会力量的参与存在非均衡性风险进而影响政府购买的公平性。与此同时，政府购买公共服务由于引入市场机制和权力共享，容易造成责任界限不明晰，导致多方利益分歧，由此产生一系列公共管理和政府责任问题，从而影响公共利益，引起公共服务领域“公共性”价值的消解。[②] 而且，由于不透明等问题，串标、围标等行为降低了政府购买的公平性和效果。[③]

概括而言，上述风险来源于以下几个方面：一是缺少竞争，效率至上。从现有的研究来看，政府购买公共服务引入市场机制，主要目标是减轻政府财政压力，降低成本和提高公共服务效率，同时也是为了在一定程度上减小政府规模。其中，效率假设被认为是政府购买公共服务正当性的主要来源。从基本的逻辑出发，市场竞争要比政府垄断行为具有更高的效率。然而，实践中由于市场主体缺失、竞争环境有限、完全竞争市场较为少见，承接方以投机取巧、非法行为和牺牲服务质量为代价中标，势必会影响到对公共目标、公共责任等基础性价值的追求。二是政府监管不到位，易推卸责任。广义上的政府购买公共服务可理解为更多依靠社会力量，更少依赖

① 王春婷：《政府购买公共服务的风险识别与防范——基于剩余控制权合理配置的不完全合同理论》，《江海学刊》2019 年第 3 期。

② 范炜烽、许燕：《政府向社会力量购买公共服务评估指标体系构建研究》，《科学决策》2020 年第 5 期。

③ 叶托：《超越民营化：多元视角下的政府购买公共服务》，《中国行政管理》2014 年第 4 期。

政府来满足公众的需求。它是在服务的生产和财政方面减少政府作用，增加社会其他力量作用的行为。在政府角色和职能的定位上，表现为公共服务的市场化和社会化，政府“掌舵”而不是“划桨”。政府生产职能的移交，并不意味着其公共责任的转移。然而，在实践中政府容易推卸责任，未严格进行外部监管，缺乏管理技能，没有做到买家应尽的职责。三是公共利益实现意识淡薄。在资源稀缺的社会，对效率的追求本无可厚非，但在政府购买公共服务中，人们对成本收益进行权衡，不断追求高效率，却忽视了公共服务的特殊性，容易造成公共利益受损、公共责任流失，以及阻碍公共服务提供的公共性、公平性等基础价值扩散的后果。

2. *政府购买公共服务绩效评估的发展历程*

我国政府购买公共服务的实践早于理论，随着政府购买公共服务范围的逐渐扩大，绩效评估在政府购买公共服务中的作用变得愈发重要。我国政府购买公共服务绩效评估的发展历程可以分为两个阶段：

第一阶段从20世纪初到2013年，为绩效评估的初始应用阶段。该阶段在部分先行购买服务的行业领域展开，初步采纳绩效评估方法，为购买服务的有效推行积累经验。20世纪90年代中期，我国深圳罗湖区和上海浦东新区已经开展了政府向社会组织购买公共服务的探索。此后，全国各地陆续开展政府购买公共服务的探索实践，政府购买公共服务稳步向前推进，其内容和范围不断扩大，流程逐渐完善，加强监督管理和绩效考评等工作开始提上日程。尽管如此，此时的政府购买公共服务绩效评估具有明显的探索性特征，在如何评估、评估流程与评估机制等方面，尚未形成统一的规则与制度。与此同时，学术界关于政府购买公共服务绩效评估的研究同样处于摸索阶段。首先，学术界对其内涵与外延并没有达成相对一致、明确的表述。政府购买公共服务绩效评估被视为公共服务绩效评估和公共政策绩效评估的综合，或者更进一步，它是公共服务绩效评估和公共政策绩效评估在实行服务外包的某些公共服务领域的具体应用。[①] 其次，绩效指标的设计主要以效率评价为主，第三方机构在其中的作用逐渐被认同。总体来说，绩效评估体系的建设虽初具成效，但初始阶段的绩效评估在一定程度上呈现单一化、定量化、分散化特征。

第二阶段从2013年至今，为绩效评估的深化推广阶段，以国务院出台《关于政府向社会力量购买服务的指导意见》为标志，中央和地方政府全面着手实施政府购买公共服务绩效评估工作。《指导意见》指出要建立健全由购买主体、服务对象及第三方组成的综合性评审机制，评价结果作为以后年度编制政府购买服务预算和选择政府购买服务承接主体的重要参考依据。相关政策与法规为绩效评估创造了良好的制度环境，并奠定了理论基础。这一时期，政府购买公共服务绩效评估的复杂性已经突破了政府绩效评估、公共服务绩效评估的范畴，其指标体系的设计被认为既需要注重政府组织的行政效率，又要关注公共服务供给的效果，如公共性、政府回应性等，不能简单地以政府绩效或公共服务绩效的指标来代替。然而，"管理主义"思潮强调效率，民主、公正、平等等基础性价值式微，已经严重冲击了现代公共行政的合法性，绩效评估在政府购买公共服务领域的应用不可避免地受其影响，公共性、公共责任的受重视程度明显不高。随着政府购买公共服务的不断深化，绩效评估已成为政府购买中的重要组成部分。然而，纵观我国政府购买公共服务绩效评估的发展历程，评估理念、评估方式、评估机制均有待进一步完善。

（二）政府购买公共服务绩效评估的政策效果

政府购买公共服务绩效评估的流程受一系列关键立法和政策内

① 徐家良、许源：《合法性理论下政府购买社会组织服务的绩效评估研究》，《经济社会体制比较》2015年第6期。

容影响。绩效评估一般会对行为和决策产生影响，事实上，应该说绩效评估的设计是用于影响后续行为和决策的。在中央相继出台的具有纲领性指导意义的重点政策中，已对绩效评估等内容进行明确规定，均体现了绩效评估对政府购买服务发展的重要性。

1. 政策效果

2006年2月21日，国务院办公厅公布了《关于发展城市社区卫生服务的指导意见》，提出了“鼓励社会力量参与发展社区卫生服务”的要求。2007年，党的十七大报告提出了“健全政府职责体系，完善公共服务体系”的要求；财政部印发了《关于开展政府购买社区公共卫生服务试点工作的指导意见》，要求科学制定绩效评估体系，并注重评估结果的应用。2012年11月14日，民政部、财政部联合印发《关于政府购买社会工作服务的指导意见》，首度对政府购买社会工作服务进行顶层制度设计，这是我国第一个全国性政府购买社会工作服务的制度性文件，其核心内容包括建立由购买方、服务对象及第三方组成的综合性评审机制，积极推进第三方评估。

2013年9月26日，国务院办公厅出台的《关于政府向社会力量购买服务的指导意见》是推动我国政府购买服务工作的重要指导性文件，标志着政府购买服务工作从局部试点阶段转向全面推广阶段。文件对购买服务项目数量、质量和资金使用绩效等进行考核评价，评价结果向社会公布，并作为以后年度编制政府向社会力量购买服务预算和选择政府购买服务承接主体的重要参考依据。2014年1月，财政部出台的《关于政府购买服务有关预算管理问题的通知》就有关预算管理问题进行规范，要求“实施购买服务预算绩效评价”，强调结果导向，将预算绩效管理理念贯穿购买服务预算管理全过程，加强绩效评价和结果应用，将评价结果作为以后年度编制预算和选择承接主体的重要参考依据。

为贯彻落实党中央、国务院决策部署，提高政府购买服务质量，规范政府购买服务行为，2018年7月30日，财政部公布《关于推进政府购买服务第三方绩效评价工作的指导意见》，旨在提高项目质量，规范项目行为，提高经济效益和社会效益。第三方绩效评价增加了绩效评估的科学性，试点的实施也可以更好地促进相关政策与实践的完善与成熟。2018 年 9 月 1 日，中共中央、国务院公布的《关于全面实施预算绩效管理的意见》（以下简称《意见》）是中央审议通过的首个关于预算绩效管理方面的文件，提出要积极开展包括政府购买服务在内的涉及一般公共预算财政资金的绩效管理。《意见》明确指出要将其列入全面预算绩效管理中，而政府购买公共服务本身也是财政支出的一个重要组成部分。《意见》的实施有利于促进政府财政改革，提高财政使用效率。2020 年 1 月，财政部公布《政府购买服务管理办法》（以下简称《办法》），明确了政府购买服务绩效管理的主体、对象和方式等要求，提出政府购买服务应当开展事前绩效评估，定期开展绩效评价，探索运用第三方评价评估机制，加强评价结果运用；建立健全政府购买服务全过程绩效管理机制，全面实施绩效管理，着力解决好“买得值”的问题。《办法》为政府购买服务提供了重要的制度指导和支持，以问题为导向，以“绩效”为硬核，凸显了全面预算绩效管理的理念，在规范政府购买服务行为、促进政府职能转变、改善公共服务供给的同时，对推进全面预算绩效管理、加快建立现代财政制度、促进财政政策“提质增效”具有非常重要的意义。2020 年 2 月 25 日，财政部印发《项目支出绩效评价管理办法》，明确指出对项目支出的评价在“经济性、效率性、效益性”基础上增加“公平性”；强调了将绩效评价的结果作为安排预算、完善政策和改进管理的重要依据；增加了激励约束原则，既要“问效”，又要“问责”，同时强调要利用好第三方机构开展工作。2022 年 3 月 25 日，财政部公布《关于做好 2022 年政府购买服务改革重点工作的通知》，明确要采取有力措施深入推进重点领域政府购买服务改革，不断提升公共服务质量和效率，有效加强和创新社会治理。

2. 现有政策的局限性

从2018年7月公布的《关于推进政府购买服务第三方绩效评价工作的指导意见》来看，文件中的"通过试点完善政府购买服务绩效指标体系"实际上依然没有明确如何设置指标体系，以及回答评价依据是什么等问题，这就导致文件中关于绩效评估指标体系设计的规定较为模糊且具有一定的局限性。此外，2020年2月实施的《项目支出绩效评价管理办法》提出将"绩效评价分为单位自评、部门评价和财政评价三种方式"，该规定也为建立监督体系及公众参与等预留了讨论空间。

笔者认为，可以从以下几点展开讨论。第一，绩效评估制度安排。尽管中央和地方政府相继出台了一系列推进政府购买公共服务的政策文件，将绩效评估作为其中一个关键环节，但大多是从整体视角提出原则性的要求，缺乏针对绩效评估具体实施的制度性安排；同时存在立法层次不高、法律地位不明确、法规权威性不足、配套制度不健全及制定程序不规范等问题。[①] 制度的缺失会造成评估目标模糊，无法建立有限资源分配过程与预期结果之间的联系，进而影响政府购买公共服务的发展。第二，绩效评估指标体系设计。绩效指标是关于公共部门与公共项目绩效的客观标志。如何有效地构建政府购买公共服务绩效评估指标体系，以帮助管理者做出正确决策和改善绩效管理问题，是一个富有挑战性的难题。在绩效评估中，绩效指标由于缺乏规范的制定流程和评估依据，且鲜少与量化方法结合运用，比如评价等级仅分为优良中差等，评估结果常常受到质疑。绩效目标与评价指标无法有效融合。第三，结果应用和问责机制建设。由于对绩效评估结果应用的重视程度不高，所以政府购买服务中绩效激励约束作用不强，绩效评估结果与预算安排和政策调

---

① 王浦劬、〔英〕郝秋笛：《政府向社会力量购买公共服务发展研究：基于中英经验的分析》，北京大学出版社2016年版，第42页。

整的挂钩机制尚未建立，责任追究机制有待健全。例如，在《项目支出绩效评价管理办法》正式出台前的评估往往侧重对经济性、效率性的评估而忽视公平性。在成本—效益分析的基础上，如何确保政府的回应性，以及确保公平依然是本领域重要的研究主题。此外，责任被理解为对绩效的回应。然而，尽管对使用财政资金严重低效、无效并造成重大损失的项目负责人和工作人员在绩效评估管理工作中存在的违规行为进行追责，但是公众如何问责、行业如何监督具体操作等工作还尚需完善。

二、地方实践与共性困境

如前所述，绩效评估的发展离不开有关政策的推动。《政府购买服务管理办法》和《项目支出绩效评价管理办法》的公布，显示出政府购买公共服务实践应用中绩效评估的作用逐渐凸显，绩效评估的意识氛围良好，地方政府实践积极性高，并取得了阶段性成果。然而，在实际运作过程中却面临着诸多挑战，以下将通过我国地方政府购买公共服务绩效评估的典型案例，总结目前各地方政府购买公共服务绩效评估实践的共性困境。

（一）绩效评估地方实践的典型做法

自20世纪90年代上海“罗山市民会馆”模式起，我国政府购买公共服务不断发展。理论方面，研究主题从关注购买的效率到关注购买的效果，对于政府购买公共服务绩效评估从结果评估发展成为包含事前评估、事中评估和事后评估的“全过程”评估。地方购买实践的发展主要集中于向社会组织购买养老服务、公车租赁服务、基础公共教育、社会福利救济、社工服务等领域；上海、江苏、北京、深圳等地方政府在政府购买公共服务绩效评估的实践方面有突出表现。通过浏览各省（市）的财政厅（局）和民政厅（局）官网，以试点城市优先、常规购买领域优先以及全过程的绩效评估实践为原则，寻找我国地方政府购买公共服务绩效评估的典型案例。笔者最终选取了上海市宝山区政府2014年政府购买公共自行车服务项目、无锡市2018年度社会组织公益发展资金政府购买服务项目作为分析对象展开描述。

1. 上海市宝山区2014年政府购买公共自行车服务项目绩效评估

（1）项目简介。

为缓解交通压力，有效解决公交“最后一公里”问题，宝山区于2014年10月开始实施公共自行车项目。至2016年底，该项目共分三期进行建设，每期合同期限为五年，合同主要内容包括：公共自行车服务网点设备建设、公共自行车运营平台软件建设及维护、公共自行车系统机房设备采购、热线话务系统建设、公共自行车采购、公共自行车服务端网络建设、公共自行车站点基础建设及公共自行车调运车采购等。项目预算包括工程建设费用、服务费和考核费，2014—2016年总计安排资金1000万元，其中建设费用占80%，服务费与考核费合计占20%。[①]

（2）专项绩效评估内容、思路及指标体系的构建。

受宝山区财政局委托，上海闻政管理咨询有限公司承担了该地区政府购买公共自行车服务项目绩效评估工作。首先，宝山区2014年政府购买公共自行车服务项目年度绩效目标分为产出目标和效果目标。产出目标包括服务数量、服务质量、服务时效等内容，而效果目标则主要是指社会效益（见表2-1）。其次，将绩效目标进行量化，设立项目决策、项目采购与监管、组织管理、项目成效、相关方满意度等一级指标。最后，在一级指标的基础上明确二、三级指标和重点。项目决策方面，重点考察立项依据充分性、项目立项规范性、目标合理性等；项目采购与监管方面，重点考察购买主体政府采购合规性、合同管理完备性、采购成本合理性等；组织管理方

① 上海闻政管理咨询有限公司：《政府购买公共自行车服务绩效评价案例》，全面实施预算绩效管理高峰论坛上的报告，山东，2018年。

面，重点考察承接主体运行保障机制和调度保障机制的健全情况；项目成效方面，重点关注建设计划是否完成，包括站点计划完成率、自行车投入计划完成率、锁车柱建设完成率等，同时关注站点建设完工、运转调度以及自行车和站点设施维护的及时性，关注各项建设验收情况、车辆和配套设施的完好情况；社会和经济效益方面，关注车辆使用情况、使用便捷性、市民出行成本节约情况、与公共交通的衔接情况等（见表 2-2）。

表 2-1　宝山区 2014 年政府购买公共自行车服务项目年度绩效目标

<table>
<tr><th colspan="2">评价内容</th><th>绩效目标</th></tr>
<tr><td rowspan="3">产出目标</td><td>服务数量</td><td>（1）公共自行车站点建设按计划 100%完成；
（2）锁车柱建设按计划完成；
（3）站点控制器按计划建设完成；
（4）各站点的车桩数量按合同要求设置；
（5）自行车采购数量按合同计划完成</td></tr>
<tr><td>服务质量</td><td>（1）站点设施一次验收合格；
（2）站点自行车、控制器、锁车柱完好率均达 99%；
（3）站点自行车均为一柱一车，且随时有车可借；
（4）站点卫生状况合格，客户热线 24 小时通畅</td></tr>
<tr><td>服务时效</td><td>（1）站点设施建设按计划及时完工；
（2）自行车投放及时；
（3）各站点自行车调度及时；
（4）站点设施、自行车故障或问题及时响应并解决</td></tr>
<tr><td>效果目标</td><td>社会效益</td><td>（1）公共自行车万人拥有量不少于 12 辆；
（2）站点密度达到 1 个/平方千米；
（3）公共自行车各站点与主要的公交衔接率达到 100%；
（4）超过 80%的人认为办卡便捷；
（5）超过 80%的人认为借/还车的程序便捷；
（6）市民满意度达 85%</td></tr>
</table>

资料来源：上海闻政管理咨询有限公司：《政府购买公共自行车服务绩效评价案例》，全面实施预算绩效管理高峰论坛上的报告，山东，2018 年。

表 2-2　宝山区 2014 年政府购买公共自行车服务项目绩效评价体系

一级指标	二级指标	三级指标
项目决策	项目申报	（1）立项依据充分性； （2）项目立项规范性； （3）预算资金到位率； （4）预算执行率
	绩效目标	绩效目标合理性
项目采购与监管	组织采购	（1）政府采购合规性； （2）合同管理完备性
	管理制度建设	（1）项目管理制度健全性； （2）财务管理制度健全性
	监管执行	管理制度执行有效性
	资金管理	（1）资金使用规范性； （2）采购成本合理性
组织管理	制度建设与执行	（1）运行保障机制健全性； （2）调度保障机制健全性
项目成效	服务产出量	（1）公共自行车站点计划完成率； （2）锁车柱建设完成率； （3）站点控制器建设完成率； （4）车桩设置达到目标值的站点完成率； （5）自行车投入计划完成率
	服务产出时效	（1）站点建设完工及时性； （2）自行车维护及时性； （3）站点设施维护及时性； （4）运转调度及时性
	服务产出质量	（1）站点一次性验收合格率； （2）车辆完好率； （3）站点控制器完好率； （4）锁车柱完好率； （5）站点卫生合格情况； （6）客服热线畅通情况

（续表）

一级指标	二级指标	三级指标
	社会效益	（1）公共自行车万人拥有量； （2）站点建设密度； （3）与公共交通的衔接情况； （4）办卡便捷性； （5）使用便捷性； （6）车辆使用率； （7）响应及时率
	经济效益	市民出行成本节约情况
相关方满意度	服务对象	市民满意度

资料来源：上海闻政管理咨询有限公司：《政府购买公共自行车服务绩效评价案例》，全面实施预算绩效管理高峰论坛上的报告，山东，2018年。

针对上述评价指标，评估团队采取了基础数据采集、问卷调查、访谈等多种方式完成指标分析。总体上，宝山区公共自行车项目合同执行情况较好，服务产出均完成，服务成效明显。市民出行相较于以往更加便利，短途出行成本得以节省，社会整体反响较好，市民满意度较高。但在实际购买过程中成本预算缺乏针对性，五年一个定价周期不符合经济发展规律等问题仍需重视。

（3）案例评价。

该项目绩效评估方式与指标体系的建立为后续评估工作提供了经验。第一，该项目评估的维度较为全面，覆盖购买主体和承接主体，同时考察了购买服务和合同执行的全过程，建立“项目决策—项目采购与监管—组织管理—项目成效—相关方满意度”的逻辑路径。第二，该项目采取与周边城市对比分析的方式，分析依据较为充分，且在数据收集时采用基础数据采集、问卷调查、访谈与实地监测的方式，第三方能更好地了解实际情况，使得评估结果更贴合实际。第三，从购买主体监管来看，该项目建立了费用支付与考核成果挂钩机制进一步强化约束与激励，值得后续的绩效评估参考。

本案例存在的主要不足之处在于：第一，缺少事前评估。虽然项目决策、项目采购与监管、组织管理、项目成效、相关方满意度的评价维度较为合理，但对于事前和事中的评估稍显不足。第二，项目成本分析不合实际。该项目对成本的核算过于宏观，且绩效指标中仅将合理和合规作为评估依据，缺乏成本的分项评估，无法保证对成本的有效监控，易造成寻租。第三，政府购买公共服务使用者的感受等指标未能较好体现。第四，满意度及有效性等维度的三级指标过于泛化，无法根据现有指标进行量化评估。第五，影响项目效率和效果的指标间有权重的不同。该项目指标间未区分权重，使评估过程中重点分散，从而降低了评估结果的科学性。第六，结果应用方面，并未形成有效的监督机制，对优化后续购买流程的参考价值有限。

2. 无锡市2018年社会组织公益发展资金政府购买服务项目绩效评估

(1) 项目简介。

根据民政部《关于进一步加快推进民办社会工作服务机构发展的意见》，为发挥民办社会工作服务机构在吸纳使用社会专业人才，提供专业化、个性化社会工作服务，创新社会治理方面的重要作用，无锡市设置社会组织公益发展资金（公益创投专项资金）。该项目主要围绕“扶老、助残、救孤、济困”的宗旨设计并实施项目。第一，为老服务类：为老年人提供有利于满足其需求和提升生活质量的各类服务项目。第二，助残服务类：为残障人士提供有利于提高其生活质量和社会适应能力的各类服务项目。第三，济困服务类：为支出性贫困家庭、生活困难家庭、困境儿童等提供有利于提高其生活生命质量的各类服务项目。第四，社会组织支持类：推进公益类社会组织和社区社会组织发展的服务项目。2018年，无锡市社会组织公益发展资金年初预算为650万元，上年预算转结18.672万元。2018年无锡市社会组织公益发展资金实际支出631.6469万元，预算执行率为94.46%。[①]

（2）专项绩效评估内容、思路及指标体系的构建。

受无锡市财政局委托，无锡东林会计师事务所有限公司贯彻《无锡市财政局委托第三方机构参与预算绩效管理办法》《无锡市财政局委托第三方机构参与财政绩效评价工作规程》等文件精神，以规范资金管理，提高使用绩效为主要目标，本着“实事求是、客观公正、科学合理、绩效导向”的原则，对2018年度无锡市社会组织公益发展资金使用管理及取得的绩效等情况全面开展综合评价。

首先，依据专项资金相关政策文件与年初预算部门制定的绩效目标，包括公益性岗位补贴到位率100%、社会组织发展数14 100个、征集公益创投服务项目数量100个、培育社会组织数量35个，以及政府购买服务的项目性质，设计科学合理且有针对性的指标体系。其次，对上述绩效目标进行量化并构建绩效评估的指标体系，从预算使用情况、规范运作、项目产出以及项目效果四个维度进行评估，并对每项指标设置权重。预算使用情况类权重15分、规范运作类权重20分、项目产出类权重18分、项目效果类权重47分，总分100分。绩效评估指标得分在85分以上为优秀，75—85分为良好，60—75分为一般，60分以下为差（详见表2-3）。最后，根据基础数据收集、问卷调查及访谈，对无锡市社会组织公益发展资金政府购买服务项目做出绩效评估。

（3）案例评价。

该项目依据指标权重进行打分，并对各项指标的打分方式进行详细说明，较为直观地展示了各项指标的实现程度，有利于监管。然而，该项目在一些方面仍存在不足。第一，绩效指标体系不完善。

① 《无锡市2018年社会组织公益发展资金政府购买服务项目绩效评价报告》，http://mzj.wuxi.gov.cn/uploadfiles/201912/27/2019122718594836433359.pdf，2023年10月2日访问。

表 2-3　无锡市 2018 年社会组织公益发展资金绩效评价指标评分表

一级指标	权重	二级指标	权重	指标解释	评分标准	目标值	完成情况	得分	备注
使用情况	15	预算调整率（%）	4	预算调整率＝预算调整数÷年初预算安排数×100%。以按规定报市政府同意的调整数计算，可剔除因政府新出台政策及市委常委会、政府常务会议讨论确定的重大事项而导致的预算调整	≤10%得满分，10%以上，每多1%扣1分，以此类推，扣完为止	≤10%	0	4	无预算调整
		预算执行率（%）	4	预算执行率＝本年已执行数÷年初预算安排数（若有预算调整，则分母使用调整后的预算数）×100%	≥95%得满分，95%以下，每少1%扣0.5分，以此类推，扣完为止	≥95%	94.46%	3.5	本年执行数631.6469万元÷（上年预算结转÷8.672万元+本年预算650万）×100%＝94.46%
		明细支出合理	7	明细支出内容和额度是否符合项目的特性，是否随意分配资金	发现一处不符合要求扣0.5分，扣完为止	合理	基本合理	3	部分项目资金未按核定金额拨付扣3分，2个项目资金拨付未到社会组织账户扣1分

（续表）

一级指标	权重	二级指标	权重	指标解释	评分标准	目标值	完成情况	得分	备注
规范运作	20	项目实施配套办法	6	有没有设立专项资金管理办法和相关配套办法或实施细则，内容包括政策依据、总体目标、使用范围和分配方式、执行年限、管理职责、预算的执行与管理、绩效管理与监督	没有制定各种办法不得分，缺一项办法扣1分，缺一项要素扣0.5分	齐全	基本齐全	5	政策依据和绩效目标不明确，分别扣0.5分
		项目运转程序规范	7	项目是否按照规定程序运行，如项目是否按管理办法执行，政府采购等手续是否完备	发现一起不符合扣3分	规范	基本规范	4	创投项目无政府购买服务流程扣3分
		项目实施跟踪管理	7	活动类有无相关记录，项目类有无跟踪、检查、考核记录。活动类是指会议、宣传、培训等业务类支出。项目类指实行项目化管理的项目类支出。跟踪、检查、考核记录是指可证明已实施跟踪、检查、考核工作的相关工作底稿、跟踪检查报告及考核结果等	没有相关记录，发现一起扣1分；没有事后检查考核记录发现一起扣0.5分	健全	基本健全	5	部分项目未取得发票扣1分，梁溪区理想心理工作室项目支出不合理扣1分

（续表）

一级指标	权重	二级指标	权重	指标解释	评分标准	目标值	完成情况	得分	备注
项目产出	18	公益性岗位补贴到位率（%）	3	全年公益创投项目资金拨付到位情况	按2018年完成值与2018年目标值的比率区间评分，≥100%且≤140%得满分；85%—100%或140%—200%按比例扣分；≤85%或≥200%得0分	100%	100%	3	资金拨付已到位
		社会组织发展数（个）	6	截止到2018年末在民政局登记或备案的社会组织数量		14 100	15 088	6	15 088÷14 100×100% = 107%
		征集公益创投服务项目数量（个）	3	预计2018年资助项目数量（2018年全口径部门预算）		100	85	0	85÷100×100% = 85%
		培育社会组织数量（个）	6	资源对接等服务的社会组织数量		35	35	6	35÷35×100% = 100%

（续表）

一级指标	权重	二级指标	权重	指标解释	评分标准	目标值	完成情况	得分	备注
项目效果	47	项目资金使用政策符合度	10	主要评价专项资金项目实施内容及专项资金支出方向符合彩票公益金情况	发现一个项目不符合要求扣1分，扣完为止	符合	基本符合	6	4个项目不符合公益金方向扣4分
		实施项目验收完成率（%）	12	主要评价年初组织实施的创投项目在年终实际完成情况及合格情况	验收完成率100%得满分，每降5%扣1分，扣完为止	100%	96.47%	11	82÷85×100%＝96.47%
		受益对象增长率（%）	4	主要评价实施项目本年全部受益人数与上年全部受益人数增减程度。受益对象增长率＝（本年受益人数−上年受益人数）÷上年受益人数	增长率大于0得满分，每降5%扣1分，扣完为止	0	6.64%	4	（9714−9109）÷9109×100%＝6.64%
		公益创投项目第三方承办服务内容完成情况	4	主要评价第三方机构在项目的督导、培训、评估、总结交流等方面工作的完成情况	根据督导、培训、评估、总结交流等资料，发现一项内容没完成或不符合合同要求扣1分，扣完为止	完成	基本完成	3	对梁溪区理想心理工作室项目成本支出审核不到位扣1分

（续表）

一级指标	权重	二级指标	权重	指标解释	评分标准	目标值	完成情况	得分	备注
		无锡市民政公益创新创业园运营服务内容完成情况	4	主要评价第三方机构在园区管理工作的完成情况，具体内容：园区党务咨询及党建工作，园区引入法律事务所及要求对公益组织进行相关法律知识的普及；园区引入会计师、税务师事务所及要求对驻园公益组织财务、权务知识普及；园区实施事务性项目，园区对创客的技术辅导及建立公益超市；园区勤务管理	根据相关运营管理资料，发现一项内容没完成或不符合合同要求扣1分，扣完为止	完成	基本完成	3	不够精细，合账记录不完整扣1分
		社会受益群体满意度	9	主要评价社会受益群体、社会公众或服务对象对项目实施效果的满意程度	满意度90%以上得满分，每降5%扣1分	90%	81.25%	7	调查问卷
		社会组织满意度	4	主要评价社会组织对公益创投项目组织实施的满意程度	满意度90%以上得满分，每降5%扣0.5分	90%	92.24%	4	调查问卷
合计			100					77.5	

资料来源：《无锡市2018年社会组织公益发展资金政府购买服务项目绩效评价报告》，http://mzj.wuxi.gov.cn/uploadfiles/201912/27/20191227185948364333359.pdf，2023年10月2日访问。

2018 年社会组织公益发展资金年初预算设置产出指标 4 项，没有设置具体效果类指标。按照专项资金绩效管理的要求，特别是政府购买服务的项目，应实行绩效考核并根据考核结果兑现购买资金。然而，该项目绩效指标中效果类指标缺失，导致绩效评估目标不明确，无法发挥绩效评估的监督作用。第二，公民满意度指标设计过于宽泛。通过《无锡市 2018 年社会组织公益发展资金绩效评价指标评分表》（表 2-3）可以看出，四个一级指标中仅在项目效果中提及公民满意度这一指标，该指标不仅所占权重较低，而且对该指标的解释和评价标准的说明明显不足，没有将“满意度”这一概念量化。第三，结果应用公示缺失。在相关文件中缺少结果应用的公示，有关项目改进、问责、奖惩等方面内容在其他文件中一笔带过，无法形成有效的激励或约束，使得政府购买公共服务绩效评估浮于表面。

（二）绩效评估实践困境的共性特征

从上述典型案例可以看出，我国政府购买公共服务绩效评估的地方实践发展趋于成熟，绩效评估的重点逐渐转向政府购买的效果以及全过程评估，指标设计科学性不断增强。然而，目前我国政府购买公共服务绩效评估依旧存在诸多不足，阻碍了绩效评估应有作用的发挥。具体体现为：绩效指标效率导向、绩效评估结果应用流于形式以及第三方机构专业性和公信力不足等问题。下面将依托上述政府购买公共服务绩效评估实践案例的梳理，概括绩效评估实践困境中较为突出的共性特征。

1. 绩效指标效率导向

绩效指标是绩效评估中最重要、最核心的组成部分，绩效指标的科学性、合理性直接关系到对公共服务的监督效率和公共利益的实现。对于政府购买公共服务绩效评估内容的研究，也主要体现在对绩效评估维度研究与指标设计上。因为绩效评估的内容与指标体系的构建是紧密联系的，只有确定需要评估的重要内容和维度，才能据此设计出具体、可用的指标体系。在现有研究中关于评估的指标与维度，大多会涉及投入、过程、产出、财政、成效等方面，以效率维度为导向的指标设计，很难考虑到政府购买公共服务的全部要素，其中关于公共责任、公平性、回应性、公众满意度、公众需求等指标也很难进行量化，这在一定程度上阻碍了绩效标准系统的建立与绩效评估。而上述案例绩效指标的构建中无一例外地忽视了公共价值、公共性等指标。

（1）绩效指标中公共责任相关指标缺失。首先，立项评估时对公民需求的评估缺位。上述案例的项目决策、项目立项过程中指标设计均忽略了公民需求这一指标。仅将考察重点放在程序的合理性、资金的使用上，而忽视了作为使用者的公民的实际需求，易造成政府主观决策的困境。其次，公民满意度、回应性指标流于形式。通过梳理上述典型案例可以明显看到，尽管它们在项目目标中均重点强调人民性及公民满意度，但是在具体评估执行时无一例外将投入产出情况、资金使用情况作为评估的重点内容。这种绩效评估内容重心的偏向直接导致与其紧密联系的绩效指标分布不均衡。对比两个案例的绩效指标评分表，可以直观地看出它们的绩效指标设计更加偏向投入与产出的效率指标，甚至无锡市的案例中，本应注重公共价值、公共责任和公民满意度的项目效果的二级指标设计，却没有重点设置上述指标的权重，依然将资金利用率作为重点，占据10%的权重。

（2）绩效评估过程中公民参与有限。公民参与对政府绩效评估系统优化和构建责任政府至关重要。公民参与绩效评估系统、目标与指标设计环节，有利于政府与公民对绩效指标和标准达成共识。公民在绩效结果评价中提供信息、需求与反馈，为明确绩效问题提供依据。公众参与的政府绩效评估也有助于扭转政府官员“眼睛向上”的执政观念，而更加以民为本。[1] 政府对公民需求的回应也是履

---

① 马亮：《公众参与的政府绩效评估是否奏效：基于中国部分城市的多层分析》，《经济社会体制比较》2018 年第 3 期。

行公共责任的重要体现。近年我国政府购买公共服务绩效评估中的公民参与取得了显著进展，然而从总体上看，仍处于公民部分参与、形式参与、被动式的等待型参与的有限参与阶段。首先，参与范围与广度有限。公民充分参与应是绩效评估与绩效改进整个过程的“全程参与”，包含确定评估对象、界定评估结果以及绩效信息使用等环节。目前我国政府购买公共服务绩效评估中的公民参与仍属于部分环节参与。例如，监督购买结果环节，公民参与监督最常见的方式是满意度测评，公民被动对服务做出满意、一般或者不满意的评价，且调查过程往往容易流于形式。其次，参与形式单一。公民参与绩效评估的形式一般包括座谈会或接受访谈。至于有关政府购买公共服务重大问题的决策，如何实施绩效评估？公民评价权重占比多少？这类关键问题基本上公民没有任何发言权。

第一，上述案例中公民对政府绩效评估的影响力在与政府自身利益的较量中完全处于不对等的弱势地位。作为服务使用者，公民的主体作用仅仅体现在评价项目效果阶段，只能通过公民满意度对项目进行监督。然而，公民满意度本身就难以进行量化，不同收入、职业、年龄的公民其需求不同，仅仅将满意度测量划分为满意、一般、不满意是不全面的、不合理的。在上述两个案例公开的信息中，没有任何证据表明公民作为主体真的参与了评估，公民的参与只是被当作使报告看起来“漂亮”的工具。第二，对于如何获取公民满意度，上述两个案例均一笔带过。上海市宝山区 2014 年政府购买公共自行车服务项目中提到“评价团队采取问卷调查、访谈等多种方式来完善指标”，上海市 2020 购买社会考场服务中写道“采取随机电话访问的形式来确定考生满意度”。目前在我国地方政府购买公共服务绩效评估的实践中，公民参与只是被动地等待问卷和访谈，且设计好的封闭式问卷也不能真实地反映公民满意度。

2. 绩效评估结果应用流于形式

绩效评估的结果应用理应发挥监管、问责、优化决策与管理等作用，并为政府购买流程再造提供依据。但在实施过程中，几乎没有证据说明绩效信息或数据能够影响结果应用。一方面，在许多政府部门和非营利组织中，预算与绩效间缺少联系。另一方面，最大的问题在于政府购买公共服务绩效评估存在走过场的现象，往往是形式化的评估，这主要体现在绩效评估结果的应用上。

(1) 结果公开十分有限。搜索各地方政府网站，将政府购买绩效评估完整过程进行公示的相关文件较少见到，大部分试点城市的公示内容仅为项目评分以及对突出问题进行整改的愿景描述。如徐州市财政局发布的《市级政府购买奥体中心公共体育服务资金绩效评价圆满结束》一文所写，“根据《市财政局关于做好2020年度市直财政支出绩效评价工作的通知》，徐州市财政局通过招标选取第三方机构对市级政府购买奥体中心公共体育服务资金开展了绩效评价。……从评价情况看，徐州市体育局、市奥体中心经营管理有限公司认真贯彻落实市委、市政府保障徐州奥体中心日常运营工作的决策部署，采取有效措施，加大工作推进力度。全年开放318天，全年接待市民总量690 094人次……公益活动64 772场，实施效果总体良好。但在场馆能源耗费、规范运营、空间利用率等方面还存在一些不足，已反馈有关部门，要求提出完善管理措施”[①]。公民无法进一步查到评价的详细结果，而后期整改或问责的方式更是无从查起。

(2) 结果应用流于形式。为预算编制提供参考依据、实现行政人员权责匹配与提升公众的满意程度是绩效评估结果应用的目标。[②]

---

① 《市级政府购买奥体中心公共体育服务资金绩效评价圆满结束》，http：//czj. xz. gov. cn/xwzx/001001/20211210/4c316d5c-5d93-422d-9d25-3df0d003bace. html，2023年2月13日访问。

② 马海涛、孙欣：《预算绩效评价结果应用研究》，《中央财经大学学报》2020年第2期。

然而，在实践中建立评价结果同问责、激励、资金分配的联系并不容易。[①] 上述案例中均没有直接证据表明地方政府购买绩效评估的评估结果会与新的预算资金挂钩，没有提及基于结果的问责，这样的话，评估对于购买的优化管理起不到任何作用。将绩效评估的“目的”与“手段”倒置，绩效评估无法形成有效的激励或约束，政府购买公共服务绩效评估浮于表面。

3. 第三方机构专业性和公信力不足

在政府购买公共服务绩效评估中，“第三方评估”是指财政部门、预算单位开展预算绩效管理，将被评估的部门（单位）、项目或事项委托独立的第三方机构实施评估的行为。由于第三方评估具有独立性、专业性、问责性和民主性等特征，可以有效保证实施绩效评估的合理性、客观性与科学性。在中央政府的不断推动下，第三方评估工作在我国进一步扩展并深化，多份中央文件中强调要在条件允许的情况下积极引进第三方评估。[②] 在政府购买服务的公共项目中，第三方评估已成为评估体系构建的一种发展趋势。然而在实践中，第三方评估却面临着评估失灵的困境与挑战。

首先，我国政府购买公共服务的第三方评估属于起步阶段，专业性不强。第三方评估机构的人才优势并不明显，难以持续追踪评估对象的项目进展情况，评估结果的科学合理性有所欠缺。上述两个项目中，上海闻政管理咨询有限公司于 2012 年 10 月 25 日登记成立，公司经营范围包括企业管理咨询，投资管理、人才咨询（不得

---

① 尚虎平、杨娟:《公共项目暨政府购买服务的责任监控与绩效评估——美国〈项目评估与结果法案〉的洞见与启示》,《理论探讨》2017 年第 4 期。

② 2007 年，民政部发布《关于推进民间组织评估工作的指导意见》，开始将“第三方评估”引入公共与非营利部门的绩效评估领域；2015 年，民政部公布《关于探索建立社会组织第三方评估机制的指导意见》;《2020 年中央财政支持社会组织参与社会服务项目实施方案》对项目执行单位明确要求引入社会评估，民政部将委托专业第三方机构对项目进行全面审计和重点评估。

从事人才中介、职业中介）等。无锡东林会计师事务所有限公司于2004年12月20日成立，公司经营范围包括：工程建设项目招标代理、资产评估、基建工程预决算的验证、企业财务审计、会计咨询、培训顾问服务等。在两个案例中，政府购买公共服务绩效评估均不是第三方评估机构的主营项目，机构专业性不足，可能存在外行评价内行的困境。

其次，在我国第三方评估实践中，第三方机构对政府部门过度依赖，独立性不足，主要体现为：尚未明确建立第三方机构的资格认证机制；许多第三方机构的选择并不是因为自身专业能力，而是取决于政府的偏好和倾向，导致我国第三方评估机构的行政色彩较为浓厚。如前所述，两家评估机构均无政府购买公共服务绩效评估的经验，且依赖政府拨款。因此在评价过程中难免出现行“看政府眼色行事”的问题。

最后，我国绩效评估的第三方机构公信力不足。公信力的建立需要稳定的人才优势、熟练的技术优势、广泛的信息采集来源、公开透明的评价过程及长期的良好信誉等多方面因素共同努力。只有这样，第三方机构出具的评估结果报告才能被社会大众和被评估机构所接受。当前，第三方评估在我国尚处于初步发展阶段，评估机构发展时间较短，社会公众难免对其专业性产生怀疑。与此同时，目前我国社会公众对第三方评估机构的认知水平还十分有限，第三方评估机构的群众基础薄弱、公信力不足。

第二节　政府购买公共服务绩效评估的国际经验

一、绩效评估在政府购买公共服务不同阶段的发展特征

20世纪70年代末80年代初，自政府购买公共服务的实践得以迅速推广以来，绩效评估一直是国外政府购买公共服务的重要组成

部分。绩效评估在国外政府购买公共服务的发展主要经历了三个阶段，并且从评估理念、评估目标、评估方式方面不断趋向成熟，不同阶段所展现出的发展特征体现了政府强化公共责任的基本做法。第一个阶段从20世纪70年代末期到80年代中期，绩效评估的理念由单纯的效率至上向多元价值转变。第二阶段从20世纪80年代中期到90年代初期，绩效评估的目标由管理逐渐转向制度化发展。20世纪90年代初期起进入第三阶段，政府购买公共服务绩效评估的重心发生重要转变，注重公众参与，强调公共责任成为该阶段评估区别于传统实践的主要特征。

（一）评估理念由单纯的效率至上向多元价值转变

20世纪70年代以来，在政府提供服务的低效率和垄断性所产生的巨大压力下，西方国家逐步将政府购买公共服务作为重要环节纳入政府改革的实践框架之中，并取得了重大成效。政府购买公共服务作为一种创新公共服务供给方式，是新公共管理运动的主要特征之一。新公共管理理论主张在政府管理中引入市场竞争机制，通过竞争提高效率，注重有明确的绩效目标。由于西方国家政府购买公共服务起步较早，政府购买公共服务的实践经验较为丰富，对其进行绩效评估也随着购买服务范围的不断扩大而备受关注。

此时，西方各国普遍推行以市场取向为核心的行政改革，崇尚市场机制和市场力量，减少政府干预；赞同政府节省开支，减少税收；同时对私营企业的管理方法和手段十分赞赏。此前的美国行政改革就提出了绩效预算、成本和预算管理改革等方案；英国也已经开始对公共部门试行生产率测定，土地局、税务局和就业部开始发布各部门的生产率指数，并制定各种绩效指标衡量下属工作。可见，以经济和效率为目标的行政改革使得绩效评估在西方各国改革议程中发挥重要作用，绩效评估“效率至上”的价值观念得以强化。通常情况下，政府购买公共服务在国外被称作“公共服务外包”，并被看作公共服务民营化的一种使用最广泛的形式。效率被认为是公共服务外包的主要驱动力，它的实施可以改变政府提供公共服务的低效，提高公共服务的质量。英国在政府购买公共服务活动中最初引入的绩效评估，主要针对当时英国政府效率低下、浪费严重的情况，希望通过借用企业的绩效评估方法，来提高效率、降低财政投入，即追求产出效率最大化。然而，随着政府购买公共服务的实践逐渐增多，西方国家政府发现效率原则并不是公共部门唯一追求的原则。过分追求效率可能会导致对责任、公平、平等的忽视，从而偏离公共部门的基本价值导向。此外，值得注意的是，20 世纪 70 年代末主张“社会公平”价值的新公共行政兴起。正如弗雷德里克森所言，除了重视效率和经济价值之外，还需强调社会公平价值。[①]

此时，绩效评估的价值取向由单纯追求效率，发展为对经济、效率、效益和公平的追求，从过分关注过程和规则转为对行政结果和输出的关注。[②] 因此，西方国家在政府购买公共服务绩效评估中先后确立了 3E 等原则作为普遍的理论指导，由原来的追求效率和经济的原则，逐渐地转变为追求公平和效益标准。例如，英国的效率小组建议在财务管理新方案中设立“经济”(Economy)、“效率”(Efficiency)、“效益”(Effectiveness) 的 3E 标准体系，以取代传统的效率标准(如财务、会计标准等)。此后不久，英国审计委员会又将 3E 标准纳入绩效审计框架中，并运用于地方政府的管理实践中。[③] 这一阶段，绩效评估的理念由单纯的效率至上向多元价值转变，意味着提高效率、降低成本并非政府购买公共服务的最终目的，而是应本着还原公共服务供给的基本宗旨，更好地履行政府在公共服务供给方面的职能。

① H. G. Frederickson, *The Spirit of Public Administration*, Jossey-Bass, 1997.

② Ibid.

③ 王浦劬、〔英〕郝秋笛：《政府向社会力量购买公共服务发展研究：基于中英经验的分析》，北京大学出版社 2016 年版，第 201 页。

（二）评估目标由管理转向制度化发展

绩效评估为公共项目和组织绩效提供的各类客观信息，可以用来优化管理和为决策提供依据。然而，在20世纪80年代中期，人们对绩效评估的兴趣似乎有所减弱，因为人们通常认为评估中的指标没有为决策做出有意义的贡献。许多公共部门都患上“DRIP”综合征——数据丰富但信息贫乏（data rich but information poor），并得出结论，在这些系统上投入的时间和精力并不能证明结果的合理性。这在一定程度上是由管理者没有很好地建立评估系统与管理决策制定过程之间的联系所造成的，但也在很大程度上反映出对绩效评估制度化的政治意愿较为缺乏。例如，英国最初进行绩效评估的目标就是实现购买者对购买服务有效的管理和监测。但是，在政府购买公共服务绩效评估过程中却存在诸多风险，如绩效信息缺乏、管理能力有限等，致使政府购买服务无法达到预期目标。而最常见的公共服务合同外包失败的原因之一，则是大多数公共部门未能正确监测和评估外包合同的可行性，且大多数组织没有一个正式的评估系统和责任机制。

因此，在20世纪80年代，在西方国家公共服务合同外包发展已较为成熟之后，为了推进绩效评估的制度化和规范化进程，各国政府纷纷通过制定各类政策并出台相关法案确保其顺利展开。以英美国家为首，其政府购买公共服务领域绩效评估的成功实践，同样离不开完善的制度和法律框架。其中，美国政府颁布的《政府绩效和结果法案》（The Government Performance and Results Act，以下简称GPRA）和《项目评估和结果法案》（Program Assessment and Results Act，以下简称PARA），它们在评估机构和公共项目中起着重要作用。PARA是以GPRA框架为基础制定的，对于确保未来开展系统化的公共项目绩效评估具有重要保障作用，促使公共部门实现购买公共服务项目预期效果以及对公众负责。此外，美国政府还通过绩效预算、绩效报告等制度，落实政府购买公共服务绩效评估的问责效用。

（三）评估方式注重公众参与

20 世纪 90 年代是西方国家公共服务合同外包和逆向合同外包的一个分水岭。此时，合同外包开始出现下降趋势，政府回购现象成为民营化的新取向。赫菲茨和沃纳指出，逆向合同外包的原因在于对服务质量的失望和合同监控的困难。公共服务的提供是非常复杂的，政府要平衡合同监督和公民的声音等，来决定是否将外包出去的服务收回。[①] 与此同时，公共行政领域的诸多因素重新唤起了人们对绩效评估的兴趣。一方面，公众对政府的信任度持续下降，公共服务市场化的压力增大，公共部门需要减轻自身财政压力，厘清权责。另一方面，由奥斯本和盖布勒于 1992 年发起的政府再造运动，以及美国副总统阿尔伯特·戈尔于 1993 年发起的“国家绩效评估”运动，呼吁人们重新思考如何定义和衡量公共部门的绩效。由于内外部因素的共同作用，绩效评估再次成为公共行政领域的焦点。

此时，西方国家绩效评估关注的重心也发生了重要转变，从内部控制向外部满意发展，强调提高公共服务质量、提升公众满意度。例如，英国的公民宪章运动和美国政府再造运动推行顾客至上的理念。与此相呼应的是，在政府购买公共服务的推进中，公众作为公共服务终极享用者和消费者的主体作用日益凸显。公众在购买过程中具有三重作用：一是界定公共服务购买的范围；二是完善购买流程，使其更加合理高效；三是监督政府购买公共服务绩效。当前，市场研究技巧中公众意见调查、用户调查等，已经大量应用于英国地方政府评估公众对公共服务的满意程度的行动中。由此可见，绩效评估就是对购买服务中政府管理的责任、回应性、公平、质量和成本等方面进行监督与评价，公众参与对于政府购买公共服务绩效评估具有重要意义。

---

① A. Hefetz and M. Warner, “Privatization and Its Reverse: Explaining the Dynamics of the Government Contracting Process,” *Journal of Public Administration Research and Theory*, 2004, 14 (2).

二、政府购买公共服务绩效评估的制度演变

20 世纪 90 年代，西方各国政府绩效评估开始制度化和法制化建设。其中，美国倡导的以“结果为导向”原则的管理效果尤为引人关注。尽管美国政府依然面临着同时使用购买公共服务项目和绩效衡量的挑战，但相关法案与制度规范已经给予政府购买公共服务项目绩效评估有效的保障。它们是保证公共项目、公共服务、公共产品实现预期绩效的有效手段，也是实现公共责任的必备工具。

（一）绩效评估的制度基础

长期以来，美国联邦政府一直在努力使其支出决策与决策的预期结果保持一致。在 20 世纪 90 年代，国会和行政部门设计了一个法定的管理框架以提升所有联邦政府机构的绩效并强化问责，1993 年美国第 103 届国会通过并由克林顿总统签署颁布的 GPRA 是其核心内容。GPRA 在美国政府绩效评估历史上具有里程碑的意义，是美国政府历史上第一部关于政府绩效改革的立法。

1997 年，GPRA 正式生效。GPRA 要求联邦机构制订战略计划、年度绩效计划和绩效报告。联邦机构每年对其活动的结果进行衡量和报告，从而将机构和监督的注意力集中在政府活动的绩效和结果上。①该法案汲取了历次政府绩效管理工作的精华，例如，1949 年胡佛委员会提出“绩效预算”（Performance Budget，PB），林登・约翰逊总统于 1965 年提出的计划、项目和预算编制系统（Planning，Programming and Budgeting System），理查德・尼克松总统于 1973 年发起的“目标管理”（Management by Objectives），以及吉米・卡特总统在 20 世纪 70 年代末将“零基预算”（Zero-Based Budgeting）引入公共部门预算。GPRA 不同于上述总统提出的各项举措，它是国会的一项改

---

① Committee on Science，Engineering，and Public Policy，et al.，*Evaluating Federal Research Programs：Research and the Government Performance and Results Act*，National Academies Press，1999.

革举措，也是唯一以立法形式采取的举措。GPRA 的通过反映了公众对 20 世纪 90 年代政府绩效管理的关注。克林顿政府也接受了该项立法，并认为这是对戈尔政府重塑工作的补充。[1]

GPRA 的主要目标是在分配有限资源的过程与预期的结果之间建立更紧密、更清晰的联系。[2] GPRA 的目的包括关注结果、服务质量和公众满意度，改善项目的内部管理；通过提供有关实现法定目标的进展和计划有效性的信息，改善国会的决策；并通过使机构负责让人们建立对政府的信心。[3] 因此，GPRA 是基于以下假设：衡量政府绩效对于改善政府绩效至关重要，并且国会和行政部门对联邦机构绩效的监督因缺乏以结果为导向的目标和指标而受到严重阻碍。绩效报告旨在成为主要的问责制来源，并向代理机构负责人、政策制定者和公众提供有关代理机构使用分配给它们的资源所取得成就的信息。

尽管 GPRA 增加了有关联邦机构成果和绩效的信息，但管理与预算办公室（Office of Management and Budget，OMB）希望提高整个进程的实用性，因此，OMB 在 2001 年 8 月发布了总统管理议程（President's Management Agenda，PMA）。PMA 描绘了布什总统对政府改革的愿景，该愿景遵循三个主要原则：政府应该以公民为中心，而不是以官僚为中心；应该以结果为导向；应该以市场为基础，并通过竞争积极促进创新，而不是通过竞争扼杀创新。此外，布什政

---

① B. A. Radin, "The Government Performance and Results Act and the Tradition of Federal Management Reform: Square Pegs in Round Holes," *Journal of Public Administration Research and Theory*, 2000, 10 (1).

② P. L. Posner, "Performance Budgeting: OMB's Performance Rating Tool Presents Opportunities and Challenges for Evaluating Program Performance," https://www.gao.gov/assets/gao-04-550t.pdf, accessed Feb 23, 2024.

③ B. A. Radin, "The Government Performance and Results Act and the Tradition of Federal Management Reform: Square Pegs in Round Holes," *Journal of Public Administration Research and Theory*, 2000, 10 (1).

府将绩效与预算的整合列为联邦政府的五个优先事项之一，其中2002年引入的PART是核心要素。

《项目评估评级工具》(Project Assessment and Rating Tool，PART)致力于将机构绩效、预算与问责机制联系起来。它应用范围更广，旨在设计能够提高效率和优化效果的预算程序。除了将绩效与预算拨款联系起来之外，PART还确保每个政府项目都确定其实现的成果、可量化的长期和年度绩效指标，并收集有关其是否取得成果的数据。PART是对所有联邦项目进行绩效评估的标准方法。它评估四个部分：目的和设计、战略计划、管理以及结果和责任制。第一部分旨在确定项目的目的和设计是否明确和合理；第二部分评估机构是否为项目设定了有效的年度和长期目标；第三部分对项目的管理进行评估，包括财务监督和项目改进工作；第四部分着重于项目可以准确且清晰地报告结果。每个部分都设置0到100的数字评分（满分为100分)，然后将四个部分的得分综合起来，获得有效、中等有效、足够或无效的总评价。没有可接受的绩效评估指标或尚未收集绩效数据的项目通常会获得未验证结果的等级。概括而言，PART旨在更严格、系统和透明地评估公共项目，并通过将机构与行政预算制定过程和项目资金挂钩，使其对结果负责。PART评估的内容是特定的项目，而不是评估机构。

GPRA和PART之间的主要区别可以从五个变量中找到：(1）重点评估对象；(2）涉及的政府部门；(3）组织方法；(4）要求；(5）绩效评估方法(见表2-4)。GPRA的重点评估对象是代理机构，而PART的重点仅在于公共项目，因此范围较窄。GPRA需要国会和行政部门的参与，因为各机构需要制订并向国会提交其战略计划。战略计划应考虑到国会和其他利益相关者的观点。相反，PART仅在执行部门（OMB）中处于核心位置。这两个评估工具的组织方法在谁制定绩效评估目标方面也有所不同：OMB会根据绩效评估目标制定绩效指标和评级计划，GPRA的绩效指标则由机构自己制定。最后，

PART 的要求仅限于使项目达标，而 GPRA 的要求更为多样，并要求各机构制定战略计划和绩效计划，最后提交绩效报告。

表 2-4　GPRA 与 PART 的比较

变量	GPRA	PART
重点评估对象	机构与组织单位	公共项目
涉及的政府部门	国会和行政部门	仅行政部门（以 OMB 为中心）
组织方法	自下而上；从组织单位开始	自上而下；OMB 必须审批
要求	多样化，战略计划，绩效报告	绩效指标
绩效评估方法	多种类型且突出结果	专注于效率结果

资料来源：A. R. Beryl, *Challenging the Performance Movement: Accountability, Complexity, and Democratic Values*, Georgetown University Press, 2006。

在 PART 流程中，OMB 就每个项目询问一系列与项目的目的、计划、管理和成果实现有关的标准问题，使用项目相关的更具体的问题来补充这些标准问题。[①] 此外，海因里希提出 PART 试图通过加强绩效评估过程——也就是说，使其更加严格、系统和透明——以及通过将预算资源的分配与项目部分评级直接联系起来，来推进“结果导向”政府的承诺。[②] 因此，PART 通过更为标准的绩效评估过程纠正了 GPRA 绩效评估流程中某些有问题的辅助工具。

（二）绩效评估的制度保障

以 PART 为基础，2005 年 1 月 4 日，议员托德·普拉茨（Todd Platts）与汤姆·戴维斯（Tom Davis）提交了 3826 号议案，此议案

① T. J. Greitens and J. M. Ernita, “Policy Typology and Performance Measurement: Results from the Program Assessment Rating Tool,” *Public Performance & Management Review*, 2010, 33 (4).

② C. J. Heinrich, “How Credible Is the Evidence, and Does It Matter? An Analysis of the Program Assessment Rating Tool,” *Public Administration Review*, 2012, 72 (1).

是国会“第 185 号决议”即 PARA（Program Assessment and Result Act）的初始形式。PARA 提出修订 1993 年的 GPRA，要求 OMB 至少每五年对联邦政府的每项计划活动进行一次审核，这些审查的结果须提交国会。法案中规定以建立类似于 PART 的法定程序，该法定程序首次使用是在 OMB 编制 2004 财年预算时。

PARA 的主要目的在于：(1) 通过实施项目评估和评估程序来改进 GPRA，以确定联邦项目的优缺点，并特别关注各个公共项目产生的结果；(2) 利用在评估过程中收集的信息，以 GPRA 为基础，帮助行政部门做出明智的管理决策；(3) 为国会决策者提供信息，帮助其进行更有效的监督、做出更明智的授权决策以及做出更多基于证据的支出决策，让决策更符合民意。由此可见，该法案遵循了“新公共管理”改革的主要理念，关注绩效和结果，通过改变公共财政给付的制度框架，对公共服务项目的发起、实施、监控、绩效评估等做出了明确且详细的规定。它坚持结果导向的绩效评估理念也体现了政府要对结果负责。尤其是，在公共服务外包项目中，政府虽然将服务外包出去，但是责任却不能外包。同时，政府要考察评估项目的绩效是否实现了预期的预算目标。正如倡导这项措施的议员托德 · 普拉茨说：“除非我们对项目运行、项目产生的结果以及管理方式进行实证的、系统的考察，否则我们永远不会知道我们是否实现了目标或如何以最有效的方式向公众提供服务。国会和行政部门需要共同努力，以确保从项目审查中收集到的信息使我们能够及时做出明智的决定。”① 同时，管理主义变革的确能够保证较大的透明度，这就使得人们可以看到特定项目的实施情况。更多外部利益相关者的关注或进入项目评估，意味着他们的利益相比以往将得到更多的重视，而这会促进公共责任的落实。

---

① “House Panel Passes Program Assessment and Results Act,” Federal Management Daily Report, 2004.

PARA 从评估范围、评估要求、评估标准、高频度评估标准、评估结果公示、评估报告、评估机密信息和政府固有职能等八个方面对公共项目的监督与规制进行了详细规定。首先，该法案明确了对于公共项目绩效评估的一般性基本要求，提出项目评估的时间、范围、频次、结果公示及途径，以及项目评估的报告及应用等内容。例如，法案中明确规定对每一个公共项目进行至少每五年一次的评估，评估更加注重高效和结果，体现出政府以结果为导向，而不是以流程为导向的指导原则。可以说，评估要求和内容的全面性有效弥补了 GPRA 缺乏绩效信息的缺陷。其次，该法案强调评估标准与更高频度的评估标准。在以往针对机构的绩效评估中，评估标准与指标往往界定不清，且绩效评估没有适当地纳入机构预算及管理中。绩效评估的标准与指标模糊容易导致无法开展具体的监督或奖励工作，导致绩效评估的权威性受损。最后，该法案明确提出将项目评估结果和评估报告进行公示，包括提供评估项目的目的、总体评分、绩效亮点及改进措施的简要说明，同时还要更新后续行动的状态，以真正实现绩效评估的意义。这为公众了解项目及项目绩效提供了便利条件。

第三节　我国政府购买公共服务绩效评估的公共责任赤字风险识别

政府购买公共服务绩效评估是保障公共服务供给、有效防止代理人偏离委托人期望的监督控制机制和问责工具，也是提升政府购买公共服务决策质量的必要环节。然而，我国政府购买公共服务绩效评估制度有待完善，绩效评估过程中仍存在绩效虚假、责任规避或绩效评估流于形式等现象，且过度强调效率、效益等经济指标，公平、平等、民主等公共价值指标式微。[1] 加之在公共服务领域引入市场机制后，公私界限不清晰使得绩效责任模糊且衡量困难[2]，以及对绩效评估重视不够、公共责任意识不足等问题，导致绩效评估的监督和问责作用得不到充分发挥，未达到绩效评估的最初目标，也未实现相应价值。随着国内外有关政府购买公共服务绩效评估的研究逐渐增多[3]，尽管许多学者已关注到政府购买公共服务绩效评估中存在的风险，如绩效指标难确定、政府评估专业性不足、多元主体的参与有限和互动不足，以及外部环境和制度建构不完善、信息公开有限、评价结果应用落实不够等[4]，但对公共责任的关注较少；且政府购买公共服务绩效评估风险研究多呈现碎片化，缺少理论支撑。综上，我们有必要对政府购买公共服务绩效评估中的公共责任赤字

---

① 姜晓萍、康健：《官僚式外包：政府购买公共服务中利益相关者的行动逻辑及其对绩效的影响》，《行政论坛》2019 年第 4 期；陈晓蓉、张汝立：《手段偏差与目标替代：制度逻辑视角下政府购买服务绩效评估困境》，《求实》2021 年第 5 期。

② C. Scott, "Accountability in the Regulatory State," *Journal of Law and Society*, 2000, 27 (1).

③ 黄春蕾、闫婷：《政府购买公共服务绩效评估研究述评》，《山东行政学院学报》2013 年第 6 期；杨书文、李国豪：《政府购买服务绩效评估研究回顾与展望——基于 CNKI 样本文献的总结》，《学会》2020 年第 10 期；A. A. Amirkhanyan, H. J. Kim and K. T. Lambright, "Putting the Pieces Together: A Comprehensive Framework for Understanding the Decision to Contract Out and Contractor Performance," *International Journal of Public Administration*, 2007, 30 (6-7); G. R. Lee, et al., "Outsourcing and Organizational Performance: The Employee Perspective," *The American Review of Public Administration*, 2019, 49 (8).

④ P. H. Jensen and R. E. Stonecash, "The Efficiency of Public Sector Outsourcing Contracts: A Literature Review," *Journal of Economic Surveys*, 2005, 19 (5); G. Grossi and R. Mussari, "Effects of Outsourcing on Performance Measurement and Reporting: The Experience of Italian Local Governments," *Public Budgeting & Finance*, 2008, 28 (1); 季璐等：《社会治理视阈下政府向社会力量购买公共服务评估研究——基于长三角地区的调查》，《江苏社会科学》2016 年第 6 期；吴卅：《政府购买公共体育服务绩效评估现状——基于上海市和常州市经验》，《北京体育大学学报》2017 年第 3 期；姜爱华、杨琼：《北京市政府购买公共服务绩效评价中存在的问题及对策分析》，《经济研究参考》2019 年第12 期。

风险展开深入研究，明确其具体表现，以确保绩效评估中公共责任的落实。

一、公共责任赤字的内涵与理论阐释

公共责任是民主体制的根本，是履行公民与政府间契约的基础。在现代政治与学术话语中，公共责任具有较为广泛的意涵，但这广义概念并未体现公共责任的构成要素，它更多体现的是评价性，而不是分析性[①]，同时，这一概念不具体，会使组织在理解错误的基础上承担责任，或试图满足相互冲突的责任期望，最终易造成责任缺乏、组织绩效受损，甚至是组织功能失调的情况[②]。因此，博文斯提出了具有理论分析价值的公共责任定义。他指出，从社会意义上来说，公共责任是一种社会关系或社会机制，行为主体有解释和证明其行为的义务，问责者则可以据此提出问题并进行判断，使行为主体根据其行为后果承担责任（见图 2-1）。

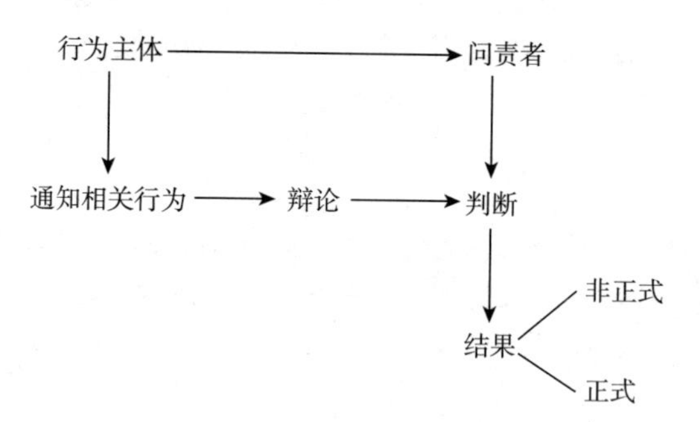

图 2-1　公共责任构成要素

资料来源：M. Bovens, "Analysing and Assessing Accountability: A Conceptual Framework," *European Law Journal*, 2007, 13 (4)。

---

① M. Bovens, "Analysing and Assessing Accountability: A Conceptual Framework," *European Law Journal*, 2007, 13 (4).

② J. GS Koppell, "Pathologies of Accountability: ICANN and the Challenge of 'Multiple Account-Abilities Disorder'," *Public Administration Review*, 2005, 65 (1).

基于这一概念，博文斯围绕对谁负责、由谁承担责任、涉及行为的哪些方面，以及行为主体出于什么义务需要就其行为向问责者做出解释这四个有关公共责任的核心问题，对公共责任类型进行了区分，并从民主、宪法和学习三个规范视角构建了公共责任机制的评估框架（见表 2-5）。民主视角关注的是公众是否对政府行为进行有效的监督，宪法视角关注是否可以防止行政腐败和权力滥用，学习视角则关注是否能够使公共机构更加有效地实现既定目标并基于结果反馈进行效率提升。[①]

表 2-5　公共责任机制的评估框架

评估视角	中心思想	主要评估标准
民主视角	公共责任机制通过将政府行为与“民主授权链”有效联系起来，监督政府行为并使之合法化	公共责任安排在多大程度上使用民主合法化机构来监督和评估政府行为，并且诱导行政主体调整它们的行为，以符合这些监督机构的偏好
宪法视角	公共责任机制对于防止行政部门一直存在的权力集中和权力滥用问题是必不可少的	公共责任安排在多大程度上限制了行政权力与防止权力滥用
学习视角	公共责任机制给公职人员和机构提供了基于反馈的激励，有利于实现更多的目标，提高效率和效益	公共责任安排在多大程度上激励了公职人员和机构将更多的注意力放在实现社会成果方面

资料来源：M. Bovens，T. Schillemans and P. Hart，“Does Public Accountability Work? An Assessment Tool，” *Public Administration*，2008，86（1）。

根据公共责任的狭义概念，公共责任可以分为信息、评估与结果三个阶段，通过对三个阶段进行考察，学者们发现公共部门中广泛存在着公共责任赤字。具体表现为：法律的、专业的、行政的、社会的或政治的问责人或机构有权制裁公共权力享有者，但公共权

① M. Bovens，“Analysing and Assessing Accountability：A Conceptual Framework，” *European Law Journal*，2007，13（4）.

力享有者并没有被要求充分地向这些问责人或机构公开解释他们的行为。① 由此，当公共责任被看作是一种社会关系或社会机制时，可以形成一个分析公共责任赤字的理论框架（见图 2-2）。目前，它已被应用于分析现实中的公共责任赤字问题。② 这一分析框架的关键洞见在于对狭义上的公共责任进行了维度划分，每个维度都可能发生系统性赤字。

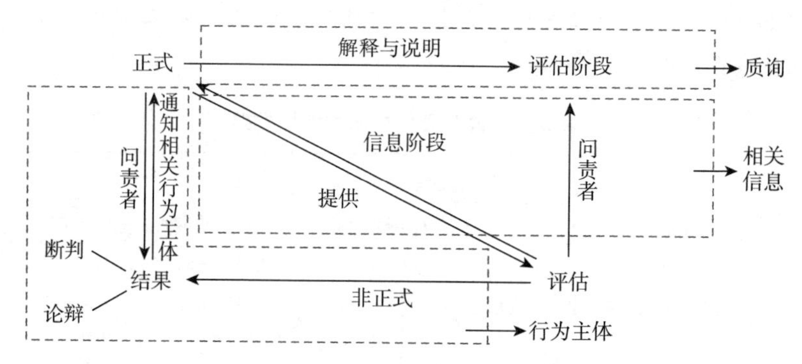

图 2-2　公共责任赤字分析框架

但这一框架的局限性也非常明显：一是该框架在“委托—代理”理论基础上提出，认为公共责任双方的互动关系具有一定的委托—代理性质，而公共责任机制的主要作用是帮助缓和根深蒂固的代理问题。③ 因此，该框架隐含着一个固有假设，即代理人会优先考虑自身利益和目标，在一定程度上忽视委托人的利益与目标，即出现行为偏差问题。二是信息、评估与结果三个阶段并不是相互独立的，也

---

① M. Bovens, T. Schillemans and P. Hart, “Does Public Accountability Work? An Assessment Tool,” *Public Administration*, 2008, 86 (1).

② T. Schillemans, “Does Horizontal Accountability Work? Evaluating Potential Remedies for the Accountability Deficit of Agencies,” *Administration & Society*, 2011, 43 (4); Y. Han, “The Impact of Accountability Deficit on Agency Performance: Performance-accountability Regime,” *Public Management Review*, 2020, 22 (6).

③ M. Bovens, T. Schillemans and P. Hart, “Does Public Accountability Work? An Assessment Tool,” *Public Administration*, 2008, 86 (1).

不是相互排斥的。相反，它们在现实中甚至是交叉存在的，且信息与评估可能贯穿整个绩效评估过程，因此其阶段划分界线并不明晰。三是这一分析框架中所讨论的公共责任逻辑根植于以国家为中心的单中心治理模型中，但公共责任赤字往往存在于更广泛的领域，例如国际政治（如欧盟）、网络化治理等领域中[①]，所以需要进一步讨论其在不同情境下的适用性。由此，在以下分析过程中，信息、评估和结果三个阶段将会呈现一定的交叉，也将同时关注到委托人与代理人的行为偏差问题，使该框架更符合事实。

综上不难看出，公共责任赤字是一个相对概念，即判断是否存在公共责任赤字应以公共责任机制在没有赤字的情况下如何运行作为标尺来进行判断，体现的是理想与现实的差距。从经验角度看，公共责任赤字是可以观察到的，但对它的认定则是一个规范性的判断问题，取决于判断所依据的价值观。[②] 在委托—代理理论视角下，公共责任的根本目的是鼓励政府作为代理人，按照公民（政府的委托人）的偏好行事，所以任何政府对公民回应性减少的问题都可看作是一种公共责任赤字。从现代政府的有效治理来看，政府治理需要实现的政治目标恰恰包含了效率、公平、平等、民主等众多公共责任价值，但腐败、庇护主义以及缺乏公正的问责等问题会损害这些价值的实现。故而，从广泛意义看，公共责任机制不健全及公共责任价值的欠缺都可归为公共责任。

长期以来，西方学者一直关注公共责任赤字，并认为公共责任赤字一直存在，甚至还在增长，损害着政府的合法性。[③] 传统的公共

---

① R. Mulgan, "Public Accountability of Provider Agencies: The Case of the Australian 'Centrelink'," *International Review of Administrative Sciences*, 2002, 68 (1).

② Ibid.

③ D. Curtin, *Mind the Gap: The Evolving EU Executive and The Constitution*, Europa Law Publishing, 2004; W. Gerven, *The European Union: A Polity of States and Peoples*, Stanford University Press, 2005.

责任机制的建立依赖于层级结构所提供的正式联系，但随着社会和政府专业化程度不断提高、公共管理活动复杂化、行政组织规模不断扩大，传统责任机制失灵，无法实现有效控制，公共责任赤字显现，导致政府对公民的责任感减少、政府以自身利益为中心、漠视公众需求等现象出现，信任危机加剧。20 世纪 80 年代，为了应对政府的财政危机、信任危机、公共服务供给低效以及传统行政模式下的责任机制失灵等问题，以新公共管理理论为主要指导思想的公共部门改革席卷全球，完善公共组织的责任机制成为改革的重要内容。在改革实践中，绩效评估占据重要地位并作为一种新型责任机制应用于英美等国家，逐渐形成了一套依托绩效评估制度强化公共责任的方法，包括倡导公民本位导向和结果管理理念，注重公众监督和法制保障及建立绩效报告制度等。[①] 但随着公共部门改革的深入，公共责任类型愈发呈现多样化的趋势，虽然定期的绩效评估在一定程度上有助于增强责任制的有效性[②]，但受到环境、组织能力等多种因素的影响，实践中与理想中的公共责任履行存在差距，公共责任赤字凸显。

在我国政府购买公共服务绩效评估中，由于评估主体的专业化程度不高、价值取向偏差、配套制度缺失或不足等一系列问题，公共责任赤字同样存在。实践中，政府在购买公共服务绩效评估工作中占据主导地位，公众参与有限，行政人员的腐败与承包商的机会

---

① 陈巍：《国外政府绩效评估助推公共责任机制建设的经验及启示》，《湘潭大学学报（哲学社会科学版）》2013 年第 1 期。

② A. Halachmi, "Performance Measurement, Accountability, and Improved Performance," *Public Performance & Management Review*, 2002, 25 (4); J. M. Zimmermann and B. W. Stevens, "The Use of Performance Measurement in South Carolina Nonprofits," *Nonprofit Management and Leadership*, 2006, 16 (3); A. A. Amirkhanyan, "What is the Effect of Performance Measurement on Perceived Accountability Effectiveness in State and Local Government Contracts?" *Public Performance & Management Review*, 2011, 35 (2).

主义行为、绩效信息的缺乏与可用性不强、各主体间的互动不足、绩效结果应用不足等都会对组织绩效、公共责任及其价值的实现产生负面影响。从公共责任赤字的分析框架来看：信息阶段，承包方需要向政府提供其行为的相关信息，政府也需要了解承包方行为及其所带来的影响，收集并处理信息；评估阶段，政府需要对承包方行为相关的信息进行评估，并在这一过程中对承包方提出质询，承包方也有权就其行为进行解释和说明；结果阶段，政府则需要对评估结果进行裁定，并反馈给承包方，承包方则需就结果向政府负责。由此，政府与公共服务承包方是政府购买公共服务绩效评估中的两个重要主体。公共服务的对象是公民，他们有权对承包方绩效以及政府的评估工作进行监督和问责，所以需要将其纳入公共责任赤字的分析过程中。从主体来看，政府作为主要的评估主体、承包方的财政支持者与问责者，是否有足够的能力对承包方绩效进行有效监测，防止不当行为，并通过绩效反馈和基于结果的奖惩措施激励承包方对其行为进行反思，促使其持续改进绩效以保证公共服务质量与效率提升及公共利益的实现是一个关键性问题。对于作为主要行为主体的承包方来说，是否可以从绩效结果以及与其他承包方的绩效对比中进行学习与反思，改进其行为与绩效也是相当重要的。而对于公共服务接受者、政府与承包方的外部监督者，即公民来说，是否可以积极参与到绩效评估过程中，表达诉求，提供有用的绩效信息和有价值的绩效改进建议，并有效监督绩效评估工作，对于绩效评估体系的实施与优化也具有重要的作用。综上，从公共责任赤字分析框架的信息、评估、结果三个维度出发，围绕政府、承包方、公众三个重要主体可以对我国政府购买公共服务绩效评估中的公共责任赤字风险及其具体表现进行深入探讨，并有针对性地提出建议，从而为现实中政府购买公共服务绩效评估的实施与优化提供借鉴，防止公共责任赤字风险。

二、政府购买公共服务绩效评估中的公共责任赤字风险及其表现

（一）信息阶段：绩效信息基础缺乏

在我国政府购买公共服务绩效评估中，政府主要的公共责任在于设计绩效评估总体方案、组织实施绩效评估、形成并公开评估结果与报告、制定并实施相关配套措施与规定。但科学的决策、准确的评估源于高质量的绩效信息，信息的完全性和可靠性是评估主体进行科学评估并得到客观结果的根本，也是政府部门履行公共责任的基础。在信息阶段，政府作为政府购买公共服务绩效评估中的主要评估主体，理应充分了解行为主体的行为及其所产生的社会影响，为加强可控性奠定坚实的信息基础；且政府部门应当具有足够的调查能力和信息处理能力，以可靠地评估和判断行为主体的行为，防止权力滥用和腐败问题，实现有效治理。[①] 但在现实中，绩效信息提供者、主体间的沟通频率、信息公开程度、评估主体的收集和处理信息的能力都会对绩效信息的完全性与可靠性产生影响。绩效信息缺乏将会影响政府在绩效评估中履行其公共责任，并对整体绩效评估过程产生影响，导致绩效结果的公正性和客观性受到质疑。绩效信息缺乏具体表现为以下几个方面：

首先，主体间的信息不对称、公共责任意识缺失易导致信息失真，可能出现信息提供者不向评估主体提供绩效信息或者提供的信息具有偏差等问题[②]，这是信息阶段公共责任赤字的具体表现之一。政府部门为绩效评估进行的信息采集通常是单向的、被动的[③]，其信

---

① M. Bovens, T. Schillemans and P. Hart, "Does Public Accountability Work? An Assessment Tool," *Public administration*, 2008, 86 (1).

② Y. Han, "The Impact of Accountability Deficit on Agency Performance: Performance-Accountability Regime," *Public Management Review*, 2020, 22 (6).

③ 李健：《如何破解政府购买服务绩效评价的难题》，《中国社会组织》2017 年第 8 期。

息获取很大程度上依赖于作为行为主体的公共服务承包方。配合政府完成绩效评估工作，提供评估所需信息是相关主体在绩效评估中需要履行的公共责任。公共服务承包方虽与政府相关部门存在契约关系，但它具有一定的独立性。在政府将公共服务提供的职能交予承包方后，承包方掌握公共服务的相关专业技术，这涉及一定的商业机密，而承包方则出于自身利益考虑，加之市场竞争的作用，并不会对评估主体提供全部的行为和组织信息，这为政府确定绩效目标、设计绩效指标以及相关评估工作带来了困难。而且承包方没有义务对外公开信息，为保护既得利益，通常会隐藏不利于自身的信息[①]，甚至故意夸大有利于自身的评价[②]。所以，政府对承包方效率的了解并不一定真实，而这将造成评估结果的偏颇。这些实质上都是承包方责任意识缺失和利益驱动的行为表现，也是由于信息不对称所带来的机会主义行为。此外，公民意识不足和公民诉求表达机制的不健全造成的公民信息收集困难，是绩效评估中政府公共责任履行不到位的体现之一。政府购买公共服务的绩效评估中，公众满意度评价是重要的指标，是公民提供绩效信息的渠道之一。但公民的信息提供是被动的过程，若通过问卷、访谈等方式获取，多源于其主观感受，客观性不足。公众存在个体差异，其素质、能力、主观感受等多不相同[③]，面对同一访谈问题通常给出的答案是不同的，这种不同可能不仅表现在表述上，也表现在内容上。因此，公民的信息提供是模糊的并且差异性大，信息的质量无法保证，这就十分

---

① 叶托、隆晓兰：《市场问责机制的局限性及超越：政府购买公共服务的多元问责框架》，《中国社会科学院研究生院学报》2016 年第 6 期。

② 张雅勤：《政府购买公共服务的公共性价值研究》，中国社会科学出版社 2020 年版，第 81 页。

③ 曾莉：《公众主观评价的影响因素研究述评——兼谈参与式政府绩效评价的进路》，《华东理工大学学报（社会科学版）》2013 年第 1 期；宁靓、赵立波：《公众参与政府购买公共服务绩效评估指标体系研究》，《中国海洋大学学报（社会科学版）》2017 年第 4 期。

考验评估主体的信息处理能力。

其次，评估主体的信息收集和处理能力有限，使得绩效信息获取不足，这是信息阶段公共责任赤字的第二个表现。大数据时代，绩效评估陷入了数据丰富但信息贫乏的漩涡，政府是否有能力获取和收集足够多有用的信息成为影响科学评估的重要因素，因此，不断提高信息处理能力，提升信息质量也成为政府的责任所在。目前，政府购买公共服务绩效评估的发展并未成熟，制度环境仍存在缺失。① 政府作为绩效评估工作中的主导角色，统筹整个评估工作。虽按照规定必须进行绩效评估，但许多地方政府的购买公共服务绩效评估流于形式，即便制定了绩效评估方案，也并未实施②，这说明很多地方政府对绩效评估不重视，进而信息收集与处理也无从谈起；也有的政府出于成本考量或者专业人员有限等原因，并未过多关注绩效信息的获取与收集，对于提高信息收集和处理能力也不重视。由于公共服务涉及不同的专业领域和知识，政府不可能对所有领域都了如指掌，其信息收集与处理能力往往不如专业的评估机构，加之绩效评估的专业性与技术性较强，因此政府相关部门会委托第三方专业机构进行绩效评估工作。如此一来，政府退居幕后，不再是绩效评估的具体执行者，而是在绩效评估中主要承担起支持、指导、监督等责任。随着时间的流逝，政府将越来越依赖于第三方评估机构，但受限于信息获取和处理能力，难以对第三方评估结果的真实性和可靠性进行辨别与准确的判断，这就限制了政府对第三方绩效评估工作履行监控责任。

最后，主体间的绩效信息交流不畅，信息公开程度有限阻碍了信息的供给与获取，影响了绩效信息的完全性与可靠性，削弱了政

---

① 季璐等:《社会治理视阈下政府向社会力量购买公共服务评估研究——基于长三角地区的调查》,《江苏社会科学》2016 年第 6 期。

② 袁同成:《当前政府购买社会组织服务评估模式存在的问题及对策》,《社会科学辑刊》2016 年第 1 期。

府的监督作用，导致政府回应性不足，这是信息阶段公共责任赤字的第三个表现。信息不对称不仅容易出现信息失真，也意味着信息交流受阻。信息获取困难且成本高昂，将严重影响绩效目标的确定以及对绩效结果的评定等多方面内容。在政府购买公共服务的整个绩效评估过程中，政府需要通过正式或非正式的接触，始终保持与承包方的沟通与互动，以获取绩效信息，及时发现问题，并对其工作进行指导与监督。政府与承包方间的交易和责任关系依据它们签订的合同来维持，合同规定了政府及相关评估机构进行评估的质询及沟通渠道。但即使这种渠道相对广泛，政府从承包方处获取信息仍然受到限制[①]，易受其蒙蔽。这同时也说明了主体间的沟通渠道有限，信息交流不畅，绩效评估中的配套措施不健全。另外，信息公开作为政府向社会传递绩效信息的渠道之一，会促进政府与公众之间的交流。目前虽然有明文规定必须进行信息公开，但在实际操作过程中，大量有关服务绩效与监管的报告等不在信息公开的范围之内，且地方政府对信息公开的规定不一，导致各地信息公开程度有所差异。这一点可以从各地政府购买公共服务信息平台窥见。上海市政府购买公共服务管理平台以公开绩效信息为主，可以查询到相关项目的绩效评价结果、政策法规、绩效目标等内容；而其他地区，如北京、山西、辽宁等地则主要以政府购买公共服务相关项目信息为主，绩效信息公开程度有限。在信息公开程度有限的情况下，绩效评估对于外界来说实际上是一个“黑箱”。在政府购买公共服务绩效评估中，公民作为参与者及政府的委托人，有权对绩效评估工作进行监督并发表意见，这也是公民的权利所在。但政府与承包方达成的具体协议及其内幕，因涉及商业机密，通常是不进行公开的；公众对合同的绩效标准等也并不了解[②]，加上有的信息公开内容仅限

① R. Mulgan, “Government Accountability for Outsourced Services,” *Australian Journal of Public Administration*, 2006, 65 (2).

② Ibid.

于绩效结果，评估过程不透明，使得绩效评估中的公众监督缺少信息基础，公众难以对政府购买公共服务绩效进行评判，导致公众也很难帮助政府发现问题，提供有价值的信息和建议。从承包方的角度来看，信息公开不足使得互为竞争对手的承包方之间不能进行有效的绩效对比，很难确定榜样，不利于组织间的互相学习与绩效改进。

（二）评估阶段：评估过程不科学

除了高质量的信息基础外，绩效评估还受到多方面因素的影响，包括评估主体的专业性、评估方法的选择、绩效目标确定、绩效指标设计、评估流程的规范性等。在评估过程中，作为评估主体的政府对作为行为主体的承包方的指导与监督理应集中在承包方行为是否满足公众的诉求，同时激励承包方和公众参与到绩效评估工作中，共同提升公共服务绩效，以及通过一整套互动程序引导利益相关者就绩效进行持续有效的对话，以进行科学评估。[①] 但绩效指标难以量化、指标设计失衡、评估的专业性差等影响了评估的科学性，成为公共责任赤字风险。另外，公民参与对绩效评估系统的优化至关重要，也是绩效评估获得合法性和有效实施的基础。但绩效评估过程中的公民参与困境，实际上限制了公民作用的发挥，也减少了其对绩效评估工作中公共责任的约束和监督，是公共责任赤字风险的具体表现之一。

首先，绩效指标难量化、政府对承包方的监管程度难把握[②]等既有评估困境使得政府不能充分监督和激励承包方行为，阻碍了评估的科学性与准确性，这是评估阶段公共责任赤字的第一个表现。

根据收集到的绩效信息，按照绩效标准对政府购买公共服务项

---

① M. Bovens, T. Schillemans and P. Hart, "Does Public Accountability Work? An Assessment Tool," *Public Administration*, 2008, 86 (1).

② C. Scott, "Accountability in the Regulatory State," *Journal of Law and Society*, 2000, 27 (1).

目绩效进行科学合理的判断和评价，对所得结果进行分析是政府作为评估主体在绩效评估工作中的基本责任，也是对公民负责的表现。但由于公共服务的特殊性质，绩效指标难以量化，且其中额外的成本和收益不能事先确定①，增加了评估工作的困难。公共服务的主要目的是为人民服务，关乎公共利益，具有很强的公共性，因此政府购买公共服务项目优先考虑的是其产生的社会效益，而不是经济效益，同时还要保证公共服务的可持续性。公共服务通过长期投入才能产生一定的社会效益，且大多是无形的，很难用量化的指标体现；即使有操作化的绩效指标，也很难在短期内收集到有用的数据进行评价。由此，绩效评估工作往往要花费巨大的时间成本和资源成本，而政府部门并不一定会投入相应的时间、精力和财力等资源去真正实施评估，甚至会选择逆向外包。②

对承包方的监管程度难以把握是政府购买公共服务绩效评估中存在的另一既有困境。一方面，严格的绩效评估制度意味着政府需过多干预承包方的行为，易造成权力滥用，削弱绩效评估的激励作用，并会产生高昂的成本。③ 实质上，绩效评估本身就是为了加强政府对公共服务承包方的监督与控制，以防止其行为偏离政府期望，确保有效提供公共服务。出于加强监管的需要，政府购买公共服务绩效评估可能愈发严格、绩效指标设计愈加详细、评估程序愈加烦琐等都是其主要表现。加之公共服务投入多、收益周期长及其以社会效益为主等特征使得承包方的负担与绩效压力过大，存在规避责任、投机等风险，也在无形之中挫伤了承包方配合绩效评估工作的

---

① 李洪佳：《政府购买公共服务绩效评估的难题及破解之道——基于组织间网络的视角》，《行政与法》2019 年第 5 期。

② A. Hefetz and M. Warner, "Privatization and Its Reverse: Explaining the Dynamics of the Government Contracting Process," *Journal of Public Administration Research and Theory*, 2004, 14 (2).

③ 叶托、薛琬烨：《政府购买公共服务的责任风险与问责模式》，《地方财政研究》2018 年第 4 期。

积极性，进而出现提供虚假信息、逃避监管等现象。另一方面，绩效评估的规范缺失会造成公共责任约束不足的问题，存在自利动机的公共服务承包方可能产生投机或避责行为。这也是对绩效评估工作约束不到位的体现，即难对弄虚作假等行为进行限制。

其次，指标设计失衡、评估专业性有待提高的困境，这是评估阶段公共责任赤字的第二个表现。政府在绩效评估中占据主导地位，有时既是决策者，又是评估者，对政府购买公共服务绩效评估具有重大影响。但政府评估往往存在专业性差，随意性强的问题①，容易导致绩效评估形式化。绩效指标是进行绩效评估的关键，也是其最核心的组成部分。设计绩效指标时，若价值取向存在偏离，则无法准确测量出项目成效。从理论视角看，新公共管理理论是绩效评估的重要理论基础，其重视效率和结果导向的观念影响深远，但实践中政府对公共价值重视不足，过分追求效率与结果的观念依然存在，使得绩效评估多以结果指标为主，注重效率价值②，忽视公共性指标设计，这也是评估主体公共责任意识缺失的表现。评估过程中，投入与产出等效率指标是相对容易量化的，其评估所需的数据也更容易获得，有些政府虽然会强调公共性指标的构建，但在实践操作中仍然会倚重效率指标，这也是客观性指标与主观性指标失衡的表现。过度倚重其中一种指标类型会影响绩效评估的合理性。在政府购买公共服务绩效评估中，绩效指标及其权重设计需要结合运用德尔菲研究法、层次分析法、元分析等方法，这考验了评估主体的专业能力。在政府缺乏专业的评估人员或评估能力时，第三方专业评估机构便成为好的选择。然而，第三方评估在我国仍处于起步阶段，制度建设尚不健全，合法性欠缺，且许多与政府合作的并不是专门的

① 袁同成：《当前政府购买社会组织服务评估模式存在的问题及对策》，《社会科学辑刊》2016 年第 1 期。

② 胡穗：《政府购买社会组织服务绩效评估的实践困境与路径创新》，《湖南师范大学社会科学学报》2015 年第 4 期。

评估机构，专业能力有限。而一旦政府将一项任务移交给一个独立的第三方评估机构时将可能存在推卸责任的风险。[①] 政府将绩效评估委托给第三方专业机构后，仍然需要就其结果向公民负责，而有的政府忽视了对第三方评估机构的监管责任，出现公共责任市场化的问题。同时，政府过度依赖第三方也易造成政府的“中空化”，使其评估能力进一步下降。

最后，主体间的互动不足限制了评估的科学性，这是评估阶段公共责任赤字的第三个表现。除了信息公开程度有限与主体间沟通不畅阻碍了评估阶段政府与承包方、公众三者间的互动以外，政府购买公共服务绩效评估中的公民参与有限也阻碍了政府与公民间的互动，不利于公众对绩效评估的监督，影响绩效评估的科学性与合法性，是评估阶段公共责任赤字风险的又一表现。公民参与有助于促进绩效评估公开透明，有助于促使政府公共责任内化，为生成客观科学的绩效结果提供监督。公众也可为绩效评估提供信息，并就绩效结果进行反馈，提出建议，这些可以为绩效评估系统的优化提供依据。公民参与绩效评估计划制订有利于获取其理解与支持，增加绩效评估的合法性，同时公民参与的意识与能力也将不断增强。公民参与理应贯穿整个绩效评估过程，包括绩效目标确定、绩效指标设计、绩效改进等各个环节。但目前，在政府购买公共服务绩效评估中，公众参与非常有限，公众满意度评价是主要形式，且公民是被动的参与者，多数情况下仅作为信息提供者存在，而绩效评估的决策阶段几乎不存在公民参与[②]，公众的参与机制还未构建完全，发声渠道有限，公民参与难以产生实质性影响。政府在绩效评估中的公共责任之一就是对绩效评估工作进行规范，制定配套制度与措

---

① R. Mulgan, “Government Accountability for Outsourced Services,” *Australian Journal of Public Administration*, 2006, 65 (2).

② 周志忍主编：《政府绩效评估中的公民参与：中国地方政府的实践与经验》，人民出版社 2015 年版，第 107 页。

施，为绩效评估提供良好的制度条件，以得到让公众信服的绩效评估结果。因此，任何与绩效评估相关的制度缺失或不完善的地方都是政府公共责任履行不到位的体现，公民参与机制不健全也不例外。而其他配套制度，如信息公开机制与交流机制的不完善也使得公众与政府间的绩效沟通不畅，加剧了信息不对称。这些也体现了政府作为绩效评估的组织者和实施者对公民参与的不重视和认识不足。对于公民参与，政府通常存在矛盾心理，一方面希望通过公民参与发现问题；另一方面担忧公民参与会产生对政府不利的评论，影响政府形象。因而，政府一般会采取较为保守和消极被动的行为。公共服务的最终受益者是公民，因此，绩效评估中的公民参与要贯穿政府购买公共服务的全过程。但在政府购买公共服务项目确立前，通常缺乏对公众需求的评估，这样后续的绩效评估标准、指标的选取等都可能无法体现公众真正需求，评估结果也无法准确反映公共服务项目实际产生的效益，使绩效评估价值无法实现。公众参与评估过程，监督政府的绩效评估工作，与政府一起发现问题并提出批评与建议是公民应承担的公共责任，参与意识与参与能力将影响绩效评估的质量与效果。当前，我国公民的参与意识和公共责任感并不强烈，公民个体差异大，积极性不高，而且参与大多是被动参与，是低层次的参与，距离高层次的主动和全过程参与绩效评估还有很长的路要走。

（三）结果阶段：结果应用不充分

绩效评估的目的就是要一个“结果”，这个结果不仅是进行决策的依据，也是兑现社会承诺的参照标准，是对社会的一种“交代”。[①]在结果阶段，评估主体应在绩效结果的基础上提供足够有效的激励与可靠的制裁措施，使承包方致力于达到绩效目标、停止不当行为，并从绩效反馈中吸取经验教训，以此进行有效的治理，改进管理与

① 郭新萍：《政府购买图书馆服务绩效评估初探》，《图书馆学刊》2015 年第 8 期。

决策，促进效率的提高。[①] 可见，绩效评估的结果应用是其主要方面，关乎绩效评估是否可以真正提高绩效水平、加强政府购买公共服务中的公共责任监督。但在实践中，结果应用是政府购买公共服务绩效评估中最薄弱的环节，绩效结果常常被束之高阁，产生基于结果的绩效激励力度不够、绩效反馈不足、结果公开程度较低等结果应用落实不到位的现象[②]，使得绩效评估流于形式，严重影响了绩效评估的问责作用及其促进绩效改进、服务改善的效用，实质上亦是公共责任赤字的体现。

首先，绩效激励力度不足，奖惩措施不明确，[③] 导致绩效评估的激励与监督作用被削弱，其他主体落实公共责任的积极性不高，这是结果阶段公共责任赤字的表现之一。市场竞争对承包方来说是一种极为有效的激励机制。当作为顾客的公众对其所提供的服务与产品不满意时将会选择退出，即选择另一承包方，这是承包方努力提高服务质量与效率的强大动力。但现实中的完全竞争市场并不存在，竞争的作用有限，因此政府建立的绩效激励机制就显得尤为重要。此外，绩效评估不是政府的单独活动，也需要专家、公共服务承包方、公民等众多主体的支持与合作。因此，它不仅是一个技术过程，也是一个达成共识的过程。政府作为购买主体必须创造绩效激励机制，促使承包方学习反思，促进多个承包方之间的竞争与合作，以实现绩效改进[④]，共同承担绩效评估中的公共责任。

---

① M. Bovens, T. Schillemans and P. Hart, "Does Public Accountability Work? An Assessment Tool," *Public Administration*, 2008, 86 (1).

② 王克强等:《政府购买社会组织服务项目的绩效评价经验、问题及提升战略——基于上海市的调研访谈》,《中国行政管理》2019 年第 7 期；刘意露:《政府购买社会组织公共服务绩效双重评估机制研究》,《党政论坛》2019 年第 3 期。

③ 郑超、赵光育:《完善绩效评估 鼓励社会组织承接政府购买服务项目》,《中国社会组织》2017 年第 6 期。

④ 吴楠:《以法治方式完善政府购买公共服务绩效评价》,《江淮论坛》2015 年第 6 期。

一方面，根据绩效结果来确定下一阶段用于政府购买公共服务项目的财政预算，关乎承包方的实际利益，是政府对承包方的一种正激励。这种激励有助于加强承包方的责任感，也是绩效评估与预算管理结合的体现，但在实践中建立结果与资金分配的联系并不容易。政府购买公共服务属于财政支出项目，财政部门统筹管理财政资金，根据《政府购买服务管理办法》第四章第十六条，政府购买服务项目所需资金应当在相关部门预算中统筹安排，否则不得实施，那么将政府购买公共服务纳入全面预算绩效管理是必然，目前也正处于试点阶段，但牵涉众多政府部门及单位，其内部责任关系错综复杂，绩效评估责任难分，不同评估主体的评估目的、内容、标准、激励对象等都不尽相同，这使得绩效评估的规则约束更难确定。

另一方面，惩罚与制裁手段属于负激励，具有规范和警示作用，即在对少数人进行惩罚的同时可以向大多数人发出警告。[①] 但通过对成本与收益的衡量和评估，政府并不一定会投入相应的时间、精力和财力实施制裁，而往往会选择采用更为间接的、不太明显的方式，如警告、舆论施压等非正式制裁方式。因此，成本—效益是限制政府实施有效制裁措施的重要因素。此外，政府对承包方并不存在像对其下属机构一样的强制力，若绩效表现不佳、不当行为出现，很难勒令其修正并改进，由此限制了绩效激励机制的有效作用。除了合同制约，最有力的外部制约方式就是政策法规。但现实中，我国的绩效评估“无法可依”，绩效评估的顶层制度设计存在缺失、中央层面颁布的规定往往是模糊的、笼统的，自由裁量空间大；各地方政府操作逻辑多有不同[②]，且各地方政府处于先行先试、总结实践经验的状态；各地立法主体对于工作经验的总结存在一定差异，虽有

① 高小平等:《负激励：对社会风险评估制度的反思》,《治理研究》2021 年第 6 期。

② 陈晓蓉、张汝立:《手段偏差与目标替代：制度逻辑视角下政府购买服务绩效评估困境》,《求实》2021 年第 5 期。

颁布一些指导意见，但尚未出台完整法规①，效力等级低，造成了权威性不足，理论落后于实践发展等问题，导致相关主体在绩效评估中受到的责任规范和行为限制相当有限，公共责任约束作用有限。

其次，绩效反馈不足限制了结果运用以及绩效评估的改进作用，是结果阶段公共责任赤字的另一重要表现。公开评估结果与报告，将其反馈给公民、公共服务承包方与政府工作人员，促进绩效决策与管理改进是政府作为绩效评估主导者的重要责任。但在现实中：

一方面，政府对绩效结果不够重视，应用形式仅限于结果问责和结果公开，还存在随意性大、公开程度有限的问题。公共部门强调的目标一般具有象征性意义，与私营部门相比，公共部门缺乏提高绩效的动力，缺少对绩效结果做出反应的积极性②，这是对绩效评估结果应用不重视的原因之一。而对绩效结果的不重视会使其束之高阁，使绩效评估表面化。结果公开属于绩效信息公开范畴，会影响公众监督的效用。实践中政府部门对绩效评估结果的回应性不足，责任落实存在问题，且结果公开的相关规定与约束机制尚未完善，各地公开范围、形式等存在差别，影响结果的应用。评估结果是绩效的客观反映，绩效信息才是真正发挥作用的因素，因为它是发现问题、进行纠偏的关键。公开绩效结果，绩效信息就可以传递到公共服务承接方、公众和相关的政府部门。实践中，绩效信息公开范围有限，可能使得相关主体不了解详细的绩效情况，限制了承包方对绩效结果的横向对比，标杆管理很难实现，影响组织学习，不利于公众监督和承包方绩效改进，也不利于市场竞争优势的发挥。迫于上级压力或舆论压力，有些政府购买公共服务项目即使进行了绩效评估，形成了评估结果，也只是将这些评估结果进行公布，且大部分公示内容仅为项目评分以及对突出问题的整改愿景，缺少对后

---

① 尚虎平、杨娟：《公共项目暨政府购买服务的责任监控与绩效评估——美国〈项目评估与结果法案〉的洞见与启示》，《理论探讨》2017 年第 4 期。

② U. Hvidman and S. C. Andersen, "Impact of Performance Management in Public and Private Organizations," *Journal of Public Administration Research and Theory*, 2014, 24 (1).

续问题整改工作的跟进与信息公开。例如，绩效信息公开程度较高的上海市，注重绩效结果的公开，但细节披露较少，很少能够查阅到纠偏情况的说明与跟进报告。

另一方面，绩效结果与新一轮绩效评估决策不挂钩将影响绩效评估中的公共责任改善，使得绩效反馈不足，不利于组织学习。绩效结果的应用使得绩效评估系统形成一个闭环。通过对绩效结果进行分析对比，进行绩效反馈，相关主体可及时发现公共责任缺失的地方等问题，为下一轮绩效评估提供经验和改进依据，使绩效计划、绩效评估流程等更加完善，促进绩效评估系统的可持续发展，不断明晰绩效评估中的责任划分，改善公共责任。但在政府购买公共服务绩效评估实践中，一些地方政府未能认识到绩效评估的真正目的在于绩效改进以及促进决策与管理优化，而是把绩效评估简单地当作问责工具，反馈机制较为单一，关注单个购买项目而缺乏全局观①，且结果与决策不挂钩，影响绩效评估的实质效用。组织学习是一个对比反思的过程，政府发现绩效评估工作中自身的问题并及时纠正，促使承包方进行学习反思，是其职责所在。依据绩效结果的奖惩措施是对承包方的外部刺激，但最重要的还是依赖于承包方自身的公共责任意识及其反思意识和学习能力。接受来自政府与公众的批评与监督，与政府共同促进绩效提升是公共服务承包方的重要责任。但由于绩效反馈不及时、不充分，承包方缺乏改进绩效的信息基础。此外，政府加强绩效评估，实际上增加了承包方对绩效的责任，但政府始终对绩效评估负有最终责任。而过程、信息的不透明减少了公众对政府和承包方的监督作用，很难督促政府将这一责任内化，即政府没有认识到需要根据评估结果最终向公众负责，政府有时也很难解释和证明一些项目绩效，从而削弱了结果的可信度，影响政府的公信力。

---

① 刘意露:《政府购买社会组织公共服务绩效双重评估机制研究》,《党政论坛》2019年第3期。

综合上述，政府购买公共服务绩效评估体系是一个有机整体，信息基础缺乏、有效评估受阻、结果应用不充分三个方面相互影响，共同弱化了绩效评估的实际效用，损害了绩效评估所应体现的透明度、回应性、合法性、有效性以及可控性等公共价值。信息基础缺乏使得绩效目标、指标建设等相关决策设计不合理，阻碍评估的实施及其有效性，同时带来了具有偏差性的绩效结果，从而使结果应用受到阻滞；评估的有效性受阻降低了绩效评估体系所产生的绩效信息质量与可用性，影响绩效改进；绩效信息获取、分析都会对结果应用产生影响，不当的绩效信息阻碍了绩效评估实质作用的发挥与可持续性。我国政府购买公共服务绩效评估是政府主导、多元主体参与的过程，公共责任的实现需要多元主体的共同努力。但不管何种形式的绩效评估，政府都承担着主要的公共责任，需要就绩效评估的结果最终向公民负责。政府购买公共服务绩效评估中的公共责任赤字风险主要是由相关制度机制的不完善造成的。此外，参与主体的公共责任意识不强以及评估主体的专业能力不足也是其主要原因。因此，需要建设完善的政府购买公共服务绩效评估制度，推动其科学化、规范化发展，塑造组织的绩效文化，加强责任意识；同时也可以通过政策支持培育专业评估人员、发展专业性评估机构，从而提高专业能力。但制度无法从根本上解决动机问题，道德责任也是重要的方面。参与绩效评估的各主体需要自觉地增强责任意识，并正确认识绩效评估的必要性与重要性，明确自己在绩效评估中的角色定位，相互配合完成绩效评估工作；评估主体、公共服务承包方要有意识地提高专业能力与学习能力，而公民也需要认识到自身的主体地位，不断提高参与意识和参与能力，这样才能共同为政府购买公共服务绩效评估创造良好的条件与环境，落实好公共责任，发挥其应有的效用。

第三章　基于公共责任视角的政府购买公共服务绩效评估分析框架

本章旨在建立一个绩效评估的分析框架，以评估公共责任视角下政府购买公共服务的绩效，并为合理构建绩效指标体系做准备。此框架不仅与政府购买公共服务的理论知识相连接，同时为实现政府购买服务项目的具体目标以及公共部门的价值观搭建桥梁，亦为绩效评估体系中绩效指标的选择提供理论依据。

第一节　以政府购买公共服务理论为依据的绩效范畴

一、政府购买公共服务的相关理论基础

（一）新公共管理理论

20 世纪 60、70 年代，西方的福利国家制度已基本建立，但这种制度并没有带来经济的增长和效率的提高，反而引发经济滞胀、政府支出扩大、服务供给无效率等一系列问题，导致政府财政危机、管理危机和信任危机，引发社会普遍不满。在此背景下，新公共管理理论应运而生。新公共管理理论承续了新自由主义对市场的崇拜，主张引入竞争机制，积极借鉴私营企业的管理经验和管理方法以重塑政府，并提倡发挥市场机制在公共服务领域中的作用，以改善政府管理，提高服务效率。新公共管理理论构建了公共服务供给的竞争环境，打破了政府在公共服务供给中的垄断地位，将企业和非营利组织引入公共

服务供给体系，从而奠定了公共服务多元供给机制的理论基础。[①] 尽管该理论的批评者认为其忽略了公平、民主等公共价值，但有学者认为，新公共管理理论并没有彻底放弃公共管理的政治责任，也没有完全忽视公民权利和公共利益的存在，这些价值仍是重要依据。[②] 政府购买公共服务是新公共管理理论的重要实践成果之一，它采用招标等竞争方式，将市场竞争机制引入公共服务供给过程，鼓励社会力量参与公共服务供给，以提高服务效率和改善服务质量。

（二）新制度经济学相关理论

20 世纪 70 年代，主张扩张型财政政策和货币政策的凯恩斯主义失灵，侧重考虑交易成本的新制度经济学逐渐兴起。后者认为，社会中的经济问题不是依靠简单的定量分析就可以解释的，而是应将信息成本、讨价还价成本等涵盖在交易成本内考虑。经过多年发展，形成了交易成本理论、“委托—代理”理论、公共选择理论、产权理论等极具影响力和解释力的理论，共同构成了政府购买公共服务的重要理论基础。

1. 交易成本理论

1937 年，英国经济学家科斯发表的《企业的性质》一文中首次提出交易成本这一概念。他将交易成本界定为人与人之间自愿达成交易的成本，如信息成本、决策成本、监督成本、议价成本等，即人与人之间确立关系的成本。[③] 在此基础上，威廉姆森将交易成本细分为契约签订前的交易费用和契约签订后的交易费用两大类。他指出，交易成本的存在源于人的有限理性和机会主义行为倾向。[④] 因

① 王阳亮：《政府购买公共服务理论述评与反思》，《重庆理工大学学报（社会科学版）》2017 年第 9 期。

② 刘志辉、杨书文：《政府购买社会组织公共服务的公共性论纲》，《理论月刊》2019 年第 10 期。

③ Ronald H. Coase, “The Nature of the Firm,” *Economica*, 1937, 4 (16).

④ Oliver E. Williamson, *The Economic Institutions of Capitalism*, Free Press, 1985.

此，在该理论的影响下，交易成本成为制度选择中应重点考虑的内容。在公共服务供给过程中，供给发生的频率、不确定性以及资金专用性的程度，是政府判断该公共服务由自己提供还是交由市场供给的决定性因素。句华以交易成本理论框架为指导，指出对公共服务是否进行合同外包的权衡，就是在对“内部生产”和“市场购买”两种途径所需成本的权衡。[①] 政府购买公共服务中产生的交易成本是复杂的，衡量也相对困难，这就对政府能力提出了挑战。只有综合、科学地考虑各种因素，才可能做出正确的选择，达到降低成本、提高效率的目的。

2.“委托—代理”理论

“委托—代理”理论建立在非对称信息博弈论的基础上，其中心任务是在利益相冲突和信息不对称的情况下，帮助委托人设计出最优契约以激励代理人。该理论为研究政府购买公共服务的主体间关系提供了思考方向。敬乂嘉在“委托—代理”理论的基础上，讨论了政府与社会组织的委托代理关系，认为政府是购买的委托人，而服务承接者是代理人，两者既是合作关系，又存在部分利益冲突。[②] 这种利益冲突使得即使有契约存在，也无法避免合同目标僵化或阳奉阴违等道德风险的产生，严重损害公共服务的质量、效率和公共利益。由此，在“委托—代理”理论的指导下，如何完善监督管理机制，设置合理的绩效目标和激励机制，实现委托人的社会效用最大化目标，以及达成代理人的自身利益最大化目标，以保障政府购买公共服务的质量和效率，避免公共利益受损，是需要重点关注的问题。

3. 公共选择理论

20 世纪 60 年代，公共选择理论成为当代行政改革的主导理论范

① 句华:《公共服务合同外包的适用范围：理论与实践的反差》,《中国行政管理》2010 年第 4 期。

② 敬乂嘉:《社会服务中的公共非营利合作关系研究——一个基于地方改革实践的分析》,《公共行政评论》2011 年第 5 期。

式之一。该理论运用经济学的工具和方法来研究集体的非市场决策过程，将理性经济人假设、方法论上的个人主义，以及经济学中的交换范式引入政治和政策制定领域。具体来说，在政治生活中，权力机关和职能部门中的政治家和国家公务人员，均是追求自身利益最大化的理性经济人，政治的过程就是人与人之间契约建立的过程。该理论鼓励通过合同或契约，在公共服务供给中引入私营企业、非营利机构等，以打破政府在公共服务供给中的垄断地位，优化资源配置，实现利益最大化。处理好政府与市场的关系，最大限度发挥市场对资源配置的决定性作用是关键所在。

4. 产权理论

产权理论的创始人科斯认为，没有产权的社会是一个效率绝对低下、资源配置绝对无效的社会，而政府购买公共服务涉及一定的产权分离。叶托认为，政府购买公共服务对外移交的只是公共服务的生产权，而非所有权或监督权，因此政府应该在政府购买公共服务中做好“掌舵”的角色。此外，在供给公共服务的过程中清晰的产权也有利于划分各相关利益主体的责任与义务，从而更好地促进公共服务供给。[①] 根据产权理论，政府将公共服务的生产权转让给更加专业的供应商，使资源得到了更为合理的配置，提高了公共服务的供给质量和水平。但不可否认的是，在这种权力的转让过程中会产生一系列的交易费用，从信息搜集到监督违约、从交易前到交易后的一系列成本无法彻底消除。由此，在该理论的指导下，如何最大限度地明确限定主体权责，是需要关注的重点问题。

（三）绩效评估理论

绩效评估最早可以追溯至 14 世纪，但真正形成系统理论则是在

---

① 叶托：《超越民营化：多元视角下的政府购买公共服务》，《中国行政管理》2014 年第 4 期。

20世纪30年代。哈罗德·孔茨（Harold Koontz）指出，绩效评估是根据所制订计划的完成程度来采取措施、纠正实践偏差，从而达成工作目标的一种行动。20世纪30年代后，企业引入绩效评估的理念，以促进生产效率的提高。到了50年代，欧美国家进行宪政改革，将绩效评估引入公共部门，以缓解国家财政赤字、管理失控、社会矛盾频发等社会问题。但公共部门的绩效评估并不是一件简单的事情。由于公共部门自身的特殊性和复杂性，以及公共部门目标的多样性和公共性，仅依靠单一的衡量指标和简单的衡量技术，无法实现对公共部门的绩效评估。因此，在政府购买公共服务的过程中，除购买效率和效果以外，其中的公共利益、公共责任和公共价值等，也是需要重点考虑的绩效评估内容。

二、政府购买公共服务相关理论中可能的绩效指标

对政府购买公共服务相关理论的原则和内涵的研究推动了政府购买公共服务实践的产生和发展，为绩效评估框架和绩效评估指标体系的构建奠定了理论基础。接下来，笔者将从上述理论出发，对其中可能暗含的绩效指标进行提炼（见表3-1）。

表3-1　政府购买公共服务相关理论中可能的绩效指标

理论	核心宗旨	理论示意	可能的绩效指标
新公共管理理论	提倡依靠自由化、市场化与竞争机制变革公共管理	构建公共服务供给的竞争环境	改善政府管理水平；提高公共服务的供给质量；提高公共服务的供给效率
交易成本理论	通过不确定性、资产专用性、有限理性和机会主义，企业旨在最小化其交易业务的成本	抑制任意行为和机会主义行为	减少服务成本

（续表）

理论	核心宗旨	理论示意	可能的绩效指标
“委托—代理”理论	委托人以最优契约激励代理人	通过签订合同契约控制道德风险问题，减少代理成本	监控成本
公共选择理论	民选官员、官僚和其他政府代理人进行决策时如何被自己感知到的自身利益影响	减少政府对公共服务的直接供给，发挥市场对资源配置的决定性作用	政府的角色转变；公共服务市场化后实体的利润增加（通过减少开支和增加收入）
产权理论	产权明晰是决定企业经营业绩的关键	增强市场化并提高绩效	公司资产私有制效果优越；营利能力和有效性；财产权越清晰资产的使用效果就越好
绩效评估理论	根据所制订计划的完成程度来采取措施、纠正实践偏差，从而达成工作目标的一种行动	减少目标的多样性；鼓励提供明确的服务标准；降低绩效维度价值，以便于监控	改进目标，提升目标明晰度；选择合理的绩效评估方式；明确绩效评估标准

第二节　以政府购买公共服务目标为依据的绩效范畴

一、政府购买公共服务的目标

20 世纪 80 年代后期，政府购买公共服务的实践得以迅速发展，成为世界各国在公共服务领域引入市场竞争机制的主要手段之一，同时也是减轻政府财政压力、提高公共服务供给效率和质量的主要方式。然而，更多的时候，政府购买公共服务体现的不仅仅是与成本节约之间的联系。随着政府购买公共服务范围和规模的不断扩大，人们以更加复杂的方式看待政府购买公共服务活动，期望达成更为广泛的目标。

国外政府购买公共服务所涉及的目标包括以下几类：一是经济类目标。这类目标涉及提高效率、增强竞争以及形成富有弹性的劳动力市场三个方面。提高效率的具体目标包括提高国内生产总值，提供财务激励从而提高绩效、降低生产成本和税率，增强合作，以及提高生产效率。增强竞争的具体目标有增强私营部门竞争力、提升私营部门吸纳人才的能力，以及为金融、制造业等领域创造新市场。形成富有弹性的劳动力市场的具体目标有提升劳动力供给的弹性，提高劳动力供需的匹配程度和制定合理的劳动力价格政策，促使企业更加自由地实现经营目标。二是政治类目标。这类目标可以从财政管理、资金自主权、公共债务、工会权力和较小规模的政府等方面进一步细化。财政管理的具体目标可以理解为减少公共部门借贷比率、改善减税空间和增加政府收入。资金自主权的具体目标有进入资本市场，追求有效投资，以及拥有筹资机会。公共债务方面的目标是减少国际债务和地方政府债务。工会权力方面的目标是指，减少工会在公共部门和国有行业中拥有的政治力量，进而打破垄断。最后一个则是通过缩小公共部门的范围以实现较小规模政府的目标。三是与公众相关的目标。可以从更好的服务与更低的成本，以及公民主权两个方面讨论与此相关的具体目标。为公众提供更低成本且更好的服务可以借助市场力量的优势，而公民主权则体现在增加公众的选择权利。

我国政府购买公共服务在历史背景、发展历程、发展趋势等方面均与国外存在较大差异，因此目标设置也有所不同。从初始启动到探索发展，我国政府购买公共服务现已成为一项制度安排并逐渐向全国推广，其目标也在发展中逐渐清晰。2013 年 11 月，中共十八届三中全会通过了《中共中央关于全面深化改革若干重大问题的决定》，提出推进国家治理体系和治理能力现代化的总目标，明确将政府购买公共服务确定为转变政府职能、创新政府治理模式和推进社会事业深化改革创新的重要内容。在全面深化改革的历史背景和决策议程上，政府购买公共服务既是政府治理和社会治理深化发展的重大举措，也是公共服务供给机制的一项改革创新。概括而言，现阶段我国政府购买公共服务的目标聚焦在以下五个方面。

第一，推进政府职能转变。自改革开放以来，政府职能转变始终是中国政府行政管理体制改革的重点内容，尤其是在“放管服”改革之后，政府职能发生了全方位的变化，包括政府职能的价值取向、动因、重心以及职能对象的变化等。[①] 公共服务供给作为连接政府和公众的桥梁，很大程度上影响着政府形象和公众感知的绩效满意度。[②] 20世纪70、80年代开始，我国公共服务的低效供给成为阻碍我国发展的主要问题之一。为了提升公共服务供给能力、维护政府形象，以及提高公众满意度，需要革新原有公共服务供给模式。将政府直接供给转变为政府借助社会力量，通过“购买”“委托”“外包”等方式向群众提供公共服务和产品，意在以政府权力下移推进公共服务供给的扁平化。可见，政府购买公共服务在我国是政府为满足人民多样化需求、提高公共服务供给的效率与质量、促进职能转变而实行的制度安排。通过政府购买，将慈善事业、部分电力职能等需要政府财政资金保障的事务性管理服务移交给市场和社会组织，引导政府进一步加强同社会主体的联系，鼓励社会主体承担更多公共职能，并不断提高绩效考核、社会满意度等可测量指标在政府年度考核体系中的比重[③]，加快推进政府职能转变，提升公共服务供给质量。

---

① 何颖、李思然:《“放管服”改革：政府职能转变的创新》,《中国行政管理》2022年第2期。

② 范柏乃、金洁:《公共服务供给对公共服务感知绩效的影响机理——政府形象的中介作用与公众参与的调节效应》,《管理世界》2016年第10期。

③ 石亚军、高红:《政府职能转移与购买公共服务关系辨析》,《中国行政管理》2017年第3期。

第二，提高经济效率。在一般市场规则下，当供给者总量大于购买者时，供给者之间会产生竞争，导致产品价格下降。因此，若将政府购买公共服务活动看作消费主体对某一物品的购买过程，则各市场主体便可以看作此物品的供给者，且诸多供给者会在该领域内形成竞争，促使其不断改进自身生产体系，更新生产设备等以降低生产成本和提高生产效率，进而在相关领域内提高该产品的整体生产水平。综合来看，政府购买公共服务会潜移默化地革新原有的生产方式，提高经济效率和水平。同时，政府购买的过程也意味着政府向社会以不同形式投放资金，能够提高社会资本的流动性以激发市场活力。但政府购买公共服务能否长久地激发经济活力仍有较多争议。例如，有学者研究政府购买公共服务的力度与家庭消费水平的关系时发现，如果政府购买是暂时性的，家庭就会预测其未来消费高于当期消费；如果政府购买是永久性的，则家庭的当期消费低，且他们预测消费仍将更低。[①] 换言之，政府购买公共服务与家庭消费水平之间的联系，聚焦于政府购买服务是否具有可持续性及其预算计划。另外，以购买服务之名行举债融资之实也成为部分地方政府规避债务的一种普遍行为，这会造成地方政府债务的无序扩张，加剧金融波动风险。[②] 鉴于上述政府购买的特殊性与存在的风险，政府购买公共服务活动必然要经过层层审议和评估，避免出现“挂羊头卖狗肉”的现象，要从市场发展规律、政策监督等方面保证政府购买公共服务对经济发展的正向促进作用。

第三，培育社会力量。政府购买公共服务是政府引导社会力量参与公共服务供给的方式，社会力量的强弱将会直接影响政府公共服务供给水平，影响公共服务供给的质量和效率。因此，培育社会

---

① 〔美〕戴维·罗默：《高级宏观经济学》，苏剑、罗涛译，商务印书馆 1999 年版，第 83 页。

② 王春婷、尚虎平：《政府购买服务：风险生成与实质逻辑》，《南京社会科学》2020 年第 5 期。

力量，提高第三部门在社会服务中的地位，进而提高其供给能力，是政府购买公共服务的重要前提。从政府角度而言，政府购买公共服务需要通过社会力量的参与得以实现。一方面，作为购买主体的政府具有非营利性和社会服务公益性的特征，因此政府与社会力量的交易无法根据传统市场规则建立在金钱利益的基础上，而是更多建立在平等互信和双方力量相对均衡的基础之上。政府若要顺利推进公共服务购买活动，就要尽可能将交易双方的力量差异控制在合理范围内。另一方面，政府购买公共服务的目标是服务社会，政府积极引导和培育社会力量，有利于促进基层群众对“自我服务”的执行和推广，对增进人与人之间互动、营造公共空间、促进社会整合具有重大现实意义。[①] 从社会力量角度而言，政府购买公共服务能极大地激发社会主体参与社会事务的积极性并成为对第三部门的补充，促进第三部门的整合，引导第三部门的发展，加快在社会范围内形成服务群众的公益性力量。因此，如何促进社会力量发展，是我国政府购买公共服务需要考虑的重要问题。

第四，满足日益增长的公众需求。随着实践的发展以及社会进程的快速推进，公众满意度不仅成为政府年度考核的重要指标，而且影响着政府各项决策的顺利推行。在此背景下，政府购买公共服务活动亦将满足公众需求作为其重要目标之一。21 世纪以来，随着科技的进步和居民生活水平的提高，社会需求也在不断朝向多样化发展，但由于政府的职能繁杂，加之其提供的服务具有宽泛性，极易出现政府供给偏差。因此，政府借助购买公共服务的方式，通过多渠道深入基层，了解公民的利益偏好和价值取向，选定相应服务供给商，满足公民需求，可以在社会范围内形成相对稳定有序的政民关系。一般看来，公众需求包括公众的现实利益需要和精神文化需要。现实利益需要在社会生活中大致可分为公民对基础设施、财

---

① 吕芳:《“异构同治”与基层政府购买服务的困境——以 S 街道的政府购买服务项目为例》,《管理世界》2021 年第 9 期。

富收入、政策优待等方面的诉求。从政府购买公共服务对公民现实利益需要的影响来看，政府通过购买活动，可以优化公共基础设施，增加社会流动资本投入，为公民提供需求表达的平台，满足其切身利益，提升公民满意度。从政府购买公共服务对公民精神文化需要的影响来看，政府通过购买过程中的公开招标、投标等环节，将选择权交给公民，推进其“自我管理、自我服务”进程，增强其责任感和自豪感。但不当的政府购买活动可能会产生与预期目标截然相反的结果，最终导致生产的公共产品难以有效满足社会需求。所以，政府需要评估购买公共服务的效度，一旦在评估中发现购买项目无法满足公民需求，应及时启动“逆民营化”机制，将购买项目收回。[①]

第五，创新公共服务供给机制。公共服务供给机制的创新是政府高效提供公共服务的基础，对转变政府职能具有强有力的助推作用。政府购买公共服务作为转变公共服务供给模式的重要手段，不断创新公共服务供给机制自然成为其基本目标。一方面，政府购买公共服务转变了公共服务的供给方式。新中国成立初期，我国公共服务及产品由政府统一提供，但随着国内主要矛盾变化和国际严峻形势带来的双重压力，传统的公共服务供给机制已不再适应我国社会的发展，社会上产生了一种新兴的且经国外实践证实有效的发展模式——公私合作，这种合作模式后来演变为政府购买活动。政府购买公共服务破除了传统意义上政府“大包大揽”式的公共服务供给模式，代之以市场主体参与部分公共产品的供给，运用市场激励式的管理方法，开展有关医疗、教育、卫生等公共服务领域的资源供给，成为公共服务供给机制创新的重要体现。另一方面，创新公共服务供给机制表现为公共服务的供给侧调整。21 世纪以来，我国政府从供给侧角度，针对“公共服务碎片化”问题，尝试提出解决方

① 韩清颖、孙涛:《政府购买公共服务有效性及其影响因素研究——基于 153 个政府购买公共服务案例的探索》,《公共管理学报》2019 年第 3 期。

案：专注提高公共服务供给效率，提出政府委托、签订合同契约、政府出资的方式，确定政府购买公共服务的范围，制定公共服务活动的目录和方法，加强绩效预算管理以及深入推进事业单位改革等①，这些举动逐步构建起新的公共服务供给机制，以突破“公共服务碎片化”的制约，推动公共服务的供给侧调整。

二、政府购买公共服务目标中可能的绩效指标

从上述政府购买公共服务目标中可以看出大量可能的绩效维度。事实上，在目标如此广泛的情况下，现已确定政府购买公共服务拥有一些共同的目标，接下来将对这些目标所反映的绩效指标进行探讨（见表3-2）。

表3-2 政府购买公共服务目标中的绩效指标

维度	目标	说明性绩效指标
政治	政治权力扁平化运行，推进政府职能转变	提高绩效考核、社会满意度等可测量指标在政府年度考核体系中的比重；将仍需政府财政资金支持和保障的事务性管理服务，通过购买服务方式移交给市场和社会组织；引导政府进一步加强同社会主体的联系，使其承担更多公共职能
经济	革新原有生产方式，提高经济发展效率和水平	成本最小化；要素配置效率；社会资本的流动性；购买活动的审议与评估；
社会	培育社会力量，提高其供给能力	孵化的社会组织数量和概况；培养专业技术人员的数量和质量；供应商的数量和概况
公众	满足公众需求，确保决策推行	公众满意度
其他	创新公共服务供给机制	合作主体多元化；公共服务的供给效率

① 尹建栋、李伟、朱思翘：《准确定位政府购买服务的职责》，《全国流通经济》2014年第14期。

第三节 以公共部门活动为目标的绩效范畴

一、公共部门活动的特征

社会范围存在“公域”与“私域”之分，公共部门基于自身提供产品和服务的非营利性特点被划归至“公域”范围，其主要任务是明确社会成员职责以及处理全社会范围内的公共事务，实现社会利益最大化。最典型的公共部门就是政府，它以公共权力为基础，具有明显的强制性，依法管理社会公共事务，其目标是谋求社会的公共利益，对社会与公众负责，不以营利为根本目的，不偏向任何集团的私利。[①] 因此，笔者认为，公共部门活动是公共部门为谋求社会公共利益、缓解社会矛盾、促成社会公平，以为社会提供不以营利为目的的、良好的公共服务和产品为主要内容的各项社会活动。

（一）公共部门活动的载体——各类公共部门组织

组织是各项活动的载体。对于“公域”范围的公共部门而言，可按照性质划分为三类：以政府为主体的公共部门组织体系、以第三部门为主体的公共部门，以及国有企业。

第一类是以政府为主体的公共部门组织体系。其最大的特点是以公共权力为组织依据，可通过权力规范社会行为以达到其预期目标。具有这类组织基础的公共部门，如检察机关、事业单位等开展的活动大都有国家的立法支持，其行为具有明确的法律依据，任何人不得违反其要求。以强制力为基础的公共部门所开展的活动，承担着国家的政治、法律建设任务，是维护国家长治久安的重要基础，也是承担社会责任的重要支撑。

第二类是以第三部门为主体的公共部门。由于公共部门提供的

① 张建军：《我国公共部门人力资源管理的特点及改进对策》，《人才资源开发》2007年第1期。

产品具有非营利性和非竞争性，所以具有自利性和逐利性特征的市场主体无法也不愿提供公共产品。同时，由于政府部门多提供标准化的公共产品和公共服务，无法满足社会个性化需求，因此，作为第三部门的志愿组织承担起部分公共部门职责，提供多样化的公共服务，精准满足社会个性化需求，同时向政府反映公众需求，提出合理意见或建议，影响政府的政策制定。

第三类是国有企业，其是承接公共部门活动的行动主体。国有企业又被称为公共企业，与政府和第三部门相比，国有企业可灵活出售产品，以获取资金作为活动保障。同时，国有企业也可通过与国家签订某种契约，获得由政府提供的部分资金，避免由于资金短缺导致活动负责人的逐利行为，造成不可挽回的损失。

综上，基于公共部门活动的载体，我们可将公共部门活动划分为政府部门主导和非政府部门主导两种类型。在实际运作中，我国政府是公共部门开展活动的主要支持者。结合现实分析，政府部门在我国公共部门活动中扮演多种角色、发挥重要作用，是本节的研究重点。

（二）公共部门活动的基本方向

基于上述分析可知，在我国，公共部门活动大多以政府部门主导的公共部门作为参考主体。同时，由于公共部门具有任务多维性、多重委托代理关系、产出难以观测等特点①，对公共部门活动的观测多呈现模糊性和笼统性。综合国内对公共部门活动的认识分析，我们不难得出一个结论：公共部门活动以公众事务和公众利益为先。从宏观条件分析，公共部门活动主要指由国家管理或由国家部门委托的社会性活动，包括社会经济、社会法律、就业指导等关乎国计民生之事；从微观角度来看，公共部门活动是政府部门开展的各项活动，例如制定并执行法律、事业单位招考等具体任务。

① 周碧华：《公共部门激励扭曲问题研究》，《公共行政评论》2015 年第 2 期。

如前文所述，本节所指的公共部门活动以政府部门活动为主体，以社会利益最大化为目标。社会利益包括社会经济利益、社会政治利益、社会合法权益、社会公民利益等方面，据此，我国公共部门的活动需要遵循明确的经济发展、政治建设、法律指导、社会建设方向。

1. 公共部门活动的经济发展方向

经济是国家发展的第一支柱，是塑造国家形象的重要组成部分，也是政府活动的重要职责所在。公共部门的经济活动中最重要的表现形式为公共支出和公共收入，它们也构成公共部门经济活动的主要内容。公共支出是公共部门为达成某种目的而进行的报酬支付的总和，包括面向社会提供的资源、劳动力等可计量或不可计量的要素总和。其中，当以政府为主体的公共部门无法为社会提供面面俱到的服务和需求时，可借助第三方的力量，也就是通过政府部门购买公共服务提供给社会。公共收入则是公共部门开展活动所获取的资源、条件或货币的总称，公共部门包括政府机构皆以公共收入为基础开展各项工作。公共收入包括国家税收、财政管理、国债发行、社会捐助等多项资金来源。具体来看，公共部门的经济方向大致等同于其对社会经济的调控和管理，通过对国际市场和金融领域的控制，保证经济的平稳发展和有序推进。从具体内容来看，公共部门的经济活动主要包括参与资源配置、协调收入分配和稳定市场经济三个方面。在资源配置方面，公共部门通过预算拨款等方式提供社会所需的公共产品和服务；通过国家强制力规制部分市场主体对某一行业或资源的垄断，保证市场资源配置公平公开；通过调整企业税收避免巨型企业的出现，实现外部效应内部化。在协调收入分配方面，公共部门开展活动的目的与政府部门的经济职能基本一致，包括但不限于调整个人所得税；增加社会就业，提供多种就业平台，实现多渠道灵活就业；实行社会救济，履行社会保障制度，保障公民基本生存权。在稳定市场经济方面，公共部门活动主要包括宣传和推行即时政策，实施号召公民提升或降低消费水平等。综上，对于公共部门活动的有效性而言，公共经济状况可作为重要的衡量标准。与此同时，社会经济水平是社会利益的最直接表现，将经济作为其首要衡量标准具有直观性和可理解性。

2. 公共部门活动的政治建设方向

我国坚持以党的政治建设为统领，稳定和谐的政治环境是开展公共部门活动的前提和基础。公共部门活动首先要坚持以政治建设为基础，坚持走中国特色社会主义道路不动摇，坚持以“四个全面”指导公共部门工作。公共部门活动的政治方向主要表现为以下几点。首先，公共部门要做到坚持党中央的领导。政治安全是国家一切安全的前提和根基，公共部门活动首先要贯彻中央有关文件精神，落实新时代党的组织路线，将政治精神渗透到活动的每一环节。其次，公共部门活动也表现为公众参与政府部门的决策并提出建议。公共部门可通过各种活动收集基层群众信息，将其用于重要决策。最后，公共部门活动要把控舆论，避免不当言论造成社会恐慌，善于使用各类媒体，积极推广传播正能量。因此，在公共部门活动中，其政治方向更多的是指对社会成员价值观的塑造和社会稳定和谐的精神指导，是处于宏观大视角下的重要活动。

3. 公共部门活动的法律指导方向

我国一贯坚持立法为公、执政为民，坚持宪法作为国家根本大法的地位，积极开展法治建设。一般而言，公共部门开展活动的法律方向包括对法的学习认识，对法律边界的厘清明晰，以及对法律的自觉遵守。公共部门活动所涉及法律方面的内容包括但不限于：对社会成员进行普法宣传，强化社会对法律的敬畏之心；在合适的条件下，制定部分法令、条例等规范各社会主体的活动，尤其是事业单位开展的公共管理活动，要以法律作为约束一切的准则和规章制度。公共部门活动的法律导向致力于在全社会形成法治风尚，培育爱党爱国、遵纪守法的良好公民，为新时期建设社会主义法治国家贡献力量。

4. 公共部门活动的社会建设方向

如前所述，公共部门活动包含全社会范围内各方面的建设要求。于社会发展而言，公共部门活动直接影响公民的生活，涉及社会的基础设施建设、公民的工资福利、社会稳定等方面。于社会氛围而言，开展适当的公共部门活动有利于在全社会范围内形成凝聚力。公共部门开展的各项活动无一例外都要在社会中进行，因此从社会角度来判断公共部门活动是否达到预期目标，是衡量主体在全社会范围内是否承担了应有公共责任的重要维度。其中，社会建设方向的内容众多，除前文所述的经济、政治、法律之外，还涉及社会民生、社会基础建设、社会教育水平等各类微观和宏观的问题。例如，当公共部门活动涉及社会民生建设时，它负有传达民情民意，推进全过程人民民主的责任；当公共部门活动涉及社会基础设施建设时，它负有基础建设的质检与维修责任……毫不夸张地说，公共部门活动的社会建设方向与社会公众的联系最为紧密。

二、公共部门活动中可能的绩效指标

从更广泛的视角界定政府购买公共服务绩效维度和指标时，需要考虑到不同价值观下私营部门与公共部门之间运作的区别。波利特等提出了所谓的公共服务导向模型和通用私营部门模型之间的价值差异，强调了私营部门的市场公平与公共部门的需求公平之间的区别。[①] 私营部门变革的压力来自顾客退出购买的决策，而公民的需求与呼声则是公共部门变革的主要压力所在。同样地，他区分了在私人方面寻求市场满足和在公共方面寻求正义之间的差异。以顾客至上、竞争为运行机制的市场模式与政治模式截然不同，前者被视

① C. Pollitt, et al., *Performance or Compliance? Performance Audit and Public Management in Five Countries*, Oxford University Press, 1999.

为封闭的，后者被视为开放的，通过公民的声音做出集体选择，选择机制为集体行动。由此，从公共部门活动的首要原则出发，公共部门的绩效可以从经济、公众参与政府决策的过程、法律和政治四个不同的维度进行评估（见表 3-3）。

表 3-3　公共部门活动中可能的绩效指标

绩效维度	目标	说明性绩效指标
经济	经济；经济效率；分配能力；财政资源	市场选择；寻找市场满意；公众满意；增加竞争和退出市场的能力
公众参与政府决策的过程	治理能力；效能	政府行为的公开性；公平需求；基于需求的资源分配；集体行动的公民角色
法律	合法的	符合法律
政治	回应的	符合公共利益；公平、公正

资料来源：C. Pollitt, et al., *Performance or Compliance? Performance Audit and Public Management in Five Countries*, Oxford University Press, 1999。

第四节　以公共责任分类及责任关系为依据的绩效范畴

公共责任分类及责任关系是影响公共责任绩效范畴的主要因素，对于公共责任分类及责任关系的探究有助于明确政府购买服务过程中的公共责任。本节将基于当前国内外学界的分析讨论，形成源于公共责任及责任关系可能的绩效维度和说明性指标。

一、公共责任分类及责任关系

有关公共责任分类及责任关系的探讨大多集中在国外学术界，西方学者将公共责任模型划分为两大类：传统简单的公共责任模型和更加复杂的公共责任模型。“部长责任”模型被认为是最著名的传统简单的公共责任模型。尽管这一模型结构简单，但功能强大，至今仍被人们认为是行之有效的传统公共责任模型。此外，部分学者对权力分散的公共责任模型、类型学下的公共责任模型、监管状态下的公共责任模型等更为复杂的公共责任模型也进行过探讨，这些更加复杂的公共责任模型中隐含着不同的责任关系。

（一）“部长责任”模型及责任关系

传统的公共责任模型中，最著名且使用时间较长的是“部长责任”模型。这一想法主要源于部长最终应对其职责范围内的所有行为承担责任，同时部长所制定的政策是由公共管理部门代表其执行，因此应确保公务员在使用公共资源时能够有效地执行部长制定的政策。① 尽管“部长责任”具有明显的吸引力，其运作方式却并不简单，并且自20世纪50年代以来由于其未能兑现诺言而一直存在争论。正如休斯总结的那样，这种传统的公共责任模式“打破了政治与官僚的互动，无论从理论上看似多么合理，实际上都是失败的”②，现实说明它旨在对错误负责，而不是对实现结果负责。

与此同时，还有学者对传统公共责任模式有一些新的想法。戴维·科比特（David Corbett）认为公共部门除了对部长、议会和人民的责任外，向内对个人的责任或者道德责任，以及向外对社会的责任同样重要。需要注意的是，在旧的责任模型上增加新的问责义务，即使没有出现不一致的情况，也可能会给政府机构带来累加的负担。③ 事实上，的确并非所有人都接受传统简单的“部长责任”模型失败的结果，其原因或许是在暗示公共责任及权力应该分散在民主制度中，而不是仅仅集中在部长及其部门的手中。④ 但不可否认的

---

① O. Hughes, *Public Management and Administration: An Introduction*, St Martin's Press, 1994.

② Ibid.

③ 转引自 G. A. Hodge and K. Coghill, "Accountability in the Privatized State, Governance: An International Journal of Policy," *Administration*, *and Institutions*, 2007, 20 (4)。

④ G. A. Hodge and K. Coghill, "Accountability in the Privatized State, Governance: An International Journal of Policy," *Administration*, *and Institutions*, 2007, 20 (4).

是，在当代政治和法律话语中，公共责任辩论的核心是难以平衡的公共权力的行使自主权和适度控制权之间的问题。

（二）权力分散的公共责任模型及责任关系

将公共责任视为分散在民主系统中的思想十分重要。例如，威斯敏斯特民主制国家认为，公共责任的发展仍然与其传统上的制度安排密切相关。在实践中，有关公共责任的问题也绝不能脱离利益和权力来考虑。权力分散在民主制度中意味着公共责任也分散在多个参与者和机构之间，随之呈现的公共责任模型及责任关系也更为复杂。

斯通就此提出了一个早期的公共责任框架（见表3-4），包含五种公共责任模型：（1）议会控制模型（上级—下级关系）。这是威斯敏斯特民主制对公共责任的传统理解，即行政管理人员应不断回应议会议员的关切。（2）管理主义模型（委托—代理关系）。管理主义强调战略而非具体控制，强调机构的自我管理，以及对代理机构“合理化”的响应。（3）司法和准司法审查模型（上诉人—申请人关系）。程序公正的责任不仅适用于司法，而且适用于更广泛的酌处决定权。（4）选民关系模型（选民—代表关系）。这种模型往往与核心公共部门之外的主体联系在一起，即与专业人士、消费者、客户和关注公共利益的群体间存在着密切的制度化联系。（5）市场责任模型（顾客—企业家关系）。这是关于服务提供商对“主权”消费者群体的响应能力的反映。[①] 斯通的五种公共责任模型中的责任关系，有些是自上而下的，有些是自下而上的。斯通的公共责任模型是向更广泛的公共责任概念的进一步扩展，政府与公民之间的关系是所有责任体系中的基本要素。

---

① B. Stone, “Administrative Accountability in the Westminster Democracies: Towards a New Conceptual Framework,” *Governance: An international Journal of Policy and Administration*, 1995, 8 (4).

表 3-4 斯通的责任模型及责任关系

公共责任模型	关系基础	模拟关系（控制者—管理员）
议会控制	监督/指挥	上级—下级
管理主义	信托/合约	委托—代理
司法和准司法审查	个人权利/程序义务	上诉人—申请人
选民关系	代表/回应	选民—代表
市场责任	竞争/消费者主权	顾客—企业家

资料来源：B. Stone, "Administrative Accountability in the Westminster Democracies: Towards a New Conceptual Framework," *Governance: An international Journal of Policy and Administration*, 1995, 8 (4)。

（三）类型学下的公共责任模型及责任关系

公共责任的另一个复杂且具有经典地位的责任模型来自罗姆泽克[①]，他分析了 1986 年 1 月挑战者号航天飞机在面对明显危险的情况下仍然继续前进的原因，得出如下结论：行政责任和政治责任对专业责任的依赖导致了挑战者号灾难的发生。该分析为“专业责任”提供了一个更重要的维度，并提醒我们，在实践中，特定的责任制可能会主导其他领域，形成关于公共责任模型的另一套强有力的观点。[②] 罗姆泽克确定了四种公共责任类型：行政责任、法律责任、专业责任和政治责任（见表 3-5）。

表 3-5 罗姆泽克和杜布尼克的公共责任类型、价值和行为期望

公共责任类型	重点价值	行为期望
行政责任	效率	遵守组织指令
法律责任	法律规定	遵守外部指令

① B. S. Romzek, "Dynamics of Public Sector Accountability in an Era of Reform," *International Review of Administration Sciences*, 2000, 66 (1).

② Ibid.

（续表）

公共责任类型	重点价值	行为期望
专业责任	专业/专长	尊重个人判断和专业知识
政治责任	反应性	对关键外部利益相关者的回应

资料来源：B. S. Romzek, "Dynamics of Public Sector Accountability in an Era of Reform," *International Review of Administration Sciences*, 2000, 66 (1)。

（1）行政责任是指对工作自主性低且面临内部控制的个人而进行的密切监督，常见于上级与下级的关系中。直属上级问责和定期绩效评估是行政问责制最明显的体现，绩效问题主要是从服从的角度出发。（2）法律责任涉及严格的外部监督，监督其是否遵守既定的法律规范。法律责任的基本关系是委托—代理关系，问责标准在于代理人是否符合委托人的期望。尽管监督是可以预期的，可以通过非正式询问、外部查看，实现与管理员之间的直接沟通，但这种形式的问责制通常是被动的。（3）专业责任体现在具体的工作安排中，决策者具有高度的自治权，他们受内部价值观念和规范的影响大于受政治反应的影响。专业责任反映了专业人员对传统知识和专业知识的尊重。在此责任下，绩效标准是根据专业规范与公认的协议确立的。（4）政治责任为管理人员提供了酌情决定权，以响应关键利益相关者的主要关切。这种责任类型反映了民选官员与选民之间的关系，强调对“其他人”的愿望和政策议程的回应，是利益相关者与管理者之间相互适应的关系。

表3-5总结的四种公共责任关系所强调的价值和行为期望不同。每一种类型的责任关系都可以作用于对其绩效负责的个人或机构，尽管不同的机构可能对不同类型的公共责任赋予不同的优先级，但他们都力求增强政府的多元价值，如效率、专业知识、法治和响应能力。

（四）监管状态下的责任模型及责任关系

随着国家治理方式的转变，政府从直接提供公共服务转向监督他人提供公共服务，“监管”已经成为我们生活中的高频词。科林·斯科特试图将“向谁负责，为什么负责，如何负责”这些复杂的责任问题分开，形成三种与价值有关的公共责任类型（见表3-6）。①斯科特认为公共部门在监管中继续扮演着重要角色，其监管权的行使至少涉及两种资源，即法律权威和权力合法性的赋予，它们都是公共部门的专有特权。其他相关资源还包括信息、资金以及组织管理能力。此外，斯科特还注意到了监管机构所拥有的形式权力与实践之间的二分关系，并指出了它们更喜欢使用建议、教育和争论等具有非正式形式的机制来追求合法性，这些机制实际上构成了金字塔式的监管执行基础。

表3-6 斯科特的公共责任类型

对谁负责	经济价值	社会/程序价值	持续/安全性价值
向上负责	各部门支出对财政部门负责	行政决策者对法院负责	公用事业单位对监管部门负责
水平负责	公共部门对内外部审计负责	申诉人对决定的审查	第三方安全标准认证
向下负责	公用事业单位对金融市场负责	公共/私人服务提供者对使用者负责	满足使用者需求

斯科特指出，在当代政治和法律话语中，公共责任的核心问题来自通过立法或合同将权力委托给公共或私人行动者。这一过程既能够产生正面效果，也可能诱发负面问题，其中复杂的公共责任问题格外引人关注。如何赋予这些行为主体足够的自主权以使他们完成任务，同时又能对他们进行适当程度的控制，这种两难困境成为有关公共责任辩论的重要议题。然而，长期以来公共责任仅限于事后监督。因此，在公共责任模型的基础上，斯科特进一步构想了

① Colin Scott, “Accountability in the Regulatory State,” *Journal of Law and Society*, 2000, 27 (1).

"扩展公共责任"的概念，将公共责任扩展到更为广泛的行为主体，扩大责任价值的范围并引入新的、更为正式的责任机制。

（五）民营化状态下的公共责任模型及责任关系

科格希尔认为，实践中的公共责任与传统的部长责任不同，它是通过一系列问责代理构成的"复杂的公共责任网"，在民营化背景下，市场部门参与者是公共责任网中的重要组成部分。霍奇和科格希尔提出了一种可以替代公共责任复杂观点的模型，即公共责任金字塔。[①] 在公共责任金字塔模型（见图3-1）中，国家应保留其使用立法权进行公共责任问责的最终权力。该模型最上层的行政、司法体制是一个法律框架。在该框架中，服务提供者在与政府的合作过程中受法律或其他规章制度的约束。在此层面上的公共责任与传统模型中的基本相同，它依赖于可用的必要资源及国家权力。模型的最下层展示了服务提供者所遵循的道德，包括个人责任以及内部组织责任及责任文化，是影响公共责任的重要因素。另外，在这两个极端层之间还存在两个问责层，这两个具有民营化特征的中间层更依赖于市场机制。在更高的层次上，市场和独立的监管机构都可以实施严厉的问责制裁。在此之下，客户的负面反馈或媒体的负面报道都可能会增加声誉成本，社会力量则通过非正式的问责机制给民营化的公共服务提供者创造规范的环境。可见，金字塔上的各个层面都需要合规的监控手段。[②] 总的来说，这个四层责任的金字塔对民营化状态下观察到的责任形式进行了概念性描述，但并没有展示出各个行为者之间复杂的关系。

---

① G. A. Hodge and K. Coghill, "Accountability in the Privatized State, Governance: An International Journal of Policy," *Administration, and Institutions*, 2007, 20 (4).

② Ibid.

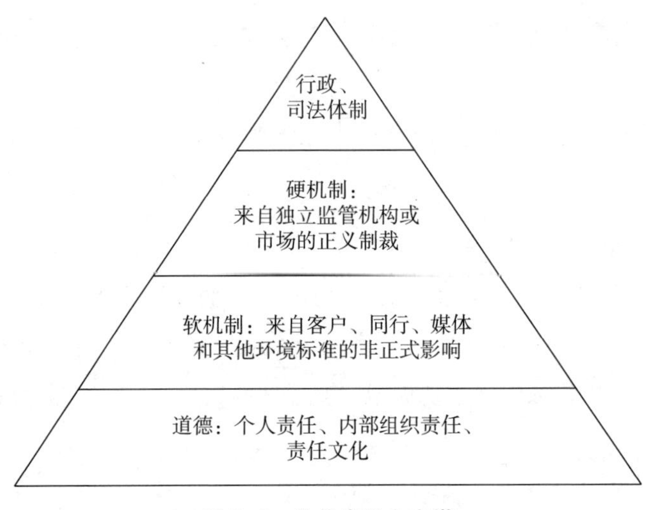

图 3-1　公共责任金字塔

简言之，民营化背景下的公共责任具有较低的政治责任，但具有较高的管理责任和市场责任，管理主义价值高于公共责任价值。此外，消费者或其他主体对公共责任的改进程度视情况而定，并不具有普遍性。

相较于西方学界来说，我国学界对公共责任分类及责任关系相关研究的关注相对薄弱，研究成果也不是十分丰富。自“非典”结束以来，公共责任作为公共性的一个重要体现，逐渐受到人们的关注。但我国学术界对该主题在理论层面的探讨仍显不足。对于公共责任的研究来说，大多着眼于公共服务领域：公共责任的履行贯穿公共服务供给的始终，确保公共服务供给是政府的一项基本职能，关乎民生福祉。近年来，公共服务市场化打破了公共服务的政府垄断，社会力量参与到公共服务供给中，政府与社会力量分享公共权力，二者不仅共担风险，同时也共担责任，社会力量间接地对公民负责，承担更多的公共责任。由此，公私界限模糊、责任难分等现象逐渐显现。作为公共服务市场化的一种具体形式，政府购买公共服务中的责任关系是复杂的，不仅涉及多元主体，还涉及多重责任。

二、公共责任分类及责任关系下可能的绩效指标

根据上述分析，笔者将公共责任及责任关系中的绩效维度分为：行政、法律、政治、专业和道德五个方面（见表3-7）。这些绩效维度均与政府购买公共服务的绩效评估有关，如遵守组织指令和法律规定、满足公民偏好、尊重专业知识和个人道德等。罗姆泽克和英格拉哈姆认为，通过实施政府购买公共服务计划，公共责任问题更多地体现为合同中规定的产品或服务是否已交付，因此需要明确规定的合同条款、财务报告和对合同监督绩效以确保公共责任的实现。[①] 简言之，政府购买公共服务状态下的公共责任不仅是有条件实现的，而且应得到进一步改善。原新西兰审计长布莱恩·泰勒（Brian Tyler）也提出，政府购买公共服务进程的推进带来的根本变化是要求政府承担更多而不是更少的公共责任[②]，这一点值得我们认真思考。政府购买公共服务比较特殊，公共责任不仅包括回应性、质量、社会效益，在一定程度上也体现为经济性和效率。根据国际经验，社会公众对公共服务的期望涉及服务的经济性、效率、质量、社会效益以及公平、回应性不断提高，而与公共服务由谁供给无关。这些越来越高的公众期望使得对政府购买公共服务与公共责任之间的有效性评估也变得更加复杂。

表3-7　公共责任及责任关系下可能的绩效指标

维度	目标	说明性绩效指标
行政	效率	遵守组织指令
法律	法律规定	遵守外部指令
专业	专业/专长	尊重个人判断和专业知识

① B. S. Romzek and P. W. Ingraham, "Cross Pressures of Accountability: Initiative, Command, and Failure in the Ron Brown Plane Crash," *Public Administration Review*, 2000, 60 (3).

② 转引自G. A. Hodge and K. Coghill, "Accountability in the Privatized State, Governance: An International Journal of Policy," *Administration, and Institutions*, 2007, 20 (4)。

（续表）

维度	目标	说明性绩效指标
政治	反应性	对关键外部利益相关者的回应
道德	责任感、积极性	责任意识、服务意识

第五节　公共责任视角下政府购买公共服务绩效评估分析框架

理想情况下，前面提到的所有绩效维度都应该是政府购买公共服务绩效评估分析框架的一部分，这样的框架涉及的内容是十分广泛的。本书需要聚焦公共责任这一视角，在梳理上述政府购买公共服务及公共部门活动绩效范畴的基础上进行归纳提炼，同时辅以对公共责任及其责任关系可能的绩效指标的理解，总结出一个综合的基于公共责任视角的分析框架（如图3-2）。

行政责任维度以项目设计、增强竞争、财政管理等为目标，其解释性绩效指标内含提高服务效率、合同管理、提升竞争的有效程度等；法律责任维度以追求合法性为目标，其解释性绩效指标涵盖制度、政策法规、规范机构设置等；专业责任维度以公众的最终利益、社会影响力为目标，其解释性绩效指标包括服务质量水平、服务成本、可供个人使用的服务供应商数量、价格趋势等；政治责任维度以回应公民需求、控制公共部门权力等为目标，回应性、公平性、权力寻租状况、满意度等成为其解释性绩效指标；道德责任以责任感为目标，其解释性绩效指标涉及服务意识、服务积极性和责任意识等。

进一步分析，基于公共责任视角的政府购买公共服务绩效评估分析框架包含行为与意识层面、正式与非正式层面。一是对政府购买公共服务的责任行为进行评估，即确保责任实现的正式途径，包括法律、行政规章所明确的责任归属机制，如行政命令、法院的判

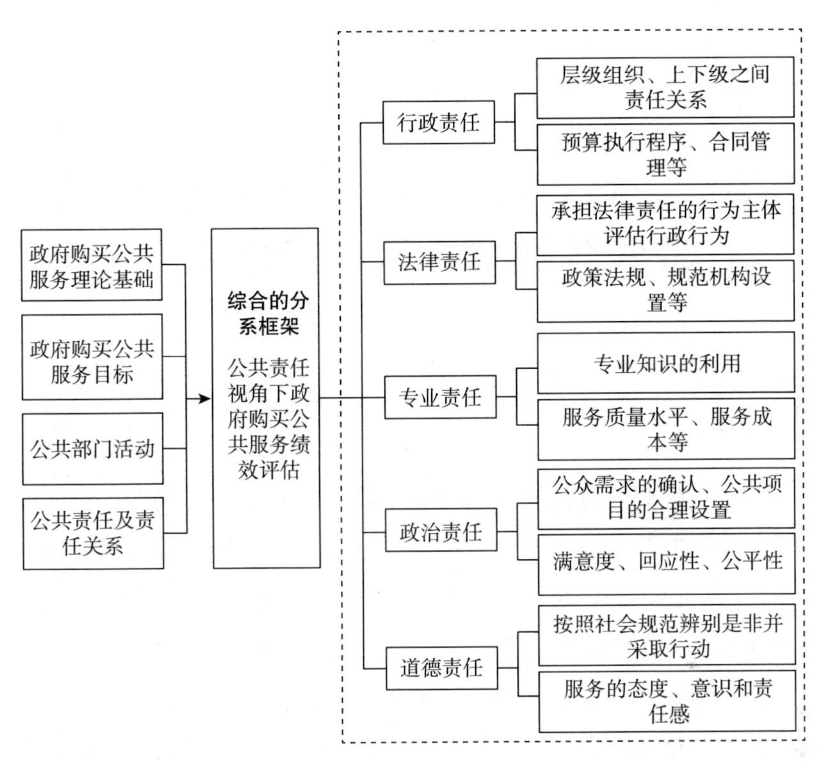

图 3-2　综合的基于公共责任视角的政府购买公共服务绩效评估分析框架

决等；二是对购买过程中的责任意识进行评估，即实现责任的非正式途径，如个人伦理道德、公民偏好、政治过程、专业规范等。公共责任视角下的责任行为和责任意识、正式与非正式责任都是不可或缺的。换言之，法律责任、行政责任、专业责任、政治责任与道德责任在政府购买公共服务绩效评估活动中的作用均不容忽视。基于此构建的政府购买公共服务绩效评估分析框架中，公共责任是贯穿整个框架的关键线路。由此，该分析框架在绩效评估的各个方面都可以回答这样一个问题：政府购买公共服务在多大程度上履行了公共责任。

第四章　构建基于公共责任的政府购买公共服务绩效评估指标体系

绩效指标是衡量公共部门与公共项目绩效的客观标准，绩效评估指标体系的开发是一个循序渐进的过程，其目的是有效地管理组织或项目。而如何有效地设计政府购买公共服务绩效评估指标体系，以帮助管理者做出正确决策并改善绩效管理，是富有挑战性的议题。为有效实现政府购买公共服务决策的预期目标，同时为政府购买公共服务的决策和绩效改进提供更多的反馈信息，“如何确保指标体系能较好地满足服务需要”“系统的设计与开发涉及哪些关键内容”等是指标体系的设计者必须仔细思考的问题。本章通过梳理现有绩效评估指标体系的设计原则和思路，进一步明确公共责任视角下绩效评估指标体系的设计原则和思路，以及该视角下政府购买公共服务绩效指标的内在逻辑和主要内容。笔者使用德尔菲法拟定和筛选绩效评估指标，采用层次分析法确定指标体系的权重，提出第三章中5个绩效评估维度所对应的65个二级指标，构建起公共责任视角下的政府购买公共服务绩效评估指标体系。

第一节　基于公共责任的政府购买公共服务绩效评估指标体系的设计与开发

一、绩效评估指标体系的设计原则和思路

（一）绩效评估指标体系的设计原则

1. 目标一致性原则

一方面，该原则要求绩效评估指标与评估对象的战略目标具有一致性。绩效评估的目的是指引并辅助评估对象实现其战略目标并检验其实现程度，因此，设计绩效评估指标时需要考虑将其与评估对象的战略目标相结合。另一方面，绩效评估指标与绩效评估目的具有一致性。政府购买公共服务绩效评估的目的在于分析政府购买实践中的焦点和难点问题，提高服务绩效。因此，绩效评估指标的选择也要从分析政府购买公共服务中存在的真实问题出发，为指标的设计提供具体依据。

2. 系统性原则

该原则是说指标体系应全面、合理、客观，能够涵盖和反映政府购买公共服务的整体情况。指标体系中的指标是从多个方面综合地对政府购买公共服务的绩效进行评估，系统地反映政府购买公共服务绩效各构成要素之间的数量关系及内在联系。根据这一原则，政府购买公共服务绩效评估指标体系实际上是对绩效目标进行分解，最终形成由一定数量的绩效评估指标所构成的集合。组成这个集合的各个评估指标间既相互独立，又相互作用，构成一个有机联系的整体。

3. 可操作性原则

该原则要求绩效评估指标本身首先具有可测性，即评估指标可用操作化的语言定义，所规定的内容可用现有工具测量并获得明确

结论。其次，要求绩效评估指标具有现实可行性。设计的指标既要能够充分挖掘各方主体的潜力，改善绩效，同时也要确保指标的选取必须立足于客观条件。最后，要求绩效评估这一复杂的过程通过指标设计变得简单易行。例如，相关的政策文件、合同文本较易获得，有关信息的获取渠道也畅通无阻，评估主体能够做出相应的评估等。

4. 结果导向性原则

该原则是指评估指标必须有助于实现其绩效评估的目标结果。在公共责任视角下的政府购买公共服务绩效评估指标体系中，法律责任维度中的指标围绕着行政体制、需求表达机制、问责机制等展开设计，反映出政府购买公共服务的制度安排等相关情况；行政责任维度中购买服务预算编制、服务提供成本、服务效率的改善水平等指标，反映了政府购买公共服务的行政效率、服务成本等问题；专业责任维度设定了承接方胜任力水平、服务提供的专业性等指标，以此对购买公共服务的承接主体进行测评；政治责任维度中的指标是对满意度、公平性与回应性等的测评；道德责任维度的指标反映了实际公共服务的提供者所处文化环境中的道德规范。

（二）绩效评估指标体系的设计思路

1. 现有绩效评估指标体系的设计思路

分阶段来讲，政府购买公共服务绩效评估指标体系中的具体指标，应涵盖事前评估、事中评估和事后评估三个阶段。首先，由于公共服务供给与需求的匹配性，加之购买的资金来源于政府财政，有效的事前评估可以考察政府购买的公共服务项目是否有必要，其成本、流程是否符合规范，以及是否存在寻租腐败现象等。其次，政府购买公共服务将公共服务的供给职能转移给了供应商，使得公共部门对公共服务供给过程的监督易存在缺漏。事中评估是对服务提供过程中的额外成本、公平性等及时跟进并进行评价，防止公共服务供给过程中的风险发生。最后，事后评估是在公共服务供给之后的一个总结性评价，强调通过评估来对服务的效果、满意度、成本核算等进行考察。

从评价内容来讲，政府购买公共服务绩效评估指标体系应涉及经济效益和社会效益两个方面，以及对购买公共服务整体环境的评价。首先，经济效益的评估主要考察的是收益成本比，强调政府对购买公共服务和自己提供服务在人员、时间、资源和资金投入方面的对比，从而判断哪种方式成本更低。其次，在政府购买公共服务后，也要考评其服务覆盖率、服务人数、服务次数、服务是否产生歧视、公民满意度等促进社会公平以及满足公民公共服务需求的维度指标。最后，对购买公共服务的评估也要注重对购买环境的评价。现实生活中，受到腐败行为和服务项目水平的制约，政府购买公共服务声称的竞争往往并不充分，仅有少数供应商能参与到合同竞标中。由此，需要对政府购买公共服务活动开展的整体环境进行判断。

从评价对象来讲，政府购买公共服务绩效评估指标应涉及政府部门、供应商与公民这三类主体的评估。首先，政府部门作为购买主体，其购买能力和购买态度直接影响政府购买公共服务效果。可以从多角度对其进行评估：从财政角度来看，政府部门掌握了财政资金流向的控制权，出于对纳税人负责的态度需要对其进行评价；从政府职责视角看，政府部门通过购买合同将职责转移出去，所以需要对这些职责进行评估以防政府逃避责任；就权力运行而言，政府部门有选择供应商的权力，所以需要对政府进行评价以防止腐败和寻租行为；从政府成本来看，购买服务节约的成本是否被妥善使用以及相关人员的安置也是需要评价的内容。其次，对供应商的评估是为了确保购买合同的有效执行。对供应商的资质进行评估能够确保其有能力提供服务；对供应商的管理制度进行评估有助于掌握供应商的运行规范程度；从管理绩效角度对供应商进行评价主要是从生命周期的视角考察供应商提供服务的持续性；对工作人员、组织理念等进行评估能够考察其提供服务的质量、专业性与公平性。

最后，对公民的评价包含了三个维度：公民满意度、供给的质量和效率、公民参与度。前两个维度是为了保证公共服务提供过程中不出现问题，其中对公民满意度进行评价是从服务享受者的角度去衡量服务。此外，对公民参与也要进行评估，要考虑到实际的环境因素，即公共服务均等化水平、民间舆论场的作用力度等；同时也要考虑到政府因素，包括信息公开等；还要评价公众自身的因素，考察其文化水平和评价能力、积极性等。①

从评价理念上讲，政府购买公共服务绩效评估指标体系应将“成本—收益”指标和公共责任指标放在同等重要的地位。政府购买公共服务实际上是一个较为复杂的行为，概因其购买服务过程中体现的市场原则与公共服务本身具备的公共理念交织。一方面，政府购买公共服务的过程涉及纳税人资金的使用、政府职责的转移以及公共利益的实现，任何环节出现问题，都是政府公共责任缺失的表现。另一方面，合同外包不等于监督和责任外包，以公共责任为导向有助于政府对购买过程中可能出现的风险与问题加强防范和监管。

2. 绩效评估指标体系的设计和实施过程

（1）取得利益相关者认同，成立绩效评估统筹工作小组。政府购买公共服务作为公共服务创新供给机制，是一个多主体、多要素复合构成的复杂体系和运行过程，绩效评估在政府购买公共服务的发展过程中逐渐受到重视。这不仅源于组织内部管理与决策的需要，组织外部的公众参与、承接方合作、专家考评也发挥着重要的推动作用。可见，在政府购买公共服务绩效评估系统设计前，获得包括服务的购买者、承接服务的合作者和服务的预期使用者在内的不同利益相关者的认同与支持是非常重要的。因此，为了保障绩效管理工作的有效性，在获得组织高层管理者的认同后，通常情况下，下

① 宁靓、赵立波：《公众参与政府购买公共服务绩效评估指标体系研究》，《中国海洋大学学报（社会科学版）》2017 年第 4 期。

一步工作就是成立绩效评估统筹工作小组。绩效评估统筹工作小组将明确各部门或个人的职责，分配他们承担的具体任务。

（2）确定绩效评估的目的，合理选择绩效评估指标。明确目的是实现关于绩效评估系统效用的最佳思路。基于不同考评目的的绩效评估体系，其设计和使用的关注点、指标分类、要素以及评估体系使用方式等方面都有很大的差异。因此，在绩效评估体系设计之初，清楚地认识评估的目的是十分必要的。本书中，绩效评估不仅为了进行更好的管理和做出更明智的决策，还为了让绩效结果真正发挥作用，如提升服务效率、改进服务质量、增加公众参与等。明确绩效评估的目的后，就可以确定考评标准。这个环节是绩效评估体系的中心环节，涉及绩效指标的界定、评估、进一步选择等问题。此外，它涉及的问题还包括：如何具体开展绩效评估，绩效指标的信度和效度如何，如何获取相关数据，以及绩效指标是否可以反映预期目标等。与一般的绩效评估一样，基于公共责任维度的绩效评估指标选取通常也需要扎根于具体实践。在本书第二章探讨的政府购买公共服务绩效评估的实践与风险的基础上，确定公共责任维度下潜在的评估指标。此部分内容将在后文详细讨论。

（3）完善绩效评估体系，实现全过程评估。绩效评估体系的实施是一个系统过程，它包括绩效信息的收集与审查，公众沟通与反馈机制的建立等。政府购买公共服务作为比较复杂的公共服务项目，其绩效指标的确定部分来自对利益相关者的调研，如深度访谈、问卷调查等。为了保证数据的可靠性和完整性：一方面，对访谈者和受访者进行培训以获得有信度的数据十分重要；另一方面，在公众参与及第三方（专家等）参与政府收集信息过程中，建立公众沟通与反馈机制也是必不可少的环节。然而，无论如何谨慎操作，在数据收集、调研工具选择、服务质量保障等方面都可能出现问题。这就需要密切监测绩效评估体系的运作，一旦发现问题就要及时解决。

二、公共责任视角下政府购买公共服务的内在逻辑

项目设计背后的逻辑暗含了各部分之间相互作用的过程、所提供的产品或服务，以及最终产生怎样的结果。可见，以公共责任为视角对政府购买公共服务进行绩效评估，也就是对项目各部分的设计逻辑以及项目具体实施时是否符合公共责任要求进行评价。因此，在提出具体的、系统的指标之前，还需要对公共责任视角下的政府购买公共服务项目工作的内在逻辑进行阐释，回答当我们确定了绩效评估指标的设计原则与思路后，应该如何设计相应的绩效指标、有效的绩效指标应该包括哪些方面等问题，进而确保绩效评估指标体系能够传达有意义的项目绩效信息，绩效指标合适恰当并符合相关项目工作的逻辑。

图 4-1 所示模型展示的是一般项目的开展逻辑。简单地说，该模型展示了开展项目工作、提供服务所需要的各种资源。委托人与公共组织均希望这些产出可以带来相应的成果——最初成果、中间成果和远期成果。另外，外部因素是影响项目绩效的重要因素。需要强调的是，在项目工作逻辑模型的落实中，最重要的就是区分产出和成果。产出表示一个项目实际操作过程中的表现及其结果，而成果是项目产生的效果。关注全面绩效的管理者会将注意力聚焦到项目的成果上，因为成果是一个项目效果的代表。产出指标应该被看作项目成功的必要非充分条件，它是一个项目提供的直接服务或产出的直接产品。如果没有高质量的产出，一个项目工作就无法产生预期的结果，但产出并不一定意味着会得出成果。因此，为了监控项目的工作绩效，对产出和成果进行评估是非常必要的。

就政府购买公共服务项目而言，实施过程中涉及的主要资源包括：作为购买方的工作人员、购买服务的资金预算、信息资源等。项目活动的直接发起者是承接公共服务的社会力量，因此，组织机构设置的规范化、政策法规的完善度及问责机制的清晰度等都是影

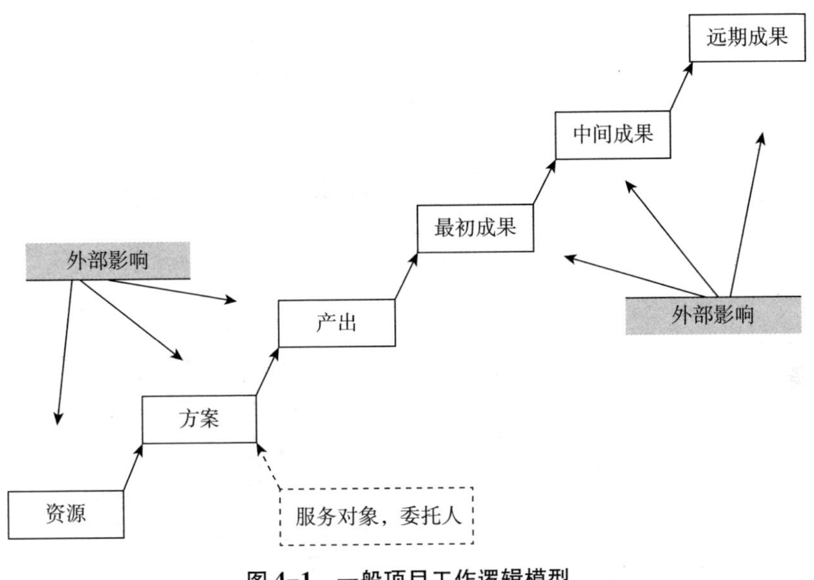

图 4-1　一般项目工作逻辑模型

响政府购买公共服务绩效的重要外部因素。开展政府购买公共服务项目的工作活动包括进行方案设计、掌握承接方的专业水平、了解服务合同的明确度、确保购买流程的透明度等。项目的产出是提供优质的公共服务和提升公众满意度。实际上，服务质量是整个政府购买公共服务项目最直接的评估指标。此外，还需要考察项目的最初成果是否满足了公众需求，是否提升了服务质量，是否提高了公众参与度。中间成果是在最初成果的基础上获得的，而真正期望的长期结果是：政府职能转变、创新服务供给方式、完善公共责任机制、提升公共责任意识，进而实现服务供给的公平性，以及增强政府回应性与责任感（见图 4-2）。

三、绩效评估指标的核心内容

基于上面的论述，下面我们将从投入、产出、效率、效果、满意度五个方面对绩效评估指标的核心内容展开说明，为第三章构建的概念性框架中二级指标的确定提供参考。

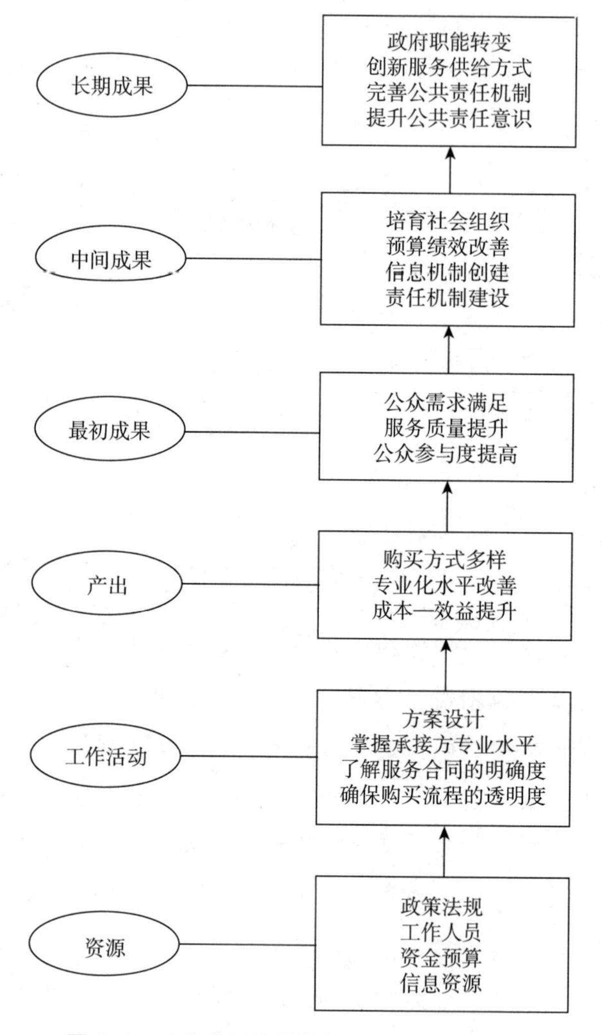

图 4-2　政府购买公共服务项目工作逻辑模型

（一）投入指标

投入指标通常是用来反映为完成某一社会活动而投向该活动过程的人力、物力、财力，甚至是时间等资源的指标。[①] 投入作为一切

---

① 〔美〕马克·霍哲、张梦中:《公共部门业绩评估与改善》,《中国行政管理》2000年第3期。

活动的前提和基础，其指标的设置反映了对一项活动的事前规划与行动结果的期望方向。因此，设计清晰的投入指标不仅有利于避免资金和其他资源的浪费，也有利于明确该项活动的关注重点与价值取向。就目前来看，在政府绩效管理领域，以“公众为导向”的新公共管理绩效评估理念并未与实践完全融合，政府向公众负责的公共性诉求仍停留在观念层面。[①] 政府不是单纯追求经济效率的企业，政府的根本服务宗旨是承担公共责任，为公民创造公平、幸福的社会环境。由此，政府购买公共服务绩效评估中投入指标的设置不应仅仅聚焦于经济指标或单纯追逐效率，还应将投入指标的设计置于公正、公共利益等包含公共责任的价值追求中，对可以实现公共责任的人力资源、信息和制度等投入指标比重进行扩充。[②]

首先是人力资源投入指标。具体可以从投入人员的数量和人员的专业素质进行考量。第一，投入人员数量。政府引入社会力量参与公共服务的提供，其中一个重要考量就是政府的人员配比与追求高质量服务目标之间的差距。政府购买公共服务活动的顺利开展需要多个部门、多方工作人员全过程的协力配合。在任务总量不变的情况下，工作人员需要超负荷承担更多任务，这会影响政府购买公共服务绩效评估的整体效果。第二，人员的专业素质。政府购买公共服务活动的前期合同拟定、招标资质确认及承接方选择都与工作人员的专业能力息息相关。面对购买活动中出现的突发情况，工作人员的专业能力会直接影响处理结果。

其次是信息投入指标。设计需求表达机制、沟通协调机制和健全的信息筛查机制，而信息筛查机制尤为必要。设定信息投入指标

---

① 荀明俐:《政府管理责任公共性诉求的基本问题》,《中国行政管理》2012 年第 2 期。

② 杨倩文等:《政府购买机构养老服务绩效评价指标体系构建与实证应用》,《社会保障研究》2021 年第 5 期。

的目的是监督行为主体的活动，判断其行为是否符合法律规定，督促其履行法律责任。2017 年湖北省天门市突然被叫停的公路项目①，正是前期不够重视信息投入指标、缺失信息沟通机制指标，导致出现了购买方和承接方责任不清、相互推诿的情况，严重影响项目质量。

最后是制度性投入指标。制度性投入指标是对执行行为的制度约束。政府购买公共服务的行政化倾向使得政府工作人员极有可能利用自身优势向社会寻租，给予特定承接主体信息上、程序上或是价格上的优惠，滋生腐败。而明确的购买制度有利于形成统一的购买服务标准，对购买过程中的随意性行为和主观性行为形成约束，保障购买效果。② 此外，购买方案设计指标和购买服务过程规范指标均是制度性指标不可忽视的组成要素。购买方案设计是购买行动的参照，可以有效减少工作失误，依据方案设计对购买行为进行的管理与监督可以督促政府官员增强角色意识，履行行政责任；购买服务过程规范指标有利于参与主体明确岗位职责，加强各部门相互配合，减少不必要的成本浪费，维护购买程序的合法性与正当性，维护公众利益。

（二）产出指标

产出指标在整个指标体系的构成中占据着重要位置，是测量活动成效的重要工具。③ 一项活动的产出往往包含显性产出和潜在产出两个部分。显性产出通常指活动所呈现的结果，而潜在产出是指目

---

① 《市纪委通报 2 起扶贫领域落实主体责任不力典型案件》，http://www.tmjjjc.gov.cn/html/tmbgt/8244ef43-5994-492a-ab7a-994fc1d86fd1.html，2022 年 6 月 4 日访问。

② 娄成武、甘海威：《新制度主义视角下政府购买公共服务内部化问题治理研究》，《学术论坛》2017 年第 2 期。

③ E. Springer, "Caught Between Winning Repeat Business and Learning: Reactivity to Output Indicators in International Development," *World Development*, 2021, 144 (1).

前的资源在充分利用的情况下可以发挥的最大价值。[1] 对潜在产出的衡量是评估产出效果的重中之重。政府购买公共服务中的潜在指标主要体现在承接主体专业能力的发挥、资金使用的规范程度、服务方案的可行性、购买流程的清晰程度等方面。

首先，承接方主体的专业能力包括承接方工作人员的胜任力水平指标、专业能力指标以及组织能力指标。第一，承接方工作人员的胜任力水平可以从专业知识、敬业态度和技能水平三个角度进行考虑。多部门配合的行动过程不可避免地会出现各种问题，工作人员胜任力水平反映了其处理问题的能力，能否秉持专业责任精神，在持续变动的环境中克服阻碍，达到既定的价值目标。第二，承接方工作人员的专业能力可以从专业知识与实践技能两个角度考虑。政府购买公共服务活动的顺利推进需要专业的工作人员，其专业知识和实践技能影响着公共服务的提供水平。第三，承接方工作人员的组织能力会对活动的统筹规划、战略管理、人际沟通、团队协作等多个方面产生影响。2021 年民政部公布《"十四五"社会组织发展规划》，规划中明确提出对社会组织进行能力、智力支持，联合科研机构，加强对社会组织理论和实践研究，指导社会组织建立专业化队伍。可见，政府购买公共服务活动需要工作人员基于个人专业素养和知识水平，有组织、有条理地将人力、财力、物力等各种不同的资源调动起来，以实现最终购买目标。

其次，资金使用规范指标。监督参与主体是否秉持程序化、规范化的运作原则，将资金使用流程置于透明化的监管下，减少非必要的资金损耗，保证足够的资金数额用于项目过程，以确保制度环境的公平。

再次，服务方案指标。该类指标的设计内容反映承接主体的服务态度，其中内含的需求分析、人力、物力、财力配置以及各项管

---

① 赵环等:《政府购买社会服务的逻辑起点与第三方评估机制创新》,《华东理工大学学报（社会科学版）》2014 年第 3 期。

理制度、服务目标等内容对于鉴定和引导承接主体的公共责任意识具有重要意义。[①]

最后，购买流程指标。它是指通过形成清晰、固定的购买流程可以明确岗位职责分工，以减少推诿责任现象。

（三）效率指标

效率是一项活动或是一个组织的投入（比如投入使用的人力、设备、资金、时间等有形或无形资源）与产出（活动的效果）之间的比率关系。[②] 政府购买公共服务包含多重委托—代理关系的利益链条，包括公众—政府—政府工作人员—社会组织—社会组织的实际行动者等，其过程涉及的环节众多，包括最初的目标制定到最终的结果评估，所以对每一环节的效率进行把控就成为必要之举。然而，由于政府与承接主体双方存在“身份差异”，政府无法保证承接方可以准确理解公共服务目标，致使承接方提供的公共服务可能会出现偏离价值目标的现象。[③] 单纯的政府效率并不能体现整个购买活动的绩效产出，承接方作为公共服务的直接供给者，其服务能力和内部管理也影响公共服务供给效率。[④] 因此，政府购买公共服务绩效评估的效率指标中应包含对政府效率的评估和对承接方效率的评估。

（1）对政府效率的评估。政府购买公共服务的效率体现在公共服务的实际产出与投入的人力、物力、财力之间的比率关系。[⑤] 其

---

① 姜晓萍、郭金云：《基于价值取向的公共服务绩效评价体系研究》，《行政论坛》2013年第6期。

② 闫娟：《政府购买公共服务绩效评估指标体系模型构建与阐释——基于多元取向的立体复合型指标体系模型》，《改革与开放》2016年第19期。

③ 韩清颖、孙涛：《政府购买公共服务有效性及其影响因素研究——基于153个政府购买公共服务案例的探索》，《公共管理学报》2019年第3期。

④ 徐家良、许源：《合法性理论下政府购买社会组织服务的绩效评估研究》，《经济社会体制比较》2015年第6期。

⑤ 〔美〕马克·霍哲、张梦中：《公共部门业绩评估与改善》，《中国行政管理》2000年第3期。

中，政府效率主要包含制度效率、资源配置效率和经济效率。[①] 第一，设计购买公共服务的制度建设指标涉及程序制度建设、多元监督制度建设、问责制度建设等在内的一系列制度集合，以此引导参与者严格遵守相关制度，以制度规范政府购买行为，保障政府购买的程序化、有序化、标准化，实现资源配置效果的最大化，为政府公共责任的履行提供制度约束。第二，设计购买服务方案的完整性指标，引导政府深入了解公众需求，周全考虑购买方案，实现资源高度利用，保证资源配置效率。购买方案建立在对公共服务全方位考虑的基础上，购买方案详细程度的增加，一定程度上也意味着执行工作人员“钻空子”可能性的减小。这样，有限的资源才有可能被应用到为公众服务的活动中，创造公共价值。仅从政府招标方案这一环节来看，政府招标的不同方案设计会产生不同的信息成本、合同拟定成本、管理成本，关乎政府能否以最小的成本在最短的时间内选出符合标准的承接方，提高资源配置效率。[②] 第三，设计合同管理成本、人员消费等支出成本指标，保证财政资金使用的透明、公正与高效，强化建立在预算资金管理基础上的绩效评估效果，提升政府的经济效率。另外，购买目标的完成度指标、服务效率的改善程度指标均可以看作是政府从公共责任角度对绩效结果的回应。

（2）对承接方效率的评估。从主观因素来看，承接方工作人员的专业能力关乎承接方的工作任务能否在规定时间内按目标完成。拥有不同专业能力的工作人员执行同一服务方案会产生不同的效果，专业能力和执行能力强，服务效率就高，服务效果就好；专业能力低、执行能力差，服务效率就会低，服务效果也会差。从客观因素来看，承接方的服务方案设计及资金使用管理同样会对服务效率产

---

① 石富覃：《地方政府绩效评价指标体系设计的导向和原则研究》，《开发研究》2007年第3期。

② 李洪佳：《政府购买公共服务绩效评估的难题及破解之道——基于组织间网络的视角》，《行政与法》2019年第5期。

生影响。承接方服务方案设计指标主要体现在以下五个方面：一是设计服务流程的透明度指标，旨在将公共服务的运行置于公开的监督下，以透明化的操作规范执行人员的服务行动，减少以权谋私行为，坚守“公众价值”；二是设计服务合同拟定指标，多标准严格筛选承接方，综合评审承接方的成本控制、服务质量以及社会效益，通过确保服务主体的专业性向公众负责，形成公共利益导向；三是设计承接方的成长情况指标，以政策鼓励承接方发展，吸引多元社会力量参与公共服务提供过程，培育并引导专业的社会力量参与公共事务，制定质量标准与服务评价标准，让承接方成为更有能力、更有社会责任感的服务提供者；四是设计服务合同明确度指标，为绩效评估提供依据，减少承接方行动的随意性，让服务合同成为承接方落实公共责任的驱动力，避免公共损失的扩大化影响政府购买公共服务的质量；五是设计承接方资金使用管理指标，以资金使用的合理规划规范承接方的经济行为，以此改善因财务人员的违规操作而造成的服务效益下滑、服务效率降低的情况。

（四）效果指标

效果通常指的是实际产出与呈现效果之间的关系，代表着既定目标产出的完成和理想结果的实现程度。[1] 效果指标分散在整个行动过程中，与行动最初的、中间的或者是长期成果存在密切关系。[2] 政府购买公共服务活动是通过产出的完成程序和最终呈现的购买效果来判断是否达到了预期目标。[3] 需要注意的是，购买效果的判断标准不单单是数量和质量两个方面，更强调服务结果的价值导向和公共

---

① R. D. Behn and P. A. Kant, “Strategies for Avoiding the Pitfalls of Performance Contracting,” *Public Productivity & Management Review*, 1999, 22 (4).

② 〔美〕西奥多·H. 波伊斯特：《公共部门绩效评估》，肖鸣政等译，中国人民大学出版社 2016 年版，第 43 页。

③ 徐家良、许源：《合法性理论下政府购买社会组织服务的绩效评估研究》，《经济社会体制比较》2015 年第 6 期。

责任的最大化。政府购买公共服务涉及多个部门、多个岗位，甚至是多个层级，每一部门或层级的表现都会影响阶段性效果的呈现。因此，政府购买公共服务的效果指标设计应从购买活动的全过程出发，充分考虑不同参与主体在政府购买的不同阶段发挥的不同作用。

(1) 从政府角度来看，效果指标应该包含政府信息公开程度指标，购买流程公平性指标，服务提供及时性、精准性和回应性指标，政策目标达成度指标，权力寻租状况指标，以及社会组织增长率指标。第一，设计政府信息公开程度指标。信息具有公益性、传播性的特征①，而公众有获取信息以监督政府行为的权利，公众获取信息渠道的广度、了解信息范围的程度直接影响其对公共服务的真实评价，进而影响政府对后续公共项目购买的选择与确定。第二，设计购买流程公平性指标，保证政府在招标过程中秉持公平、公开、公正原则，尽可能避免因部分政府官员谋取私利而阻碍政府挑选到服务优质、成本低廉的承接主体②，充分发挥购买流程的筛选过滤作用，选择出能够最大化实现公民期望的承接主体。第三，设计服务提供的及时性、精确性和回应性指标。这是从评估主体的第一视角来感受公共服务提供的数量和质量，以评价政府提供的公共服务是否公平公正。第四，政策目标的达成度指标是在购买服务中设置评估政策目标是否达成的指标，是从结果应用上为政府再次评判、筛选具有社会责任感的竞标者提供依据，据此找到最优社会承接主体，从而实现公共服务中追求的公共责任。第五，设计权力寻租状况指标。钱权之间极易产生腐败空间，而权力寻租状况指标就是对腐败交易行为的警告，对违背购买目标的行为进行规约，以实现财政资金的正确使用，减少因追求个人利益而牺牲公共利益、违背公共责

---

① 陈则谦、孙伯谦:《我国政府向社会力量购买公共信息服务的现状分析——基于“指导意见”和“指导目录”的政策文件调查》,《图书情报知识》2016年第6期。

② 徐金燕:《政府购买社区养老服务运行绩效影响因素的实证研究——以长沙市为例》,《湖南社会科学》2020年第2期。

任的现象。第六，设计社会组织增长率指标。政府购买活动的发展目前尚不完善，为了构建政府购买公共服务未来可持续的发展前景，需要政府培育数量更多、质量更优的社会组织，因此促进社会组织的独立稳定增长，有助于更优质的社会服务的提供和更好的购买效果的实现。

（2）从承接方角度来看，与效果相关的指标有承接资格考察、质量改进、流程公开三个方面。第一，承接方参与政府购买公共服务项目，存在社会认可期。在此期间，社会公众和政府需要对其提供公共服务的专业能力进行考核，以此来评判承接方是否具有承接资格。服务完成情况指标与后续可行性指标可以对此进行检验。第二，政府购买公共服务的本意是借用社会力量，提供更高质量的公共服务，所以可以从硬件设施提供数量、公民使用频次等较为直观的数据对质量改进程度进行衡量。第三，承接方不同于政府以“为社会服务”为目的，大多数的社会承接方都有营利的绩效要求，因此承接方的价值追求很容易受到市场逐利思想的影响，在服务过程中利用被赋予的权力谋求私利。因此，设计服务流程公开指标，判断其操作是否置于公众监督之下，进而确保公共服务的“公共性”。

（3）作为公共服务的直接感受者，社会公众也是效果指标设计的重要角度。[①] 公众参与情况直接关系到绩效评估结果。[②] 为社会公众提供优质高效的公共服务是政府的最终目标，政府购买公共服务活动也应以此为依据，设计公众需求满足情况指标，提升对公众满意度的重视程度，落实公共责任担当，从而提高政府购买公共服务的绩效水平。

---

① 杨黎婧：《公众参与政府效能评价的悖论、困境与出路：一个基于三维机制的整合性框架》，《南京社会科学》2019 年第 9 期。

② 丁建彪：《公民参与推动政府绩效评估探析——基于现实依据、实现途径及溢出价值的维度》，《湖北社会科学》2016 年第 11 期。

（五）满意度指标

满意度指标是对公共服务是否满足公众需要的判断[①]，通过公共服务的受益主体对服务项目进行满意度打分，政府以此为参照进行相关加权计算，从而达到了解客户需求、掌握客户满意程度、优化资源配置、补齐服务短板和提升服务效益的目的。[②] 在政府购买公共服务的活动中，满意度指标是将公共服务的使用者即公众作为考核主体[③]，通过公众的反应检验公共服务项目在购买发生前后的价值追求与原定目标间是否发生偏移或改变，以提供对服务项目的一种补充性看法，进而改进服务效果。作为对购买主体和承接主体是否履行责任的检验，满意度指标经常与质量指标和效果指标联合使用，对参与主体的道德责任和政治责任进行监督和评判。[④]

作为对政府购买公共服务的一种客观评价，公共服务提供的数量与质量应纳入满意度的考核之中。[⑤] 公共服务提供的数量包括服务提供频次和服务人数。设计提供频次指标和服务人数指标，可以为公共服务供给划定一个硬性标准，帮助实现公共服务的普及普惠。公共服务质量是影响公众满意度的更为重要的因素。[⑥] 具体可以从服务人性化、服务满足需求的程度、服务意识与责任感、服务公开程度、服务积极性等方面进行指标设计。第一，服务人性化是指将公民对公共服务的感受放在第一位。公民意见反馈和公共服务使用频

---

① 卓越：《政府绩效评估指标设计的类型和方法》，《中国行政管理》2007 年第 2 期。

② 范炜烽、许燕：《政府向社会力量购买公共服务评估指标体系构建研究》，《科学决策》2020 年第 5 期。

③ 李乐、杨守涛、周文通：《试论公共责任视域下以公民为本的绩效评估指标体系的构建——英国的经验与启示》，《中国行政管理》2018 年第 6 期。

④ 吉鹏、李放：《政府购买养老服务绩效内涵界定与评价模型构建》，《广西社会科学》2017 年第 11 期。

⑤ 魏中龙等：《政府购买服务效率评价研究》，《广东商学院学报》2010 年第 5 期。

⑥ 王春婷等：《政府购买公共服务绩效结构模型建构与实证检测——基于深圳市与南京市的问卷调查与分析》，《江苏师范大学学报（哲学社会科学版）》2013 年第 1 期。

次能够反映政府和承接方是否坚持以公民需求为中心的办事原则。第二，服务满足需求的程度指标考察的是政府在对公民需求进行调查和分析后，是否深入了解并把握了其需求热点和难点，尽可能避免所购买的服务与公民需求相脱节的现象，有针对性地满足公民需求。[①] 第三，服务意识与责任感指标意在提醒政府工作人员，其购买行动不仅需要承担行政责任，更要承担完全的道德责任，需要将社会责任真正内化于心，外化于行。这样就能从道德角度减少行政化倾向，约束个人行为，减少以权谋私行为。第四，服务公开程度指标主要指政府购买流程公开、信息公开等。通过透明的购买流程和购买信息，强化政府购买公共服务中的承接者间的竞争，以及加强对政府购买的监督，提升政府购买公共服务的质量。第五，服务积极性指标考核的是工作人员为实现购买目标，克服客观或主观障碍的一种决心与勇气。公共服务提供是一个长期的过程，服务提供的效果离不开工作人员持续的积极作为，这也是道德责任履行的重要方面。

第二节 基于公共责任的政府购买公共服务绩效评估指标体系构建与分析

基于第三章构建的公共责任视角下的政府购买公共服务绩效评估分析框架，以及本章第一节的指标设计原则和指标参考，笔者通过梳理相关文献，并结合对有关部门与机构的调查，构建了5个政府购买公共服务绩效评估维度，以及对应的65个二级指标。

一、绩效评估指标的拟定与筛选

（一）绩效评估的指标初步拟定

针对指标体系设计的评估维度需要重点说明如下问题。第一，

---

① 王力达、方宁：《我国政府向社会力量购买服务问题研究》，《中国行政管理》2014年第9期。

有关本研究确立的5个评估维度：(1) 法律责任。承担法律责任的行为主体是行政机构和行政官员，负责主体为司法机构。评估中涉及法律责任的指标为行政行为、过程等是否符合法律规范。(2) 政治责任。相关指标内容包括公众需求的确认、政策优先次序的排列、公共项目的合理设置、公共资源的有效配置、服务满足公众需求的程度等。(3) 行政责任。行政责任体现的是层级组织内部上下级之间的责任关系，下级服从上级，向上级负责并接受上级的监督。(4) 专业责任。专业责任要求行政部门利用专业知识，最大限度地维护并促进公共利益，以评估组织的专业能力、程序及目标达成度。(5) 道德责任。“按照社会规范辨别是非并采取行动。责任的道德维度超越了法律要求，反映了公共服务的供给环境的文化程度。”① 政府及其工作人员不能只是按照法规做事，不违背法规并不是其责任的界限，他们负有广泛的道德责任，如公正、诚实、正直、积极主动等。涉及道德责任的评估指标侧重评估整个活动中工作人员的服务态度、服务意识和责任感。第二，指标所采用的测量方式应重视量化方法的运用，通过数据分析方法能够快速得出客观结果，如比例、数量、有效性等信息；同时，也需关注一些与政治、社会、文化等相关的质性因素，如满意度、回应性、服务态度与责任意识等。

(二) 绩效评估的指标首轮筛选

结合初步拟定的指标建立指标体系，通过发放专家咨询问卷进行绩效指标首轮筛选。考虑到本书的研究视角与研究内容，笔者共向政府部门负责购买公共服务相关业务的工作人员、能够承接政府购买公共服务的社会组织工作人员，以及从事政府购买公共服务相关研究的专家学者等三类群体发放问卷79份。政府工作人员拥有丰富的实践经验，且具有改进购买公共服务绩效的意愿，并致力于健全购买机制建设；社会组织工作人员作为服务承接方，具有供给服

① N. Flynn and F. Strehl, *Public Sector Management in Europe*, Prentice Hall, 1996.

务的专业知识与技能；专家学者能够在理论上予以指导，进而保证问卷设计的有效性和合理性。由于不同问卷填写者的专业背景与工作内容不同，笔者在问卷发放时尽可能保证了三类群体的填写比例相当。最终回收有效问卷 79 份，政府工作人员、社会组织工作人员与专家学者填写问卷数量分别为 39 份、20 份、20 份。为了在权重上匹配，笔者通过电脑生成随机数的方式删去政府工作人员问卷 19 份，最终结果见表 4-1。

表 4-1 德尔菲法专家咨询基本情况

调查对象	人数	不同职称的人数	不同学历的人数
政府工作人员	20	处级及以上 3 人； 副处级 5 人； 科级 5 人； 副科级及以下 7 人	博士研究生 2 人； 硕士研究生 9 人； 本科生 9 人
专家学者	20	教授 4 人； 副教授 7 人； 讲师及以下 9 人	博士研究生 20 人
社会组织工作人员	20	处级及以上 1 人； 科级 4 人； 副科级及以下 15 人	硕士研究生 5 人； 本科生 13 人； 专科生 2 人

问卷采用五级量表的形式对指标的重要性进行评价，分为“很不重要”“不重要”“一般”“重要”“很重要”五个等级，分别记 1、2、3、4、5 分。问卷结果见表 4-2。在指标体系的初次筛选中，本研究采用平均数与标准差的计算方式，对专家对于指标重要程度的态度进行一致性检验。根据层次分析法惯例，选取平均数 4.3 和标准差 1 作为临界，将平均数低于 4.3 或标准差大于 1 的指标剔除。若平均数低于 4.3 则意味着该指标的重要程度不高，而标准差大于 1 则意味着专家对该指标的判断态度的差异较大。

表 4-2　问卷结果的平均数与标准差统计

指标维度	具体指标	平均数	标准差
行政责任	购买方工作人员的数量	3. 583	0. 962
	购买方管理人员与行政人员的比例	3. 383	0. 922
	购买方工作人员的专业素质	4. 450	0. 910
	购买服务预算编制的合理性	4. 400	0. 924
	购买服务方案设计的完整性	4. 383	0. 865
	购买服务过程的规范性	4. 467	0. 812
	购买服务预算执行进展程度	4. 217	0. 885
	购买服务计划目标的完成度	4. 450	0. 746
	服务提供成本的节省程度	4. 100	0. 796
	合同管理成本的合理性	4. 150	0. 840
	购买服务中竞争的有效程度	4. 283	0. 976
	服务效率的改善水平	4. 333	0. 896
	服务设施的完善度	4. 133	0. 892
	购买服务信息资源的有效性	4. 283	0. 885
法律责任	组织机构设置的规范化	4. 350	0. 799
	行政体制的健全性	4. 300	0. 830
	政策法规的完善度	4. 467	0. 833
	监督机制的有效性	4. 583	0. 766
	问责机制的清晰度	4. 517	0. 725
	需求表达机制的准确性	4. 433	0. 745
	市场机制的成熟度	4. 200	0. 819
	沟通协调机制的完备性	4. 300	0. 830
	风险防控机制的健全性	4. 350	0. 840
	信息收集机制的完整性	4. 350	0. 880
专业责任	承接机构的数量	3. 800	0. 840
	承接方工作人员的胜任力水平	4. 433	0. 673
	承接方工作人员的专业能力	4. 533	0. 623
	承接方管理人员的组织能力	4. 383	0. 783

（续表）

指标维度	具体指标	平均数	标准差
	承接方资金使用的规范性	4.450	0.811
	承接方财务制度的健全程度	4.383	0.761
	服务方案的完整度	4.383	0.715
	服务提供的专业性	4.533	0.650
	服务流程的规范化	4.300	0.720
	服务流程的透明度	4.417	0.720
	服务合同的明确度	4.417	0.743
	服务组织的成长情况	4.183	0.701
	政府规模的缩小情况	3.717	0.940
	服务目标的明确性	4.233	0.810
	服务目标的达成度	4.350	0.709
政治责任	公众参与程度	4.067	0.821
	公众需求满足程度	4.317	0.651
	政府信息公开程度	4.300	0.696
	购买流程的公平性	4.467	0.724
	服务提供的及时性	4.350	0.685
	服务提供的回应性	4.350	0.709
	服务提供的精准性	4.483	0.596
	服务对象的满意度	4.567	0.533
	服务质量的改善水平	4.383	0.613
	政策目标的达成度	4.400	0.588
	社会组织的增长率	4.033	0.863
	承接方的成长情况	4.167	0.740
	权力寻租状况	4.300	0.766
	服务完成情况及后续可行性	4.267	0.733
道德责任	服务组织的责任文化	4.183	0.676
	工作人员的服务态度	4.367	0.610
	工作人员的敬业精神	4.400	0.643

（续表）

指标维度	具体指标	平均数	标准差
	服务提供的人性化	4.317	0.651
	购买方管理人员的责任感	4.433	0.533
	购买方行政人员的积极性	4.367	0.581
	承接方管理人员的责任感	4.450	0.565
	承接方行政人员的积极性	4.317	0.596
	购买方工作人员的服务意识	4.333	0.655
	承接方工作人员的服务意识	4.333	0.655
	购买方掌握公众需求的程度	4.333	0.681
	承接方承诺完成的及时性	4.317	0.676

与此同时，笔者对问卷结果的信度与效度进行检验。首先，针对问卷内容，笔者向专家学者和相关工作人员进行专业咨询，确保问卷的内容效度。其次，通过SPSS软件进行问卷的信度检验，采用克隆巴赫系数与折半信度系数进行分析。经过分析，问卷的整体克隆巴赫系数值为0.972，大于学界公认的0.9，而问卷中五个评估维度的克隆巴赫系数均大于0.9（详见表4-3）。在对问卷进行折半信度检验时，由于该问卷有65个指标，折半分成两部分时，两部分的分析项数量不相等，因而使用不等长折半系数进行信度质量判断。经过计算，折半信度系数值为0.911，大于0.9。该问卷的信度和效度通过检验。

表4-3　5个指标维度的克隆巴赫系数

指标维度	行政责任	法律责任	专业责任	政治责任	道德责任
克隆巴赫系数	0.930	0.949	0.947	0.942	0.948

通过对问卷结果的描述性统计分析，在初始的65个指标中，所有指标的标准差均小于1，专家判断态度的一致性较好。有18个指

标的平均数小于4.3，分别为购买方工作人员的数量、购买方管理人员与行政人员的比例、购买服务预算执行进展程度、服务提供成本的节省程度、合同管理成本的合理性、购买服务中竞争的有效程度、服务设施的完善度、购买服务信息资源的有效性、市场机制的成熟度、承接机构的数量、服务组织的成长情况、政府规模的缩小情况、服务目标的明确性、公众参与程度、社会组织的增长率、承接方的成长情况、服务完成情况及后续可行性、服务组织的责任文化。由此可见，在专家咨询中上述指标的相对重要性较低。

因此，经过指标体系的首轮筛选，本书将上述18个平均数小于4.3的指标删去，保留47个指标。同时考虑到“公共责任”这一视角，为确保指标体系可以体现出“公共责任”的研究倾向，接下来将进一步对上述指标进行删减和合并。

（三）绩效评估指标的最终确定

在经过指标体系的首轮筛选之后，考虑到一些指标存在内容重复、相关度过高及重要指标被遗漏等情况，笔者再次组织专家进行讨论，对指标进行筛选和整合。在指标体系的维度层面，笔者并未从政府购买公共服务的生命周期展开维度建设，而是基于公共责任的研究视角，使用“行政责任”“法律责任”“专业责任”“政治责任”与“道德责任”5个指标维度。

在具体指标的整合层面，考虑到前期首轮被筛掉的18个指标中，合同管理成本的合理性、购买服务中竞争的有效程度以及服务组织的责任文化3个指标仍然具有一定的理论意义，因此，笔者将这3个指标予以保留。合同管理成本的合理性指标主要关注政府部门在购买公共服务过程中的财务状况，体现出对纳税人负责的意识；购买服务中竞争的有效程度指标体现的是购买服务的过程中是否秉持公平公正的原则设立了准入门槛；服务组织的责任文化指标是直接体现服务组织是否存在道德责任底线的重要衡量指标。此外，笔者将其他相关指标进行整合，把“购买方管理人员的责任感”与“购买方行政人员的积极性”整合为“购买方工作人员的责任意识”，把“承接方管理人员的责任感”与“承接方行政人员的积极性”整合为“承接方工作人员的责任意识”，把“购买服务预算编制的合理性”整合到“购买服务方案设计的完整性”中。同时考虑到“服务流程的规范化”指标实际上体现在“购买流程的公平性”“服务提供的及时性”“服务提供的回应性”等指标中，故予以删去。经过多次修改和完善，笔者最终确定的指标体系包含45个指标，具体见表4-4。

表4-4 最终指标体系

编号	指标维度	子编号	指标
A1	行政责任	B1	购买方工作人员的专业素质
		B2	购买服务方案设计的完整性
		B3	购买服务过程的规范性
		B4	购买服务计划目标的完成度
		B5	合同管理成本的合理性
		B6	购买服务中竞争的有效程度
		B7	服务效率的改善水平
A2	法律责任	B8	组织机构设置的规范化
		B9	行政体制的健全性
		B10	政策法规的完善度
		B11	监督机制的有效性
		B12	问责机制的清晰度
		B13	需求表达机制的准确性
		B14	沟通协调机制的完备性
		B15	风险防控机制的健全性
		B16	信息收集机制的完整性
A3	专业责任	B17	承接方工作人员的胜任力水平
		B18	承接方工作人员的专业能力

（续表）

编号	指标维度	子编号	指标
		B19	承接方管理人员的组织能力
		B20	承接方资金使用的规范性
		B21	承接方财务制度的健全程度
		B22	服务方案的完整度
		B23	服务提供的专业性
		B24	服务流程的透明度
		B25	服务合同的明确度
		B26	服务目标的达成度
A4	政治责任	B27	公众需求满足程度
		B28	政府信息公开程度
		B29	购买流程的公平性
		B30	服务提供的及时性
		B31	服务提供的回应性
		B32	服务提供的精准性
		B33	服务对象的满意度
		B34	服务质量的改善水平
		B35	政策目标的达成度
		B36	权力寻租状况
A5	道德责任	B37	服务组织的责任文化
		B38	工作人员的服务态度
		B39	工作人员的敬业精神
		B40	购买方工作人员的责任意识
		B41	承接方工作人员的责任意识
		B42	购买方工作人员的服务意识
		B43	承接方工作人员的服务意识
		B44	承接方承诺完成的及时性
		B45	购买方掌握公众需求的程度

二、绩效评估指标体系的权重确定

由于变量较多，且变量之间存在复杂的结构关系，因此需要对本书中的这些变量进行明确的估值。本书选择采用层次分析法来进行指标体系的权重确定，通过“迈实 AHP”软件实现指标体系的构建、判断矩阵的生成以及问卷数据的分析。

（一）构建层级结构模型

层次分析法的使用需要构造层次结构模型。首先是目标层，也就是基于公共责任视角的政府购买公共服务绩效评估指标体系权重（T）的确定。其次是准则层，也就是指标体系的一级指标，包括行政责任（A1）、法律责任（A2）、专业责任（A3）、政治责任（A4）和道德责任（A5）5 个维度。最后是要素层，主要是指一级指标分类下的二级指标（B1—B45），在本书中具体映射 45 个指标。通过 3 个层次的结构模型建设，构建出基于公共责任视角的政府购买公共服务绩效评估指标体系权重的结构模型（见图 4-3）。

（二）构造判断矩阵

层次分析法在进行层次结构模型的构建后，需要在目标层以外的层次上展开指标重要性的两两比较分析，而通过两两比较构建出的判断矩阵，以调查问卷的形式发放给相关领域内的权威专家。本书将指标的重要性程度衡量尺度划分为 1—9 之间的 9 个等级，并取“1、3、5、7、9”作为问卷的选项，用以评价一个指标相对于另一个指标的重要程度，并在“其他”一栏增加“2、4、6、8”的下拉菜单为专家学者提供介于两个重要性等级之间的重要性选择。在调查问卷中，“1”表示两个指标同样重要，“3”表示一个指标比另一个指标稍微重要，“5”表示一个指标相对另一个指标比较重要，“7”表示一个指标相对另一个指标非常重要，而“9”表示一个指标相对另一个指标绝对重要。根据判断矩阵的构建，笔者最终制作了调查问卷并予以发放。

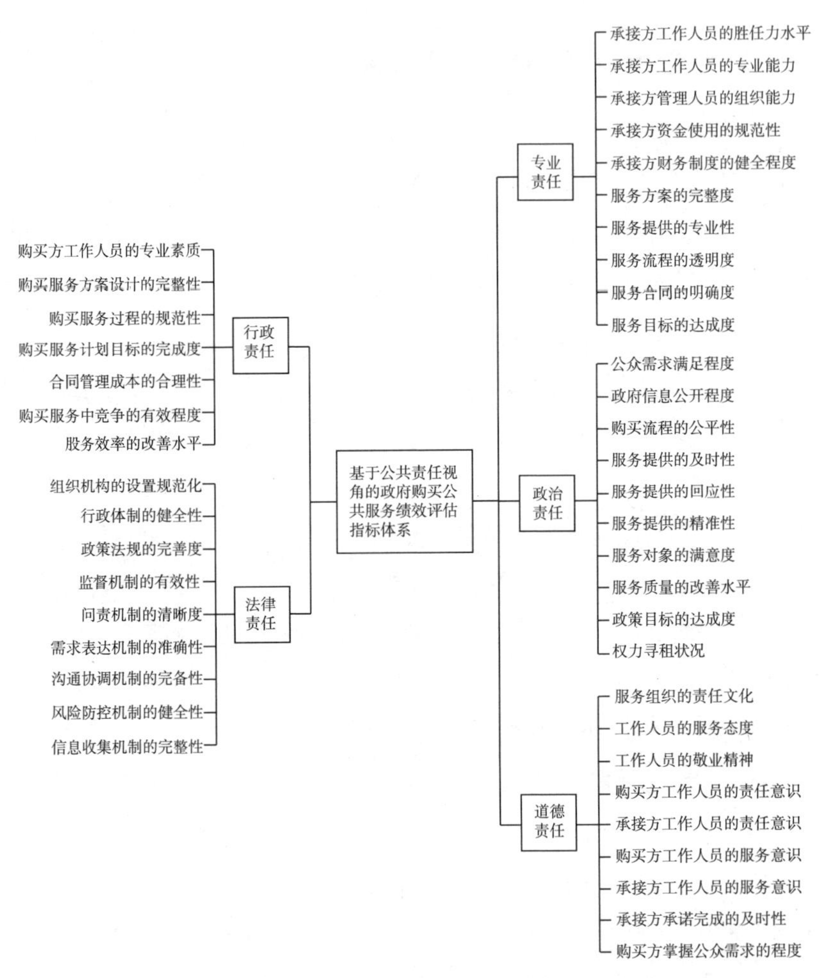

图 4-3　基于公共责任视角的政府购买公共服务绩效评估层次结构模型

为了保证数据的科学性和专业性，问卷的对象与第一轮的对象群体基本一致，问卷主要发放给从事购买公共服务相关工作的政府工作人员、社会组织工作人员以及专家学者。最终共发放问卷 150 份，回收问卷 90 份，其中专家学者问卷 31 份，政府工作人员问卷 30 份，社会组织工作人员 29 份。将上述问卷结果录入软件，对问卷的判断矩阵进行一致性检验，发现共有 8 份问卷没有通过一致性检验。所以，最终分析的结果由通过检验的 25 位专家学者、29 位政府工作人员以及 28 位社会组织工作人员填写的问卷得出。

（三）层次分析法的计算结果

由于本书采用的是层次分析法，构造判断矩阵需要专家对其进行打分，因此需要对 82 位问卷填写者的打分进行加权平均计算最终得到一个群决策的打分值。

（1）从基于公共责任视角的政府购买公共服务绩效评估的总体目标来看，5 个评估维度之间的重要性比较如表 4-5 所示。

表 4-5　判断矩阵 *T*-A 的群决策结果

T	A1	A2	A3	A4	A5	权重
A1	1	1.2091	1.7721	1.5769	2.3911	0.2816
A2	0.8271	1	2.2983	1.8176	2.7019	0.2899
A3	0.5643	0.4351	1	1.0899	1.712	0.1586
A4	0.6342	0.5502	0.9175	1	2.0479	0.1704
A5	0.4182	0.3701	0.5841	0.4883	1	0.0994

注：$\lambda_{max}=5.0404$，$CR=0.0091$，$CI=0.0102$。

（2）在行政责任维度下，7 个指标之间的重要性比较结果如表 4-6 所示。

表 4-6　判断矩阵 A1-B*i* 的群决策结果（*i*=1-7）

	B1	B2	B3	B4	B5	B6	B7	权重
B1	1	1.2673	1.3567	1.5657	1.7121	2.0625	1.8883	0.2066
B2	0.7891	1	1.0774	1.2827	1.4409	1.6421	1.6618	0.1683
B3	0.7371	0.9282	1	1.5677	1.7603	1.9053	1.8445	0.1792
B4	0.6379	0.7796	0.6379	1	1.5165	1.7184	1.8933	0.1458
B5	0.5841	0.694	0.5681	0.6594	1	1.467	1.3603	0.1153
B6	0.4848	0.609	0.5249	0.582	0.6817	1	1.2448	0.0947
B7	0.5296	0.6018	0.5421	0.5282	0.7351	0.8033	1	0.0901

注：$\lambda_{max}=7.0498$，$CR=0.0061$，$CI=0.0083$。

（3）在法律责任的维度下，9 个指标之间的重要性比较情况如表 4-7 所示。

表 4-7 判断矩阵 A2-Bi 的群决策结果（i=8-16）

	B8	B9	B10	B11	B12	B13	B14	B15	B16	权重
B8	1	1. 1649	1. 1092	1. 1990	1. 3050	1. 6918	1. 7542	1. 6195	1. 9786	0. 1740
B9	0. 8585	1	1. 0968	1. 2340	1. 4359	1. 7830	1. 8364	1. 7315	1. 9379	0. 1463
B10	0. 9015	0. 9117	1	1. 1287	1. 5564	1. 6337	2. 0226	1. 8798	2. 1459	0. 1471
B11	0. 8340	0. 8104	0. 8860	1	1. 3250	1. 8412	1. 9432	1. 8167	2. 2809	0. 1392
B12	0. 7663	0. 6964	0. 6425	0. 7547	1	1. 5518	1. 7366	1. 5442	1. 9744	0. 1151
B13	0. 5911	0. 5608	0. 6121	0. 5431	0. 6444	1	1. 4731	1. 4612	1. 5332	0. 0901
B14	0. 5701	0. 5446	0. 4944	0. 5146	0. 5758	0. 6788	1	1. 0250	1. 1736	0. 0734
B15	0. 6175	0. 5775	0. 5320	0. 5505	0. 6476	0. 6844	0. 9756	1	1. 3097	0. 0773
B16	0. 5054	0. 5160	0. 4660	0. 4384	0. 5065	0. 6522	0. 8521	0. 7636	1	0. 0644

注：λ_{max}=9. 0523，CR=0. 0045，CI=0. 0065。

（4）在专业责任的维度下，10 个指标之间的重要性比较情况如表 4-8 所示。

表 4-8 判断矩阵 A3-Bi 的群决策结果（i=17-26）

	B17	B18	B19	B20	B21	B22	B23	B24	B25	B26	权重
B17	1	1. 3819	1. 9416	1. 3789	1. 4677	1. 7466	1. 4592	2. 0267	1. 9159	1. 5184	0. 1502
B18	0. 7236	1	1. 5960	1. 3447	1. 5542	1. 7769	1. 6082	1. 8637	1. 8535	1. 4093	0. 1374
B19	0. 5150	0. 6366	1	1. 0677	0. 9982	1. 2986	1. 2328	1. 6920	1. 6075	1. 3125	0. 1035
B20	0. 7252	0. 7437	0. 9366	1	1. 1528	1. 6036	1. 4329	1. 8574	1. 5068	1. 4539	0. 1146
B21	0. 6813	0. 6434	1. 0018	0. 8647	1	1. 3403	1. 3400	1. 4907	1. 5561	1. 3532	0. 1044
B22	0. 5725	0. 5628	0. 7700	0. 6236	0. 7461	1	0. 9057	1. 2724	1. 3107	1. 1856	0. 0826
B23	0. 6853	0. 6218	0. 8112	0. 6979	0. 7462	1. 1041	1	1. 4666	1. 4027	11589	0. 0898
B24	0. 4634	0. 5366	0. 5910	0. 5384	0. 6708	07859	0. 6819	1	1. 0255	0. 8788	0. 0675
B25	0. 5219	0. 5395	0. 6221	0. 6637	0. 6426	0. 7630	0. 7129	0. 9751	1	0. 9033	0. 0693
B26	0. 6586	0. 7096	0. 7519	0. 6878	0. 7390	0. 8435	0. 8629	1. 1379	1. 1071	1	0. 0808

注：λ_{max}=10. 0549，CR=0. 0041，CI=0. 0061。

（5）在政治责任的维度下，10 个指标之间的重要性比较情况如表 4-9 所示。

表 4-9 判断矩阵 A4-B*i* 的群决策结果（*i*=27-36）

	B27	B28	B29	B30	B31	B32	B33	B34	B35	B36	权重
B27	1	1.4748	1.4425	1.8301	1.8918	1.9531	1.8355	1.9139	2.1682	3.0354	0.1702
B28	0.6781	1	1.2467	1.4081	1.4243	1.4656	1.2828	1.3282	1.3018	2.1879	0.1222
B29	0.6932	0.8021	1	1.5463	1.5411	1.4456	1.4386	1.4253	1.6095	2.1879	0.1242
B30	0.5464	0.7102	0.6467	1	1.1171	1.3824	1.2680	1.3906	1.2990	2.2600	0.1012
B31	0.5286	0.7021	0.6489	0.8951	1	1.1690	1.2351	1.3375	1.3186	2.0685	0.0960
B31	0.5120	0.6823	0.6918	0.7234	0.8554	1	1.0630	1.2489	1.3010	1.9671	0.0891
B33	0.5448	0.7795	0.6951	0.7886	0.8096	0.9407	1	1.2648	1.4063	1.9914	0.0905
B34	0.5225	0.7529	0.7016	0.7191	0.7476	0.8007	0.7907	1	1.3210	1.8983	0.0824
B35	0.4612	0.7682	0.6213	0.7698	0.7584	0.7686	0.7111	0.7570	1	1.8856	0.0754
B36	0.3294	0.4571	0.4425	0.4834	0.5084	0.5022	0.5268	0.5303	0.5511	1	0.0489

注：$\lambda_{max}=10.0617$，$CR=0.0046$，$CI=0.0069$。

（6）在道德责任的维度下，9 个指标之间的重要性比较情况如表 4-10 所示。

表 4-10 判断矩阵 A5-B*i* 的群决策结果（*i*=37-45）

	B37	B38	B39	B40	B41	B42	B43	B44	B45	权重
B37	1	1.2369	1.1909	1.2369	1.2007	1.2787	1.5218	1.1841	1.3149	0.1326
B38	0.9492	1	1.1258	1.1817	1.1251	1.5079	1.5559	1.1253	1.3262	0.1307
B39	0.8397	0.8883	1	1.1734	1.2543	1.4133	1.3314	1.2826	1.3714	0.1262
B40	0.8085	0.8462	0.8523	1	1.0768	1.4730	1.6520	1.3645	1.4612	0.1238
B41	0.8328	0.8888	0.7973	0.9287	1	1.4854	1.5601	1.5927	1.5841	0.1245
B42	0.782	0.6632	0.7076	0.6789	0.6732	1	1.2449	1.2468	1.3820	0.0976
B43	0.6571	0.6427	0.7511	0.6053	0.641	0.8033	1	1.0609	1.2205	0.0871
B44	0.8445	0.8887	0.7797	0.7329	0.6279	0.8020	0.9426	1	1.4592	0.0956
B45	0.7605	0.754	0.7292	0.6843	0.6313	0.7236	0.8193	0.6853	1	0.0818

注：$\lambda_{max}=9.0695$，$CR=0.006$，$CI=0.0087$。

（四）计算全局权重

由于本书指标体系的内容较多，因此以准则层（T-Ai）的判断矩阵指标权重计算为例。在计算权重前，首先要对判断矩阵进行向量归一化处理。

对矩阵 T 每一列进行归一化，得到新的矩阵 T_1：

$$T_1=\begin{bmatrix}0.2904 & 0.3392 & 0.2696 & 0.2640 & 0.2426\\ 0.2402 & 0.2805 & 0.3497 & 0.3043 & 0.2742\\ 0.1639 & 0.1221 & 0.1522 & 0.1824 & 0.1738\\ 0.1842 & 0.1544 & 0.1396 & 0.1674 & 0.2078\\ 0.1214 & 0.1038 & 0.0889 & 0.0818 & 0.1015\end{bmatrix}$$

然后，再将矩阵 T_1 按行求和，并再次归一化后得到矩阵 T_2：

$$T_2=\begin{bmatrix}0.281\\ 0.290\\ 0.159\\ 0.170\\ 0.099\end{bmatrix}$$

T-Ai 的权重向量为（0.281、0.290、0.159、0.170、0.099）。

在判断矩阵的权重向量计算后，考虑到不同专家对问卷内容的认识存在偏好，不能保证每份问卷都有良好的一致性，因此需要通过对矩阵进行一致性检验来保证权重之间不存在矛盾。判断矩阵一致性检验的公式为：

$$CR=\frac{CI}{RI}$$

其中，$CI=\frac{\lambda_{\max}-n}{(n-1)}$，$\lambda_{\max}=\frac{\sum\left(\frac{Aw}{w}\right)}{n}$

使用上述公式对判断矩阵 T-Ai 进行检验，得出特征根 $\lambda_{\max}=\left(\sum\left(\frac{Aw}{w}\right)\right)/n=5.0404$，$CI=(\lambda_{\max}-n)/(n-1)=(5.0404-5)/$

(5-1) = 0.0101。而由于判断矩阵的阶数增加，需要对一致性指标 *CI* 进行修正，也就是将 *CI* 与平均随机一致性指标 *RI* 进行比较后对 *RI* 取值（见表 4-11），本书的判断矩阵阶数为 5，故而 *RI* 取值为 1。如果判断矩阵的 *CR* 小于 0.1，则说明判断矩阵具有较好的一致性。

表 4-11　平均随机一致性指标 *RI* 的取值表

阶段	1	2	3	4	5	6	7	8	9	10
RI	0	0	0.52	0.89	1	1.12	1.36	1.41	1.46	1.49

最终计算得出 $CR = CI/RI = 0.0101/1 = 0.0101 < 0.1$，说明判断矩阵通过了一致性检验。而其他五个判断矩阵的一致性检验结果限于篇幅不在此处详细展示，结果已标注在相应群决策结果表格（表 4-5 至表 4-10）的下方。6 个判断矩阵的一致性系数均小于 0.1，说明均通过了一致性检验。

最后，为了验证总排序结果的一致性，也需要进行一次一致性检验。

$CR = (0.281 * 0.0083 + 0.290 * 0.0065 + 0.159 * 0.0061 + 0.170 * 0.0069 + 0.099 * 0.0087) / (0.281 * 1.12 + 0.290 * 1.36 + 0.159 * 1.41 + 0.170 * 1.46 + 0.099 * 1.49) = 0.005 < 1$

按照层次分析法进行计算分析后，本书建立起的指标体系及权重配置如表 4-12 所示。

表 4-12　指标体系及权重配置表

编号	准则层	子编号	要素层	全局权重	同级权重	排名
A1	行政责任	B1	购买方工作人员的专业素质	0.0582	0.2066	1
		B2	购买服务方案设计的完整性	0.0474	0.1683	3
		B3	购买服务过程的规范性	0.0505	0.1792	2
		B4	购买服务计划目标的完成度	0.0411	0.1458	7
		B5	合同管理成本的合理性	0.0325	0.1153	10

（续表）

编号	准则层	子编号	要素层	全局权重	同级权重	排名
		B6	购买服务中竞争的有效程度	0.0267	0.0947	12
		B7	服务效率的改善水平	0.0254	0.0901	14
A2	法律责任	B8	组织机构设置的规范化	0.0426	0.1740	4
		B9	行政体制的健全性	0.0424	0.1463	6
		B10	政策法规的完善度	0.0426	0.1471	5
		B11	监督机制的有效性	0.0404	0.1392	8
		B12	问责机制的清晰度	0.0334	0.1151	9
		B13	需求表达机制的准确性	0.0261	0.0901	13
		B14	沟通协调机制的完备性	0.0213	0.0734	18
		B15	风险防控机制的健全性	0.0224	0.0773	16
		B16	信息收集机制的完整性	0.0187	0.0644	21
A3	专业责任	B17	承接方工作人员的胜任力水平	0.0238	0.1502	15
		B18	承接方工作人员的专业能力	0.0218	0.1374	17
		B19	承接方管理人员的组织能力	0.0164	0.1035	26
		B20	承接方资金使用的规范性	0.0182	0.1146	22
		B21	承接方财务制度的健全程度	0.0166	0.1044	24
		B22	服务方案的完整度	0.0131	0.0826	32
		B23	服务提供的专业性	0.0142	0.0898	29
		B24	服务流程的透明度	0.0107	0.0675	40
		B25	服务合同的明确度	0.0110	0.0693	39
		B26	服务目标的达成度	0.0128	0.0808	35
A4	政治责任	B27	公众需求满足程度	0.0290	0.1702	11
		B28	政府信息公开程度	0.0208	0.1222	20
		B29	购买流程的公平性	0.0212	0.1242	19
		B30	服务提供的及时性	0.0172	0.1012	23
		B31	服务提供的回应性	0.0164	0.0960	25
		B32	服务提供的精准性	0.0152	0.0891	28
		B33	服务对象的满意度	0.0154	0.0905	27

（续表）

编号	准则层	子编号	要素层	全局权重	同级权重	排名
		B34	服务质量的改善水平	0. 0140	0. 0824	30
		B35	政策目标的达成度	0. 0128	0. 0754	34
		B36	权力寻租状况	0. 0083	0. 0489	44
A5	道德责任	B37	服务组织的责任文化	0. 0132	0. 1326	31
		B38	工作人员的服务态度	0. 0130	0. 1307	33
		B39	工作人员的敬业精神	0. 0125	0. 1262	36
		B40	购买方工作人员的责任意识	0. 0123	0. 1238	38
		B41	承接方工作人员的责任意识	0. 0124	0. 1245	37
		B42	购买方工作人员的服务意识	0. 0097	0. 0976	41
		B43	承接方工作人员的服务意识	0. 0086	0. 0871	43
		B44	承接方承诺完成的及时性	0. 0095	0. 0956	42
		B45	购买方掌握公众需求的程度	0. 0081	0. 0818	45

三、绩效评估指标体系权重的结果分析

结合层次分析法得到的研究结果，我们发现，基于公共责任的政府购买公共服务绩效评估指标体系的 5 个维度中，法律责任维度对整个购买公共服务绩效评估的影响最大，其次依次是行政责任、政治责任、专业责任和道德责任。从要素层的权重分配结果来看，购买方工作人员的专业素质、购买服务过程的规范性、购买服务方案设计的完整性、组织机构设置的规范化、政策法规的完善度是权重排名前五的指标，在绩效评估中的重要程度相对要高。这也意味着，虽然说政府购买公共服务实际上已经串联起政府、社会等多元主体，但实践中政府部门的制度安排等仍然起到关键作用。笔者在研究之初，试图更加关注法律维度向道德维度即刚性监控向柔性约束发展的过程，赋予政府购买公共服务中道德责任更加重要的意义，然而，最终的研究结果显示，公共责任视角下政府购买公共服务绩

效评估中法律责任仍是最重要的评价指标，而道德责任对政府购买公共服务绩效评估的影响最小。这说明政府购买公共服务中公共责任的实现依然需要刚性规制托底，道德维度还未引起足够重视，这一结果值得深思。

在行政责任（权重为0.281）维度下，购买方工作人员的专业素质、购买服务过程的规范性以及购买服务方案设计的完整性三个指标分别位列重要性的前三名。这表明从行政责任的角度而言，政府购买公共服务绩效评估更加侧重购买公共服务项目的前期准备和过程管理，而对购买公共服务中的竞争、效率问题没有高度重视。

在法律责任（权重为0.290）维度下，组织机构设置的规范化、政策法规的完善度、行政体制的健全性占据重要性的前三名。从该维度的整体情况来看，前三名重要性指标主要考察的是政府自身的机构体制和政策法规建设，反而对那些能够体现政府和社会互动、沟通协商、风险防控等情况的指标不够重视。

政治责任（权重为0.170）维度下的指标基本处于重要性排名的中游，但其中公众需求满足程度这一指标的重要性十分突出，在该维度的指标权重排名第一，排名第二和第三的分别是购买流程的公平性、政府信息公开程度。可以说，从政治责任的角度来看，公众需求的满意度在政府购买公共服务中的重要性较高，这与公共责任的本质直接相关。从政府的性质来看，为人民服务是政府的根本宗旨，而政府购买公共服务的根本目标也在于满足公众对公共服务的需求。此外，购买流程的公平性和政府信息的公开程度则体现出政府对社会组织、对社会成员的责任担当。从政治责任角度讲，政府购买公共服务实际上体现出“政府内部—政府与社会—政府与社会组织”的全方位结构关系，这意味着虽然从表面理解，政治责任归属于政府自身的范畴，但实际上政治责任体现出一定的流动状态，在政府与其他主体之间传导。而其他关于服务提供过程的政治责任，反而因为责任传导给非政府领域则显得不那么重要。

从专业责任（权重为0.159）维度来看，专业责任并不是十分受重视，其指标权重排名基本处于整个指标体系的中下游。在该维度中，承接方工作人员的胜任力水平、承接方工作人员的专业能力和承接方资金使用的规范性是最重要的三个指标。这与法律责任形成了鲜明的区别：法律责任评估维度更侧重政府购买公共服务要符合政策法规要求，专业责任的绩效指标则侧重对承接方承接能力等方面的考察。这表明在政府购买公共服务的过程中，政府部门的公共责任主要体现在制度设计层面，而承接方的公共责任则围绕着如何“把服务做好”展开。

道德责任（权重为0.099）维度下的指标在政府购买公共服务绩效评估中重要程度不高。该维度中最重要的三个指标是服务组织的责任文化、工作人员的服务态度、工作人员的敬业精神。但由于指标的绝对权重比较小，所以即使这三个指标在该维度下的相对权重较大，对整个政府购买公共服务评估的影响仍较小。这从侧面也可以看出，政府购买公共服务中责任文化、服务态度及责任意识等方面一直为人们所忽视。而实践中政府购买公共服务存在的道德问题，或由此引发的委托—代理等问题却已造成诸多不良后果。面对这一结果，我们需要反思：为何道德责任没有在理论层面得到重视？何种原因导致道德责任维度指标的权重值最低？

基于上述研究结果，笔者试图挖掘这些研究结果的潜在效用，并从以下两方面进行探究：第一，公共责任视角构建的评估体系和现有绩效评估体系的整合应用；第二，本书构建的绩效评估体系如何在实践中应用从而体现其价值。

第五章　公共责任视角下政府购买公共服务绩效评估体系检验与结果应用

公共责任视角下政府购买公共服务绩效评估是适应价值转变的必然选择，着重体现了科学测评、公民参与和公共价值创造。结合政府购买公共服务绩效评估案例，可以发现某些衡量公共责任的指标现已成为实践应用中的重要组成部分。前文已构建了基于公共责任视角的政府购买公共服务绩效评估指标体系，并对该指标体系进行了权重结果分析。那么该体系在政府购买公共服务绩效评估实践中是否得到体现和应用？应用效果如何？怎样使其发挥更大效用？接下来，笔者将对这一系列问题展开讨论。

第一节　绩效评估在绩效管理中的应用

绩效管理是现代国家治理的通行方式，亦是有效提升政府绩效和公信力的重要途径。基于公共责任视角的政府购买公共服务绩效评估将相关主体的责任履行转化为一系列可衡量的目标，为绩效管理及其责任改善提供依据。本节将结合实际案例，探究当前公共责任视角下政府购买公共服务绩效评估在绩效管理中的具体应用，以实践效果检验公共责任的履行情况，从而确保政府购买公共服务绩效评估的持续优化。

一、绩效管理及其价值转变

（一）绩效管理与绩效评估

绩效管理是由多种管理工具融合而成的一整套管理体系，包括根据结果定义绩效，设定可衡量的绩效标准，通过绩效指标确定目标的实现程度，形成绩效报告，基于结果的问责等一系列有序且复杂的管理活动。而绩效评估则是一种控制和引导工具[①]，其目标是衡量、评价并影响组织行为的结果。从单纯的语义上来讲，绩效是成绩与效益的综合，其本身所蕴含的效率意义更多。因此，政府绩效管理除遵循公共价值取向外，也应兼顾经济方面的价值，在实现公共利益的同时尽量控制政府的活动成本。

20 世纪初，美国最早将绩效评估理念引入公共部门，并应用于财政管理领域，强调政府的成本控制与绩效预算。[②] 广泛的、规模化的公共部门绩效评估则开始于 20 世纪 60、70 年代，这时人们逐渐认识到，公共部门的责任应进一步向政府提供的公共产品及其所应承担的公共责任转变。[③] 20 世纪 80 年代，以提高绩效为核心的新公共管理运动兴起。新公共管理提倡建立企业家政府，强调系统绩效管理，并与责任制改善、市场化一同成为公共部门改革的重要内容。同时，绩效评估作为中心环节被纳入绩效管理的整体框架之中[④]，成为决定绩效管理成败的重要方面。这一时期的绩效管理遵循顾客至上与结果导向的原则，其主要价值导向仍聚焦于效率，遵循经济、

---

① 卓越、赵蕾：《公共部门绩效管理：工具理性与价值理性的双导效应》，《兰州大学学报》2006 年第 5 期。

② 刘晓静：《范式重构：西方公共行政学的学科衍化与创新探析》，《领导科学》2018 年第 2 期。

③ 卓越、赵蕾：《公共部门绩效管理：工具理性与价值理性的双导效应》，《兰州大学学报》2006 年第 5 期。

④ 同上。

效率、效果的“3E”标准。[①] 在顾客至上理念的助推下，绩效评估也更加关注公民满意度指标。[②] 然而，对以上价值的强调使新公共管理理论受到了批判。有人认为其并未摆脱传统管理主义的束缚，使得民主、公平等公共价值式微，会冲击现代公共行政的合法性。[③] 由此，在批判新公共管理理论的基础上，诞生了以追求公共利益为核心价值理念的新公共服务理论。该理论强调政府在公共服务市场化过程中应回归公民权利、增进公共利益、强调政府责任，提出政府应该为公民服务。绩效管理也遵循这一发展趋势，从强调效率向强调公平、民主、回应性、责任等公共价值的方向转变。

（二）政府购买公共服务绩效管理

以绩效评估为主的绩效管理促进了政府购买公共服务的科学化和规范化发展，同样经历了从注重效率向注重公平、责任、回应性的转变。主要体现在：第一，其评估指标体系从单一的效率指标向包含经济、效率和效果的多维指标转变，并重视公共服务质量评估和公民满意度评估等；第二，绩效评估的过程愈加规范、科学，对信息公开、结果应用、公民参与等机制建设越来越重视，绩效评估的透明度、有效性以及合法性等逐渐变强；第三，评估对象不仅包括作为承接方的承包商，也纳入了作为购买方的政府部门，评估更为全面；第四，在绩效评估的结果应用方面，不仅将其作为政府购买公共服务绩效的监控机制，更将其作为一种责任监控机制，重视其提供的绩效信息及其在改进管理和优化决策中的重要作用。

相较于传统的管理方式，绩效管理更为科学。它将绩效理念渗

---

① 李兰英、苏军毅：《对政府支出绩效评价“3E”标准的评析》，《财会月刊》2007 年第 12 期。

② 马亮：《公众参与的政府绩效评估是否奏效：基于中国部分城市的多层分析》，《经济社会体制比较》2018 年第 3 期。

③ 刘志辉、杨书文：《政府购买社会组织公共服务的公共性论纲》，《理论月刊》2019 年第 10 期。

入政府购买公共服务的管理过程中，使政府购买公共服务具有更加明确具体的实施目标和可量化的评估标准，为公共服务承接方提供任务实施的正确导向，体现了回应性（对上级）、可控性和规范性等相关价值。从这一方面来看，在政府购买公共服务绩效管理过程中，绩效评估更多的是作为监督和评价的环节存在，政府需要为其创造良好的制度环境，并将绩效结果作为对上级负责、说明的依据，以实现行为监管并保证绩效目标的达成。同时，它也是绩效管理中绩效评估有效性的检验依据。因此，绩效管理实践中对结果的应用愈加重视，亦是其价值转变的重要表现之一。

二、绩效评估体系在绩效管理中的检验与结果应用

理论上来讲，基于行政责任、法律责任、专业责任、政治责任、道德责任五个责任维度设计的指标内容均应在政府购买公共服务绩效评估过程中有所体现。笔者在考察了实际的绩效评估指标体系的应用后发现，虽然现有绩效指标与公共责任相关，但并不能体现所有的公共责任类型及其责任行为和态度，即现有政府购买公共服务绩效评估虽然体现了对公共责任的监督，但并未完全按照公共责任视角进行设计。

上海市政府购买公共服务实践始于20世纪末，实践经验丰富，管理体制相对成熟，且最先发展出绩效评估制度①，加之上海市政府购买公共服务的信息公开程度较高，可以获得的绩效评估案例的相关信息较多。因此，笔者主要选取上海市的政府购买公共服务绩效评估案例进行验证，以便优化基于公共责任视角的政府购买公共服务绩效评估体系，为增强该体系的可行性提供重要借鉴。

上海市浦东新区陆家嘴金融城购买服务项目是对陆家嘴金融城管理体制改革的有益探索，旨在通过企业化组织、市场化运作、专

---

① 王克强等:《政府购买社会组织服务项目的绩效评价经验、问题及提升战略——基于上海市的调研访谈》,《中国行政管理》2019年第7期。

业化服务的模式，提升金融城发展的能力和效率。该项目由上海陆家嘴金融城发展局有限公司承接，中国（上海）自由贸易试验区管理委员会陆家嘴管理局为购买方，上海上审资产评估有限公司为评估方。从其2020年度购买服务项目绩效指标评分表（见表5-1）中可以看出，其绩效评价指标主要包括决策、过程、产出、效益四个方面。

表5-1　2020年度上海市浦东新区陆家嘴金融城购买服务项目绩效指标评分表

一级指标	权重	二级指标	三级指标	分值	业绩值	得分
A 决策	20%	A1 项目立项	A1-1 立项依据充分性	4	充分	4
			A1-2 立项程序规范性	3	规范	3
		A2 绩效目标	A2-1 绩效目标合理性	4	基本合理	2
			A2-2 绩效指标明确性	3	不够明确	1
		A3 资金投入	A3-1 预算编制科学性	4	不够科学	2
			A3-2 资金分配合理性	2	合理	2
B 过程	20%	B1 资金管理	B1-1 预算执行率	5	100%	5
			B1-2 资金使用合规性	3	合规	3
		B2 组织实施	B2-1 财务管理制度健全性	2	健全	2
			B2-2 业务管理制度健全性	2	健全	2
			B2-3 实施程序合规性	2	合规	2
			B2-4 财务管理制度执行有效性	2	有效	2
			B2-5 业务管理制度执行有效性	2	有效	2
			B2-6 跟踪监管有效性	2	有效	2
C 产出	30%	C1 产出数量	C1-1 经济发展工作完成率	4	95%以上	3.8
			C1-2 招商引资工作完成率	6	85%以上	5.2
			C1-3 安商稳商工作完成率	4	90%以上	3.5
			C1-4 重点工作完成情况	4	100%	4
			C1-5 环境建设工作完成情况	3	100%	3

（续表）

一级指标	权重	二级指标	三级指标	分值	业绩值	得分
			C1-6 行政审批工作完成率	3	100%	3
		C2 产出质量	C2-1 单位及个人获奖情况	2	优良	2
		C3 产出时效	C2-2 防疫工作完成情况	1	优良	1
			C3-1 工作完成及时性	3	及时	3
D 效益	30%	D1 实施效益	D1-1 企业综合营商环境	3	优良	2.5
			D1-2 人才建设水平	3	优良	3
			D1-3 环境配套建设充分度	3	优良	2.6
			D1-4 公共文化活动丰富度	3	优良	2.7
			D1-5 金融城品牌影响力	3	优良	3
		D2 满意度	D2-1 管理人员满意度	3	100%	3
			D2-2 受益对象满意度	12	优良	10.3
合计	100%			100		89.6

资料来源：《浦东新区 2020 年度陆家嘴金融城购买服务项目绩效评价报告》，https://www.pudong.gov.cn/zwgk/zwgk_zfxxgkml_atc_jd/2022/273/14658.html，2023 年 9 月 21 日访问。

第一，决策一级指标包含项目立项、绩效目标、资金投入三个二级指标，占据 20%的权重，体现了政府相关部门在项目前期准备过程中需要承担的行政责任。第二，过程一级指标体现了对过程管理的重视，包含资金管理和组织实施两个二级指标，占据 20%的权重。其中，组织实施二级指标体现了项目实施过程中购买方的行政责任，以及提供制度保障的法律责任；资金管理二级指标则体现了项目实施过程中承接方的专业责任。第三，产出一级指标包含产出数量、产出质量和产出时效三个二级指标，共占 30%的权重。第四，效益一级指标包含实施效益和满意度两个二级指标，共占 30%的权重。其中，实施效益二级指标是对购买服务计划目标完成度的评估，也是向上级政府报告的重要依据；满意度指标作为效益指标的另一个二级指标，体现的是政府购买公共服务中对公民或选民负责的政治责任。

通过对该项目指标体系的分析可以看出，在整个项目实施过程中，项目的前期准备和实施过程两个环节得到了相当程度的重视，有利于项目中政府行政责任的实现。但它忽略了对道德责任的衡量，缺少对承接方组织能力的考察，较少地关注专业责任。从绩效指标评分表中可以直观地发现，绩效目标合理性得分为2分，与设定分值相差2分；绩效指标明确性得分为1分，与设定分值相差2分；预算编制科学性的得分同样与设定分值有所差距。而产出和效益中的部分内容虽也存在绩效差距，但总体来说差距并不大。综上，该项目绩效管理过程中的不足主要体现在决策阶段，即绩效目标合理性有待加强、绩效指标不够明确、预算编制不够科学；而立项依据充分性、立项程序规范性、资金使用合理性、财务管理制度健全性、实施程序合规性等指标获得满分，说明这些部分是其优势所在。

同样地，五里桥社区社会组织贴心人项目评估案例也反映出公共责任相关价值。五里桥社区社会组织贴心人项目是上海市黄浦区五里桥街道办事处的购买项目，上海黄浦区五里桥社区社会组织服务中心为服务承接方，旨在为区域内的社会组织提供专业支持。追踪其2018年至2020年的项目绩效评估指标（见表5-2）可以发现，绩效评估指标主要围绕项目服务完成情况、服务满意度与服务成效、资金使用与财务管理、人力资源与组织能力、项目综合效益等方面进行设计。其中，项目服务完成情况体现行政责任和专业责任；服务满意度及服务成效主要体现政治责任；财务管理、项目制度建设等体现法律责任；资金使用情况、项目人员投入、组织能力等体现专业责任。对比三年的绩效评估指标，虽然主要的测评指标变化不大，但关于指标要点的描述越来越详细、完善，如对项目完成情况、项目综合效益的评估愈加细致。与此同时，评估指标还会根据每年实际情况进行调整，如2019年增加了项目制度建设评估指标，体现了对法律责任的重视。而参照本书第四章构建的评估体系来看，该项目的绩效评估体系设计仍有不足，如绩效评估对象以服务承接方为主，并未对政府相关部门负责的项目立项和绩效目标等决策和管理方面的内容进行考察，忽视了对政府的公共责任行为评估。与此同时，该项目的绩效评估体系未能反映道德责任，其指标没有覆盖评估项目中相关主体的服务态度、社会责任感、公共责任意识等内容。

表5-2 2018—2020年度五里桥社区社会组织贴心人项目绩效评估指标

2018年		2019年		2020年	
测评指标	指标要点	测评指标	指标要点	测评指标	指标要点
完成情况	1. 项目进展与项目计划的一致性 2. 服务人数 3. 服务成果的完整性	项目服务完成情况	1. 社会组织排摸 2. 社会组织规范化 3. 群团信息备案 4. 预警网络信息员培训 5. 社区公益伙伴日	项目服务完成情况	1. 社会组织排摸 2. 社会组织规范化建设 3. 个别/小组督导 4. 群众活动团队备案 5. 公益伙伴日
服务满意度	1. 问卷反馈情况 2. 项目相关满意度	服务满意度及服务成效	1. 服务满意度 2. 服务成效	服务满意度及服务成效	1. 服务满意度 2. 服务成效
财务状况	1. 项目支出合规性 2. 项目支出合理性 3. 财务管理规范性	资金使用与财务管理	1. 资金使用情况 2. 资金管理	资金使用与财务管理	1. 资金使用情况 2. 资金管理

（续表）

2018年		2019年		2020年	
测评指标	指标要点	测评指标	指标要点	测评指标	指标要点
组织能力	1. 项目管理机制 2. 项目运作方法 3. 项目动员能力 4. 项目可持续性	组织能力建设	1. 项目人员投入 2. 项目能力建设（会议制度、工作分享制度、督导支持制度、档案管理制度） 3. 项目宣传推广	人力资源与组织能力	1. 项目人员投入 2. 项目制度建设（人力资源管理制度、员工守则、工作培训制度、会务工作制度、档案管理制度、服务承诺制度、信息公开制度、会计管理制度） 3. 组织能力 4. 项目宣传（微信公众号、社会组织官网、社区现场宣传等）
人力资源	1. 执行团队配置情况 2. 机构支持情况				
综合效能	1. 项目的社会反响 2. 项目的行业影响 3. 项目的推广意义	项目综合效益	1. 深入摸排辖区内社会组织，为创新社区治理夯实基础 2. 链接多种外部资源，提升社会组织规范化建设水平 3. 公益服务理念为本，营造良好公益生态环境	项目综合效益	1. 全面掌握辖区社会组织情况，为工作开展奠定基础 2. 着力强化社会组织运作能力，提升规范化建设水平 3. 传播推广社会治理重要理念，共建“有温度”的五里桥社区

资料来源：《五里桥社区社会组织贴心人项目评估报告》，https://gxpt.mzj.sh.gov.cn/gxpt/biz/Organization/viewOther?id=533，2023年10月2日访问。

从以上两个案例不难看出，公共责任视角下政府购买公共服务绩效评估的结果应用存在较大的局限性，未能真正促进绩效管理实现良性循环。第一，对绩效评估的重视程度不足和绩效评估不到位，阻碍了绩效评估的结果应用。在政府购买公共服务绩效评估中，政府是主要的评估者。与私营部门相比，政治领导人强调的目标可能是象征性的，缺乏改进绩效的动力以及对绩效结果做出反应的积极性①；加之对结果导向、绩效理念的认识不足，绩效评估大多是无意识无目的地被动进行的。评估实施过程中指标单一，侧重容易量化的效率指标而忽略了公共性指标，注重结果评估而忽视了对过程的评价；而且，大多数政府购买公共服务项目的绩效指标设计不够科学，未达到精细化的要求，使得绩效评估的结果存在偏差，不够准确客观，缺少绩效改进的评判标准，进而影响责任监督与管理改进。此外，政府将绩效评估工作委托给第三方专业机构这一做法的合法性仍存在争议。第二，指标设置与实际操作间存在差异。项目申报时使用的指标名称与实际评估中使用的指标名称不一致，这种实际操作中评估的主观随意性，严重影响了绩效评估的结果应用效果。

综上，从现有实践中的指标体系设计来看，体现行政责任与法律责任的绩效指标数量较多。在行政责任方面，更多关注绩效指标的明确性、立项依据的充分性、实施程序的合规性等项目的前期准备和过程管理方面，一定程度上忽视了对政府购买公共服务过程中的竞争有效性、效率改进程度等市场环境和发展目标方面的评估。在法律责任方面，现有政府购买公共服务绩效评估重视政策法规的完善度、行政体制的健全性等政府自身体制机制和政策法规的建设，而对政府与社会互动、民众的需求表达、沟通协商、风险防控等机制建设的细节方面不够重视。相比之下，对专业责任和政治责任的指标设计稍显不足。其中，专业责任方面更倾向于对公共服务承接方进行评估，组织能力、组织制度建设等指标虽有所体现，但不是主要方面，对服务方案、服务流程等方面的评估亦有所欠缺。政治

① U. Hvidman and S. C. Andersen, "Impact of Performance Management in Public and Private Organizations," *Journal of Public Administration Research and Theory*, 2014, 24 (1): 35-58.

责任方面则集中于服务对象满意度指标，缺少对购买流程的公平性、服务提供的回应性、服务质量的改善水平等指标的评估。此外，在整个评估指标体系中，反映道德责任的指标基本处于缺失状态。从绩效结果的应用方面来看，评定结果存在一定的偏差，基于结果的问责有待进一步落实和强化。

三、落实绩效管理中的结果应用，加强公共责任监督

（一）重视并规范绩效结果应用

首先，正确认识绩效结果及其在绩效管理中的应用价值。绩效结果的重要作用主要聚焦于责任追究和改进绩效管理两方面。在责任追究方面，绩效结果的最终目的不仅需要判断公共责任是否在服务提供中得以实现，更重要的是将结果作为奖惩依据，激励相关行为主体提高履行公共责任的积极性和主动性。在作为绩效管理改进的依据方面，政府应洞察绩效结果背后的有效信息，及时发现责任管理中的问题，将其反馈于政府购买公共服务绩效管理的各个阶段，以更好地促进公共责任的履行和绩效目标的达成。另外，绩效评估不应片面强调结果导向，即政府需要避免因过分强调绩效结果而产生的功利主义绩效观，在关注产出等经济效益的同时，还应当关注绩效结果中体现的公众期望和公共价值。

其次，推动政府购买公共服务绩效评估结果应用的规范化。完善绩效管理的流程，一是要科学编制绩效管理规划，从源头上提升控制效果①，增强对上级的回应性。同时，在规划制定过程中应博采众谋，将专家学者、公共服务承接方及服务对象都纳入进来，充分听取多方意见，提高绩效管理的科学化水平。二是要确保绩效管理的合法性。通过出台政策进行规范，完善绩效管理的相关措施，为绩效结果的科学应用提供保障，合理分配绩效管理中的权力和责任，

---

① 孙斐：《地方政府绩效评价的公共价值结构图景——基于杭州市综合绩效评价的混合研究》，《行政论坛》2021 年第 6 期。

推广结果应用的实践。三是要重视绩效管理各个环节间的有机衔接。有效的绩效管理可以形成一个包括计划、实施、检查、改进四个环节在内的 PDCA 循环，遵循全面质量管理的科学程序。将其运用于政府购买公共服务绩效评估的全过程，可以有效推动政府购买公共服务的健康发展。[①] 其中，尤其需要关注改进环节，注重结果与计划阶段的联系与衔接，不应为了评估而评估，应真正发挥绩效评估的效用。

（二）客观准确地评定绩效结果

绩效结果的客观准确是结果应用的前提条件，若绩效评估结果出现偏差，则绩效水平就无法得到客观反映。虽然绩效结果的生成是一个客观过程，但无论是价值取向，还是数据的收集、选择与指标选取等都存在主观性，即绩效评估又是一个主观的过程，必定蕴含主观性，容易形成悖论或冲突。[②] 保证评估结果客观准确的前提在于具有真实、可用的绩效信息，以及由此形成的科学合理的绩效评估指标体系。因此，在绩效信息收集和指标选择过程中应当尽量保持客观、理性的判断。对于公共责任视角下的政府购买公共服务绩效评估来说，不仅要收集关于社会组织的信息，还要收集来自公众的信息、政府行为与资源投入信息等相关信息。最终，政府购买公共服务项目应收集真正表达公民价值诉求的数据，为下一阶段的项目或绩效管理的相关决策提供依据。此外，由于公共服务的特殊性，承接方在供给公共服务后会产生许多无形或者间接影响，即绩效的生产过程中存在着大量的潜绩[③]，通常这些影响可能会经过相当长的

---

① 姜爱华、杨琼：《政府购买公共服务“全过程”绩效评价探究》，《中央财经大学学报》2020 年第 3 期。

② 尚虎平：《政府绩效数据生成的客观性与绩效数据选用的主观性悖论及其消解——一个解决政府全面绩效管理流于形式的路径探索》，《中国行政管理》2020 年第 8 期。

③ 尚虎平：《政府绩效评估中“结果导向”的操作性偏误与矫治》，《政治学研究》2015 年第 3 期。

时间才能显现，且由于数据收集困难往往会被忽视，造成评估结果的偏差。因此，评估前的信息收集和处理应当尽量全面。

（三）加强基于绩效结果的问责

首先，客观公正的绩效结果是设计奖惩措施的基础与前提。奖励和惩罚不能全凭个人感觉随意进行，需要形成制度化的保障，注重公平公正。相关组织和工作人员得到的奖励或惩罚是他们感知公平的重要方式，结果公开与绩效问责的相互配合是弥补政府购买市场竞争机制不完善与竞争不足的重要手段。

其次，要奖罚分明，把握尺度。奖励是一种促进机制，形成正面激励；惩罚则是一种压力机制，形成负面激励。“胡萝卜加大棒”这种奖励与惩罚并存的激励政策是最常用的方式之一。需要注意的是，一味强迫公共服务承接方承担外部风险，可能使其收取较高的风险溢价，从而削弱绩效奖励的激励作用。[①] 绩效评估的实施是对行为的外部控制，而内在动机也是影响行为的重要因素，当外部控制与内在动机产生相反的效果时，就会导致公共服务供给效率降低、质量下降。因此，还需要注重对内在动机的分析，不仅要保证对公共服务承接方产生激励与压力双重作用，还要给予其一定程度的自主性，适当放松管制。在进行绩效激励的过程中，要多使用内部激励，将物质奖励与精神奖励相结合，以发挥最大激励作用。

再次，要保证奖惩制度的可行性、公正性、权威性与可信性。真正落实奖惩措施，不能让奖惩措施只存在于合同条款中，问而不责，这样将导致价值导向不明与行为方向缺失，不利于公共责任的实现。惩罚措施也不应拘泥于罚款、书面警告等单一形式，应注重惩罚形式的多样化，合理界定惩罚的行为范围，适当加强惩罚力度，给予评估对象压力，督促其改进服务行为。除了契约规定，法律是

---

① P. H. Jensen and R. E. Stonecash, “The Efficiency of Public Sector Outsourcing Contracts: A Literature Review,” *Journal of Economic Surveys*, 2005, 19 (5).

行为底线，违法行为应及时移交司法部门处理。同时，还应不断完善相关法律法规，使政府购买公共服务的奖惩制度有法可依，推动政府购买公共服务的法治化、规范化建设。

最后，奖惩措施应落实到个人。公共服务承接方内部和政府部门内部都需要建立完善的责任机制与绩效考核制度，并将公共服务购买项目的绩效评估结果纳入个人的政绩考核中。当然，其作用发挥的前提是合理分配责任与义务，绩效结果的承担者是明确的，即可以实现责任到人，可以参考企业绩效管理的成功经验，将绩效考核结果与工资奖金、职级职位晋升等联系起来。

第二节　绩效评估在预算管理中的应用

预算绩效管理是将绩效管理与预算管理相结合的一种创新模式。公共责任视角下政府购买公共服务绩效评估是通过对预算的合理使用，进行公共价值创造的体系构建。本节将通过对政府购买公共服务绩效评估具体实践的检验分析，明晰公共责任在预算管理方面的体现程度，进一步明确并完善其预算管理相关责任，促进政府购买公共服务中预算配置的优化和使用效率的提高。

一、预算管理的新发展：预算绩效管理

“财赋者，邦国大本。”预算对于国家治理的重要性不言而喻。政府财政取之于民，当以民为本。合理调配预算资金、保证公共价值的实现是政府落实公共责任的具体表现，如何提高资金使用效率、控制活动成本是政府预算管理必须考虑的问题。

在传统的预算管理中，预算决策大多没有科学的支撑和依据。为保证预算配置的科学合理，让财政创造更大的公共价值，预算管理逐渐朝着理性化的方向发展。在预算管理改革前期，传统预算模式占据主导地位，其管理的侧重点在于通过对预算投入的严格控制

保证公共责任的实现，关注的核心问题是预算使用是否符合规范。[①]而后期所建立的预算绩效管理制度则主要关注绩效指标的构建。已有研究表明，公共责任视角下政府购买公共服务绩效评估体系具有一定的可行性。但“履不必同，期于适足”，这一可行性并不是强调必须建立一套完整的包含多种责任维度的绩效评估体系，而是需要在对特定的政府购买公共服务项目的责任进行分析的基础上，有针对性地加入公共责任的测量指标，完善现有绩效评估体系。从绩效结果应用来看，现有体现公共责任的绩效评估体系并没有发挥最大效用，没有将基于公共责任视角的政府购买公共服务绩效评估体系应用于实际，并未充分发挥其优势。未来应不断完善公共责任视角下政府购买公共服务绩效评估体系，增强其可行性，拓展其在实践中的应用，强化结果应用方面的研究，不断完善结果应用制度。此外，还需加强绩效结果的公开与问责，促进结果沟通与比较分析，实施有效的绩效改进措施，以真正体现公共责任视角下政府购买公共服务绩效评估体系的价值。

财政支出的核心目标在于提高财政支出的价值和使用效率，强调支出的最终结果[②]，体现了结果导向。当前，在财政收支矛盾突出，预算统筹力度不足，预算约束不够，配置效率有待提高的背景下，我国预算管理仍需要进行更深层次的制度化建设，进一步提高预算管理的科学性，牢固树立行政人员的节约与绩效意识。

预算绩效管理将绩效理念融于预算编制、执行、监督的全过程，是对财政方面公共责任实现的全程监督，也是增强预算管理科学性、合理性的重要制度选择，这成为我国预算管理改革的重要方向。实际上，将绩效理念应用于预算管理并不是一个全新的举措，20 世纪 70 年代末，基于绩效的预算模式就已在英国、加拿大等西方国家出

---

① 马骏、赵早早：《中国预算改革的目标选择》，《华中师范大学学报（人文社会科学版）》2005 年第 3 期。

② 同上。

现，但对这一模式的称呼多种多样，如以绩效为基础的预算、基于绩效的预算、以结果为基础的预算等，在我国则称为预算绩效管理。预算绩效管理实质上就是将绩效管理应用到预算管理体系中，使其服务于预算管理，以绩效目标为导向规划公共财政收支，达到优化管理、提高预算使用效率的目的。绩效评估是绩效管理发挥作用的重要环节，将绩效评估应用于预算管理是预算绩效管理的重点，其核心是通过对绩效信息的管理和运用，提高预算资金的产出和结果。绩效结果是对绩效信息的量化反映，其应用对于客观、科学地进行预算决策、优化管理体系、提升预算绩效、改善责任制等方面都具有非常重要的作用，是预算绩效管理必不可少的部分。

政府购买公共服务属于公共财政支出范围，承担着部分宏观调控的作用，是政府预算管理的有机组成部分，将其纳入全面预算绩效管理是统筹政府财政收支、提高预算使用效率的内在要求。政府购买公共服务绩效评估的结果应用有助于建立绩效评估与预算管理的紧密联系，是监控预算执行过程的有效方式，可以强化政府的公共责任意识，同时也可以促进预算配置的优化与预算使用效率的提高。

首先，基于绩效的预算监控与问责将绩效水平与预算使用联系在一起。根据绩效评估指标对政府购买公共服务活动进行观察、评估，政府部门可以客观、清楚地了解预算执行单位的行为与目的，判断其是否偏离预期目标及其目标实现程度，并根据绩效结果进行资金支付。同时，绩效评估在一定程度上搭建了公民与政府、公共服务承接方之间的沟通网络，其结果为监督预算的使用提供了客观依据。其次，基于绩效的预算监控和问责建立了预算配置与绩效结果间的深层次联系。绩效评估根据量化指标客观评价公共服务承接方的行为效率和绩效水平，为预算决策提供了科学的解释和支撑。预算根据组织活动情况进行分配，其决策和配置的优化需要通过绩效结果应用的反馈来实现。基于绩效结果应用的反馈是优化管理的重要环节，通过绩效的横纵对比，从中提取有用信息帮助相关部门或组织及时发现问题和纠偏，有利于问题的解决和预算管理的流程再造，使管理程序更为科学规范，从而促使预算使用效率不断提升，产生更大价值。

二、绩效评估体系在预算管理中的检验与结果应用

政府购买公共服务项目是政府财政支出的重要组成部分，其资金使用是否合法、是否合理、是否创造了一定的公共价值是作为委托者的政府需要考虑的基本问题，对预算管理相关责任的监管和控制尤为重要。但与本章第一节对绩效管理中政府购买公共服务绩效评估的检验相类似，现有政府购买公共服务绩效评估的实践案例中，并未形成相对全面系统的基于公共责任的绩效评估体系。

上海市静安区养老机构服务管理项目的承接方为上海静安区安耆为老社工事务所，服务对象为静安区内的养老机构，该项目旨在为静安区养老机构开业及日常运营提供指导与支持，推动区域内养老机构的规范化建设。静安区财政支出项目绩效评价报告显示，2017年度养老机构服务管理项目实际在2018年8月31日完成，绩效评价于2018年进行，其绩效指标及评估结果如表5-3所示。与预算管理直接相关的指标主要体现在投入和管理类别中，主要有预算执行率、资金到位率、资金使用合规性、财务（资产）管理制度健全性、财务监控有效性、服务资源配置的合理性（社会组织）等指标。其中，资金到位率、财务（资产）管理制度健全性、财务监控有效性指标体现政府的行政责任与法律责任，预算执行率、资金使用合规性、服务资源配置的合理性（社会组织）指标则体现公共服务承接方的专业责任。政治责任主要体现在效果目标类别中，环境效益、直接服务对象满意度两个指标是其直接体现。产出目标类别则可以体现预算使用是否达到了既定目标，侧面反映了服务承接方的专业能力和水平，属专业责任范畴。综观绩效评价结果，其指标值与实际值间存在明显的绩效差距，即预算执行率的偏差率为3.63%，表明服务合同的签订、管理和执行存在瑕疵，主要体现为其合同制定存在问题。

表 5-3　静安区 2017 年度养老机构服务管理项目绩效评估表

类型	指标	指标值	实际值	偏差率	偏差原因分析
投入和管理	预算执行率	100%	96.37%	3.63%	1. 项目实施中进行了必要的比价等节约措施；2. 预算计划略高
	资金到位率	100%	100%		
	资金使用合规性	合规	合规		
	财务（资产）管理制度健全性	健全	健全		
	财务监控有效性	有效	有效		
	项目管理制度的健全性	健全	健全		
	项目制度和措施的执行有效性	有效	有效		
	服务项目采购的规范性	规范	规范		
	服务合同的签订、管理和执行	有效	有瑕疵		合同要素有瑕疵，如合同约定的付款条款表述与表格内容不一致
	监管机制的有效性	有效	有效		
	项目管理制度的健全性（社会组织）	健全	健全		
	相关制度和措施的执行有效性（社会组织）	有效	有效		
	监督机制的有效性（社会组织）	有效	有效		
	服务资源配置的合理性（社会组织）	合理	合理		
	审计、检查、监督中发现的违法行为	无	无		
产出目标	计划数量完成率	100%	100%		
	计划完成数量达标率	100%	100%		
	完成及时性	100%	100%		

（续表）

类型	指标	指标值	实际值	偏差率	偏差原因分析
效果目标	安全运行情况	安全	安全		
	直接经济效益	无	无		
	环境效益	改善	改善		
	直接服务对象满意度	90%	99.60%		
	长效管理情况	完备	完备		
	信息共享情况	共享	共享		

资料来源：《静安区财政项目支出绩效评价报告（2018 年 11 月）》，https://gxpt.mzj.sh.gov.cn/gxpt/sys/upload/file?url=0723_134517_208.pdf，2023 年 11 月 6 日访问。

通过对比上海市养老机构服务管理项目 2017 年度与 2018 年度绩效指标（见表 5-4）发现，2018 年度绩效指标在投入和管理类别中加入了许多有关预算管理的指标，补充了项目准备前期的预算编制以及项目实施前期的预算资金到位情况的相关指标，体现了政府预算主管部门的行政责任，且预算编制与专业能力相关，亦包含对专业责任的衡量。由此可见，该项目绩效评估过程中对行政责任较为重视；相对来说，法律责任则鲜有体现，主要包含在财务管理制度健全性和其他制度建设方面；专业责任更多地直接体现在公共服务承接方的预算资金使用方面，缺少承接方财务制度的健全程度等有关组织能力的测量；政治责任，与前文案例相似，主要体现于服务对象满意度及其效益目标；对道德责任的测量则是缺失的。

表 5-4　上海市养老机构服务管理项目 2017 年度与 2018 年度绩效指标对比表

2017		2018	
类型	绩效指标	类型	绩效指标
投入和管理	预算执行率	投入和管理	预算编制科学性
	资金到位率		预算编制规范性
	资金使用合规性		预算资金到位率
	财务（资产）管理制度健全性		配套资金到位率
	财务监控有效性		预算资金到位及时性
	项目管理制度的健全性		预算执行率

（续表）

2017		2018	
类型	绩效指标	类型	绩效指标
	项目制度和措施的执行有效性		资金使用率
	服务项目采购的规范性		财务管理制度健全性
	服务合同的签订、管理和执行		资金使用合规性
	监管机制的有效性		财务监控有效性
	项目管理制度的健全性（社会组织）		无形资产管理有效性
			补贴申报规范性
	相关制度和措施的执行有效性（社会组织）		补贴公示规范性
			补贴发放规范性
	监督机制的有效性（社会组织）		资格审核规范性
	服务资源配置的合理性（社会组织）		资格复审规范性
			退出机制健全性
			应急机制健全性
			政策宣传情况
			项目立项规范性
产出目标	审计、检查、监督中发现的违法行为	产出目标	计划完成率
	计划数量完成率		项目完成及时性
	计划完成数量达标率		验收合格率
	完成及时性		
效果目标	安全运行情况	效果目标	服务对象满意度
	直接经济效益		长效机制
	环境效益		社会知晓率
	直接服务对象满意度		信息共享度
	长效管理情况		
	信息共享情况		

资料来源：《静安区 2017 年度养老机构服务管理项目绩效报告》，https://gx-pt. mzj. sh. gov. cn/gxpt/biz/Organization/viewOther?id = 409，2023 年 11 月 6 日访问；《老年福利经费（养老机构服务管理）_1 绩效目标》，https：//www. zfcg. sh. gov. cn/site/buyserviceDetail? categoryCode = buyService&status = 2&id = 1620& utm = site. site-PC-39940. 1108-pc-wsg-shanghai-buyservice-table-list-front. 5. 343ec8c02cb411efb3ead93b1d25d204，2023 年 11 月 18 日访问。

在2020年上海市财政局公布的重点财政绩效中，政府购买社会考场服务绩效评价指标得分情况如表5-5所示。由指标得分汇总表可知，决策一级指标得分率87.5%，过程一级指标得分率76.4%，产出一级指标得分率98.3%，效益一级指标得分率85.6%。可见，该项目的不足主要体现在过程一级指标上。在过程方面，车管所项目管理制度健全性、政府采购规范性、服务合同及履约管理有效性、服务监督考核管理有效性、服务方案落实有效性、服务质量控制机制执行有效性等存在不足，组织管理有待提高，涉及法律责任、行政责任、专业责任的履行情况。在效益方面，信息公开程度有待提高，考生回访机制建设有待完善，这涉及政治责任和法律责任的落实。在决策方面，主要体现为预算编制不够科学，绩效指标不够明确等问题。在产出方面，则体现为质量有待改善。

与上一案例相比较，该项目绩效评估中与预算管理责任直接相关的指标较少，缺少对财务管理制度的考量，但产出和效益目标更为细致。相似的是，专业责任更多地考察服务承接方的资金使用，行政责任则更多地倾向于测量预算编制的科学性、资金支付的及时性等方面，剩余指标则更多地体现其行政责任、法律责任以及政治责任的测量。

表5-5　上海市2020年政府购买社会考场服务项目指标得分汇总表

一级指标	二级指标	三级指标	四级指标	权重	得分	得分率
A 决策				16	14	87.5%
	A1 项目立项			5	5	100%
		A11 立项依据充分性		2	2	100%
		A12 立项程序规范性		3	3	100%

（续表）

一级指标	二级指标	三级指标	四级指标	权重	得分	得分率
	A2 项目目标			4	3. 33	83. 3%
		A21 绩效目标合理性		2	2	100%
		A22 绩效指标明确性		2	1. 33	66. 5%
	A3 资金投入	A31 预算编制科学性		4	2. 67	66. 8%
	A4 考场布局			3	3	100%
		A41 考场布局合理性		3	3	100%
B 过程				24	18. 33	76. 4%
	B1 资金管理			1. 5	1. 5	100%
		B11 预算执行率		0. 50	0. 50	100%
		B12 资金使用合规性		0. 50	0. 50	100%
		B13 项目资金支付及时性		0. 50	0. 50	100%
	B2 组织管理			22. 5	16. 83	74. 8%
		B21 项目管理制度健全性		5	4. 4	88%
			B211 车管所项目管理制度健全性	3	2. 40	80%
			B212 社会考场项目管理制度健全性	2	2	100%
		B22 车管所项目管理制度执行有效性		11. 5	7. 5	65. 2%

（续表）

一级指标	二级指标	三级指标	四级指标	权重	得分	得分率
			B221 政府采购规范性	2	1.50	75%
			B222 考场验收管理执行规范性	1	1	100%
			B223 考场最大考量核定准确性	0.50	0.50	100%
			B224 服务合同及履约管理有效性	4	1	25%
			B225 服务监督考核管理有效性	1	0.50	50%
			B226 辅助考试员及安全员管理有效性	2	2	100%
			B227 档案管理规范性	1	1	100%
		B23 社会考场项目管理制度执行有效性		5	3.93	78.6%
			B231 服务方案落实有效性	2	1.60	80%
			B232 服务质量控制机制执行有效性	2	1.33	66.5%
			B233 考试工作档案管理规范性	1	1	100%
		B24 疫情防控方案执行有效性		1	1	100%
			B241 疫情防控方案落实规范性	1	1	100%

（续表）

一级指标	二级指标	三级指标	四级指标	权重	得分	得分率
C 产出				30	29.48	98.3%
	C1 产出数量			12	12	100%
		C11 实际完成率		12	12	100%
			C111 考场开放天数完成率	3	3	100%
			C112 科目二考试服务完成率	2	2	100%
			C113 科目三考试服务完成率	2	2	100%
			C114 考场考生保险投保工作完成率	1	1	100%
			C115 考场硬件运维管理工作完成率	1	1	100%
			C116 辅助考试员工作完成率	2	2	100%
			C117 考场交通安全宣传教育活动完成率	1	1	100%
	C2 产出时效			7	7	100%
		C21 完成及时性		7	7	100%
			C211 考场服务落实及时性	3	3	100%
			C212 考场考生保险投保工作完成及时性	1	1	100%
			C213 考场硬件运维管理工作完成及时性	1	1	100%
			C214 辅助考试员工作完成及时性	1	1	100%
			C215 考场交通安全宣传教育活动举办及时性	1	1	100%

（续表）

一级指标	二级指标	三级指标	四级指标	权重	得分	得分率
	C3 产出质量			11	10.91	99.2%
		C31 质量达标率		11	10.91	99.2%
			C311 考场管理服务质量考核达标率	1.50	1.50	100%
			C312 考场管理服务质量有责投诉率	2	1.93	96.5%
			C313 考场违规违纪事件发生率	2	1.56	78%
			C314 意外险实际赔付率	1	1	100%
			C315 考场硬件异常故障发生率	2	1.99	99.5%
			C316 辅助考试员考试过程监控准确率	1.50	1.50	100%
			C317 考场交通安全宣传教育活动举办质量达标度	1	1	100%
D 效益				30	25.68	85.6%
	D1 项目效益			30	25.68	85.6%
		D11 满意度		5	5	100%
			D111 考生满意度	5	5	100%
		D12 实施效益		14	13.4	95.7%
			D121 考试廉洁廉政情况	2	2	100%
			D122 考生考试成本缩减率	4	3.40	85%
			D123 约考量积压率	3	3	100%
			D124 考场在用率	3	3	100%

（续表）

一级指标	二级指标	三级指标	四级指标	权重	得分	得分率
			D125 考场服务有责投诉举报车管所办结率	2	2	100%
		D13 可持续影响力		11	7.28	66.2%
			D131 信息公布情况	4	2.28	57%
			D132 考生回访机制建设完善性	4	2	50%
			D133 考试异常业务分析预警研判机制建立健全性	3	3	100%
总计				100	87.49	87.5%

资料来源：《财政项目支出绩效评价报告》，https://czj.sh.gov.cn/cmsres/67/673f642f16b547b1ace1316af75fbd25/939743b6654e7b186b140241d57b63f9.pdf，2022 年 11 月 27 日访问。

从上述案例的指标设计方面看，与预算管理直接相关的公共责任指标为专业责任和行政责任。在专业责任方面，主要体现为政府资金使用的合规性与合理性、预算执行率等方面，它们是政府购买公共服务绩效评估中不可或缺的一部分。涉及公共服务承接方的专业能力与责任则少有体现，如关于承接方组织内部的财务管理制度建设等并未引起重视。同时，专业责任还体现为第三方评估机构的专业评估能力。在政府委托第三方进行评估时，也应当对第三方评估机构的专业责任进行监督。而行政责任则主要是对政府的评估，更多地体现为对政府预算决策科学性和资金监管有效性的评估。

从以上案例分析中也可以看出绩效评估在预算管理中的重要作用，且绩效评估价值的体现也离不开绩效结果的应用。理论上，预算绩效管理应坚持结果导向原则，将绩效评估融于预算管理的每一环节，加强其与预算管理的联系，为预算决策提供循证依据，促进预算配置的优化。但现实中，绩效评估的重点仍在于事后绩效评估中结果的应用及基于结果的问责，绩效结果在经验反馈或决策优化等方面的真正运用也相对欠缺，甚至是形式化的，更多地停留在资金使用合规性等较浅的层面。此外，绩效信息与预算资金分配呈现不相关或弱相关关系，事前绩效评估结果应用不够、结果公开不足、体现方式单一等问题突出，使得实践落后于理论发展，也在一定程度上弱化了绩效评估在保障公共责任实现方面的重要作用。如 2021 年 2 月至 4 月，上海市审计局对 2018 年至 2020 年全市政府购买服务情况进行的专项审计调查后指出，“个别政府购买服务项目，委托第三方对全市各区进行测评，其中 2 个区委托该服务提供方在全市测评前先行开展自查，影响了全市测评结果的客观性”[①]。由此来看，绩效评估结果在预算管理中的应用并不到位，原因在于政府及其工作人员的预算绩效管理理念仍未牢固树立、结果应用意识不足、制度建设不完善、绩效评估技术水平有限等诸多方面。是以，从结果应用方面来说，其落实程度依然有限。

三、推动预算管理中的结果应用，促进预算绩效改善

（一）系统应用结果并优化预算决策

为确保预算决策的科学、公正、合理，有必要将绩效评估的关口前移，结合其他环境因素和可能突发的状况后再决定预算分配，将绩效评估结果作为预算分配的重要依据，体现预算分配的必要性、合理性、经济性与可行性，进而真正做到节约成本。绩效评估与预算管理相结合，需要充分运用绩效结果，真正将绩效结果作为问题发现、责任追究、流程再造、计划改进及预算分配优化的科学依据。

---

① 《本市政府购买服务情况专项审计调查结果》，https://www.shanghai.gov.cn/nw32761/20211115/58fda7f64a074fedaf28761feff569d4.html，2023 年 3 月 16 日访问。

因此，预算管理需要进一步加强绩效结果应用的制度化建设，建立系统的结果应用机制（见图5-1），以规范绩效结果的应用。

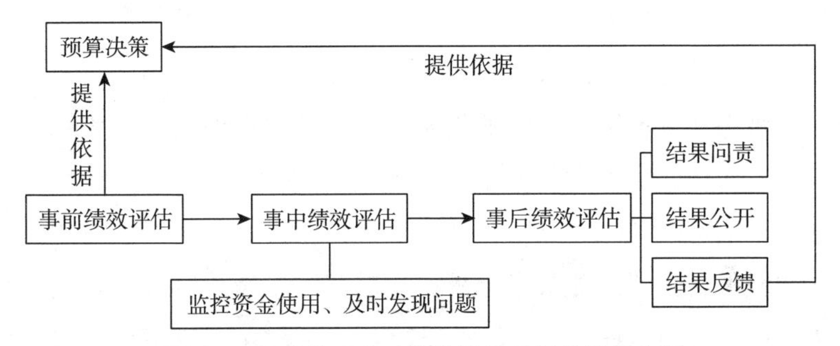

图5-1　预算管理中系统化的绩效评估结果应用

首先，事前绩效评估可在条件允许的情况下广泛征求意见，吸纳各类主体参与决策，从不同视角提出预算分配建议，有利于打破常规的财政思维，增强项目的科学性和可行性。其次，事中绩效评估是对预算使用过程的监控。利用评估结果可以及时发现问题，规避不良预算使用行为，减少不必要的资金浪费。最后，事后绩效评估的重点在于对预算使用情况及其效率进行评价，其结果应用包括基于结果的问责和为下一次预算分配、改进管理与决策提供依据以及决定是否继续进行公共服务购买项目等。这一环节也是全过程预算绩效管理中结果应用的重心所在。另外，还需要注意绩效评估的周期。绩效结果具有即时性，预算绩效评估的周期过长可能会影响服务承接方的资金周转，因此，理应提高绩效结果运用的效率，有效推进下一阶段购买服务行动的顺利进行。

通过对预算管理中系统化的绩效评估结果应用可知，将绩效评估结果与预算资金安排挂钩可以优化预算决策。但做到这一点难度较大[①]，需要克服多重阻碍：第一，绩效结果与预算安排挂钩没有相对统一的标准和规定。政府购买公共服务属于财政支出项目，各地政府应当出台并完善有关绩效结果与预算安排挂钩的指导办法。政

① 张平、苟燕楠：《预算绩效管理中的结果应用机制研究》，《求索》2021年第2期。

府购买公共服务项目的预算主管部门与执行单位应遵循系统化的科学程序，使绩效结果运用有据可依，充分发挥结果应用优化决策的重要作用，保障预算安排的公正性，减少主观随意性。第二，预算决策的复杂性是绩效结果与预算安排关联较弱的原因之一。政府购买公共服务项目预算安排的前提是厘清所要实现的公共价值和绩效目标需投入的资金数额，这就需要通过事前评估进行严密的论证，且兼顾其他财政支出事项。因此，除了需要提高绩效评估前的信息收集质量、科学制定绩效指标外，还需要防范绩效结果生成过程中的人为因素，规范评估主体的责任行为，将其纳入评估和监管过程。第三，相关主体间的信息不对称和沟通不畅亦加剧了绩效结果与预算安排挂钩的实施难度。政府购买公共服务使得安排与提供公共服务的责任相分离，意味着政府对公共服务的控制减弱；预算绩效管理通常以预算部门为主，控制的减弱带来的信息不对称使得绩效评估与资金配置或预算决策之间存在脱节现象。是以，应畅通政府相关部门与公共服务承接方、第三方评估者之间的沟通渠道，加强信息联结，减少信息不对称和“信息孤岛”等问题。

（二）加强结果沟通与预算管理责任

预算管理是一个繁杂的系统，将绩效贯穿预算管理的全过程，本质上是对财政权责关系的再调整。[①] 实质上，基于结果的问责本身就是对责任行为的一种再调整，即将绩效结果作为判断责任行为的依据并实施奖惩，从而激励政府购买公共服务相关主体改善责任行为。更重要的是，绩效结果可以反映预算绩效管理过程中的责任落实问题，结果分析可以作为相关主体就其责任关系进行协商的基础和依据。

在政府购买公共服务的实践中，地方各级政府的财政部门是预

---

① 卢扬帆、尚虎平：《财政领域全面实施绩效管理的权责关系与定位》，《中国行政管理》2018年第4期。

算绩效管理的责任主体，理应对承接主体及其提供的公共服务进行绩效评估与责任追究，有权对重点公共服务购买项目开展整体绩效评价。实际上，这些评估大多为政府内部评估，绩效结果存在偏差、绩效结果运用不充分、预算决策与绩效信息分离等情况难以避免。对此，作为服务使用者的公民可以发挥重要作用。是以，在政府购买公共服务绩效评估的责任关系中理应纳入有关公民的责任和义务。预算管理中的绩效评估不仅需要监督财政资金的使用与执行，更重要的是评价预算的使用效果及产生的社会影响，特别是对其创造的公共价值以及这些公共价值是否满足公民需求、回应公民诉求进行判断。由此，建立多元主体参与的监督与评估体系是必要的。

此外，绩效沟通可以促进关于绩效结果的传递与讨论，促进多元主体间的信任与协作，有利于协调责任关系，是绩效反馈与绩效改进的重要基础。一方面，加强政府购买公共服务中买卖双方间的沟通。构建并完善两者之间的绩效沟通渠道，促进有关绩效结果的交流与沟通，进一步改善组织之间的合作和责任关系。不仅如此，政府与社会组织内部也需要建立绩效沟通机制，使其与外部沟通形成合力，利用信息技术手段，形成上通下达、线下线上相结合的绩效沟通网络，避免“信息孤岛”的产生。另一方面，建立公民与政府、社会组织之间的绩效沟通渠道。这有利于完善政府购买公共服务绩效评估中的责任链条，实现对预算管理责任的外部监督。绩效评估本身为公民与政府间搭建了沟通渠道，但这一沟通渠道是否可以发挥作用，受到结果公开、公民参与程度、公民满意度是否受到重视等因素的影响。因此，需要不断完善结果公开、公民参与等机制建设，加强政府回应性。同时，应当加强公民与公共服务承接方之间的直接沟通，培养公共服务承接方的自觉意识，增强其组织责任感，改善组织内部的责任关系和责任行为。

（三）进行结果分析并合理使用预算

绩效评估在预算管理中的效用体现在对评估结果的运用过程中，

除了基于结果的问责外，更重要的是将绩效评价的结果反馈给评估对象，以影响评估对象的行为，及时改进资金配置和资金使用的不合理现象，提升预算使用效率。因此，绩效反馈影响绩效改进的基础在于对绩效结果进行客观分析。

在进行政府购买公共服务绩效评估后，评估对象的结果应用需要建立在了解绩效结果的基础之上，需要评估主体就评估指标、过程及其结果等进行必要的解释和说明。绩效报告就是一种有效方式，包含前期准备、评价过程、绩效结果及其问责等与绩效评估相关的所有内容。[①] 其中，绩效目标以及目标实现程度等相关信息尤为重要，这有利于评估对象快速发现需要改进之处。而绩效结果及其背后隐含的信息，仅反映某一时段的预算使用状况，具有一定的时效性。因此，反馈给评估对象的结果不仅需要真实客观，更要保证及时性，尽量控制绩效评估周期，确保公共服务承接方资金的有序运转。

在大多数情况下，绩效结果反映的是政府购买公共服务项目绩效及其相关主体责任行为的不完整图景[②]，所以需要依靠外部反馈获得更多有效信息。政府购买公共服务项目的资金使用效率受到环境、组织能力、组织管理等多方面因素的影响，仅对绩效结果进行简单的数据分析是不够的，需要进行更深入的绩效分析，以绩效结果为依据确定期望绩效与当前绩效的差距，找出造成差距的原因，促进后续预算的合理使用。政府相关部门在分析绩效结果并给予整改意见的同时，更重要的是考虑其自身责任是否履行到位，即是否激励了公共服务承接方通过有限的预算资金来更好地达到其期望绩效，提供的激励措施是否真正激发了承接方改进预算使用的内在动力，

---

① 马海涛等:《我国部门预算整体绩效报告制度的基本框架和实施路径——基于整体性治理的系统集成分析》,《财政研究》2021 年第 5 期。

② J. R. Larson, "The Performance Feedback Process: A Preliminary Model," *Organizational Behavior and Human Performance*, 1984, 33 (1).

是否需要对激励措施进行改进等。此外，绩效的提高不仅受资金数量的影响，也受到资金使用方式的影响。[①] 公共服务承接方应当复盘整个预算使用过程，从组织内部寻找原因，考虑是否可以提高预算使用率，是否可以优化预算使用方式，以及是否可以改进组织内部的预算决策和执行、对员工的激励管理等。

第三节　绩效评估在公共服务质量改善与效率提升中的应用

如何更好地实现公共服务质量改善、供给效率提升，则是完善政府购买公共服务绩效评估设计与应用的最终目的。本节将结合实际案例，讨论公共责任视角下政府购买公共服务绩效评估在公共服务质量改善与效率提升方面的实施效果，以探究公共责任的履行落实情况。

一、公共服务质量改善与效率提升的必要性

公共服务是 21 世纪公共行政与公共部门改革的核心理念。如何更好地向公民提供符合期望标准的公共服务、持续改进公共服务质量、提升公共服务供给效率、提高公民满意度、创造更大的公共价值是政府应履行的重要公共责任。党的十九大报告明确指出，人民日益增长的美好生活需要和不平衡不充分的发展之间的矛盾已成为我国社会的主要矛盾。现阶段，提供更加多元、高质量的公共服务依然是我国政府的重要任务。党的二十大报告强调，要“健全基本公共服务体系，提高公共服务水平，增强均衡性和可及性，扎实推进共同富裕”。可见，完善公共服务体系对于保障和改善民生、实现社会公平正义具有重大意义，是促进我国国家治理体系和治理能力

① P. E. Lingenfelter, “Why Does Performance Budgeting Underperform?” *Change: The Magazine of Higher Learning*, 2021, 53 (3).

现代化的必然要求。公共服务质量改善与效率提升是政府获得公民信任的重要方面，政府只有通过提供优质的公共服务，才能向公民证明自己存在的价值与合法性。[①]

20 世纪 60 年代以来，提供公共服务逐渐成为政府的关键职能，经济领域率先提出了全面质量管理的概念，开始出现由质量检验和控制向质量改进的理念转变，充分满足顾客要求成为公共服务供给的前提条件。20 世纪 80 年代，主张塑造企业家政府的新公共管理运动兴起，绩效评估作为重要的改革工具受到重视，公共服务质量逐渐发展成为重要的评判标准。与此同时，美国政府开始推行以全面质量管理为主要思想的“质量运动”，并以立法的形式确定了公共服务的质量标准。之后，质量运动逐渐在全世界流行，形成了一种以事实为依据、以数据为基础、对操作流程和服务质量进行改进的方法。[②] 随着侧重公共价值实现的新公共服务理论以及公共价值管理的兴起，质量改进更加注重以人为本和公共价值创造，公民满意度成为评判公共服务质量的重要标准。公共服务质量改善的核心在于通过识别符合公民需求的公共价值体系，不断提高公共服务的效率与质量，实现公共利益，创造更大的公共价值，这关乎以对公众负责为核心的政治责任的实现，以及组织责任文化的建设。

政府购买公共服务是公共服务市场化的重要举措，它的主要驱动力在于竞争。在实践中，政府购买公共服务的实施并不一定会带来服务质量的改善和供给效率的提高。有研究表明，不完善或不充分的绩效监控可能会导致公共服务质量下降。[③] 而绩效评估的运

---

① 包国宪、刘红芹：《政府购买居家养老服务的绩效评价研究》，《广东社会科学》2012 年第 2 期。

② 〔美〕西奥多 · H. 波伊斯特：《公共部门绩效评估》，肖鸣政等译，中国人民大学出版社 2016 年版，第 179 页。

③ S. Domberger and P. H. Jensen, “Contracting Out by the Public Sector: Theory, Evidence, Prospects,” *Oxford Review of Economic Policy*, 1997, 13 (4).

用则有利于保障政府购买公共服务实施的有效性，是重要的监督控制机制。

对结果导向原则的重视是绩效评估的主要特征之一。结果导向是以结果为基础的责任制，这样的绩效评估试图回答的问题是“事情做得对吗”[①]，可以为监督者提供关于公共服务质量与效率的相关信息。同时，重视结果导向也为公共服务供给部门之间展开竞争、创造市场动力、利用市场机制解决低效率问题提供了有效途径。[②] 由此，绩效压力与竞争激励的结合有效刺激着公共服务承接方产生改善公共服务、提升效率的内在动机。

对外部责任原则的强调是绩效评估的另一主要特征。它不同于以内部层级控制为主的传统责任机制，更着眼于向公民负责，并公开展示绩效水平以接受外部监督[③]，主要涉及透明度与回应性（对公民）等价值的实现。政府购买公共服务绩效评估本身的实施极大地改进了政府与公民间的信任关系，公共服务质量的变化和公民对公共服务态度的变化是公民与政府间信任关系变化的重要表现。[④] 绩效评估坚持人民至上，强调公共服务供给以公民需求为导向，致力于公共服务质量改善与效率提升。与此同时，绩效评估将责任与具体行为联系在一起，转化为具体结果并以可视化的形式展现出来，有利于公民监督，也有助于政府形象的展示，增强了政府对公民的回应性。公民参与使绩效评估体系更容易获得公民支持，政府与公民在绩效评估实施过程中开展互动，并在互动过程中产生信任，促

---

① H. S. Chan and J. Gao, “Putting the Cart Before the Horse: Accountability or Performance?” *Australian Journal of Public Administration*, 2009, 68 (S1).

② 蔡立辉:《政府绩效评估的理念与方法分析》,《中国人民大学学报》2002 年第 5 期。

③ 同上。

④ H. D. Fard and A. A. Anvary Rostamy, “Promoting Public Trust in Public Organizations: Explaining the Role of Public Accountability,” *Public Organization Review*, 2007, 7 (4).

进绩效评估的顺利实施，有利于公民需求和意见的输入，促使政府依据公民需求和意见提升公共服务质量。

二、绩效评估体系在公共服务质量与效率提升中的检验与结果应用

公共责任视角下政府购买公共服务绩效评估体系应用于实践并产生效果，其基础并不在于重新构建一整套公共责任评估体系，而是通过科学方法的选取，将恰当的公共责任绩效指标融于现有评估体系。通过调查研究发现，现有绩效指标大多是在厘清主体责任、明确项目目标的基础上进行的设计，体现了对公共责任与绩效目标的重视。下面我们将通过以下两个案例，从绩效指标设计和结果应用两方面进行分析，说明绩效评估体系的应用效果。

上海市浦东新区祝桥镇江镇社区老年人日间照护中心运营项目主要是为社区内的老年人提供日托服务。根据该项目 2019 年的绩效评估报告，其绩效指标主要由项目完成情况、服务满意度、财务状况、综合成效四个一级指标构成（见表 5-6）。在绩效评估报告中，项目完成情况与财务状况占据较大篇幅，并对每一项服务及其资金使用情况进行了详细介绍。项目完成情况以服务次数或服务人数为衡量标准，财务使用率以实际开支占预算总额的比来衡量，财务核算则主要考察其是否合规，这些都涉及服务承接方的专业责任。在一定程度上，项目完成情况可以说明服务承接方是否对服务对象负责，亦可以体现政治责任。财务管理制度则属于项目管理制度，是法律责任的体现。综合成效并没有量化的标准，仅对项目产生的良好影响进行相关阐述。服务满意度则是服务对象对服务内容、工作人员态度等进行的评价，这两方面指标主要涉及政治责任。不难看出，绩效评估的主要对象是服务承接方，缺少对政府的评估，致使其行政责任缺失。

表 5-6　上海市浦东新区江镇社区老年人日间照护中心运营项目绩效评价表

一级指标	二级指标	主要内容	预期指标
项目完成情况	日常服务	晨检、晨操、助餐	每日 1 次
		理发	12 次
		足浴	8 次
		测量血压	每月 1 次
		助医	24 次
	讲座资讯	国家政策、法规讲座	4 次
		法律咨询	2 次
		读书、读报活动	4 次
		老年法、维权讲座	4 次
	康复技能培训	沪剧、戏曲鉴赏	10 次
		书法课	6 次
		小型体育活动	4 次
		绘画	6 次
		康复训练游戏	4 次
	特色活动	开展疾病预防讲座	4 次
		健康、养生类讲座	8 次
		社区医院、学校等结对	4 次
		专业小组活动	4 次
		兴趣活动	6 次
	节日活动	为老人开展丰富多彩的文艺活动	7 次
		庆生会	25 人
	生活起居服务	老年趣味运动会	1 次
		春游、秋游	2 次
		书法比赛	1 次
		手工编织比赛	1 次
	志愿者服务活动	志愿者、义工招募	2 次
		志愿者、义工培训	4 次
		志愿者、义工表彰	1 次

（续表）

一级指标	二级指标	主要内容	预期指标
服务满意度		服务对象对工作人员态度、服务内容、环境卫生等方面的评价	
财务状况	资金使用率	实际开支占预算总额的比例	100%
	财务管理制度		完善
	财务核算		合规
综合成效	服务内容多元，满足老年人身心需求		
	专业的服务团队和方法，提供高质量的服务体验		

资料来源：《江镇社区老年人日间照护中心运营项目末期评估报告》，https://gxpt.mzj.sh.gov.cn/gxpt/sys/upload/file?url=b979e81e4b9b4020bb56cbb195fb9397，2023年12月4日访问。

从河北省石家庄市新华区发布的《关于2018年政府购买为老服务项目绩效评价报告》可知，该绩效评价指标体系由项目投入、过程、产出、效果4个一级指标，6个二级指标和25个三级指标构成（见表5-7）。其中，产出指标中所包含的实际服务率、完成及时率、质量达标率、资金发放率、确认及时性是衡量承接方服务是否到位、服务质量优劣的客观指标，反映承接方的专业服务能力及其专业责任的实现。效果指标以测量服务满意度为主要内容，是衡量服务质量以及服务是否满足公民需求的主观指标。从对服务对象负责、满足其服务需求的角度看，产出与效果指标都可以体现政治责任。在过程指标中，申报审批、档案管理、资金使用合规性主要体现公共服务承接方的专业责任；制度保障、机制保障、公开公示制度、资金管理制度等体现法律责任；招投标及管理情况、项目实施管理、监督检查，以及投入中的项目立项与资金落实则体现政府相关部门的行政责任；系统应用主要考察新华区民政局是否可以及时将申请的信息录入“石家庄市养老服务综合管理平台”，体现政府相关部门的服务水平及其政治责任的实现落实。由此可见，产出与效果是衡量公共服务改善和效率的主要指标，反映到公共责任类型中则主要体现为对专业责任与政治责任的衡量。该案例中体现行政责任与法律责任的指标占据 11 个，可见政府购买公共服务绩效评估一般来说对行政责任和法律责任较为重视，且考核指标大多集中在对政府购买项目的前期投入与实施过程阶段的考核。

表 5-7　石家庄市新华区 2018 年度政府购买为老服务项目绩效评价表

一级指标	二级指标	三级指标	分值	得分
投入	项目立项		9	7.5
		立项规范性	4	4
		绩效指标明确性	5	3.5
	资金落实		6	6
		资金到位率	3	3
		资金到位及时率	3	3
过程	业务管理		20	12.5
		制度保障	2	1
		机制保障	2	0.5
		申报审批（养老服务申请）	3	2.5
		招投标及管理情况	2	1
		公开公示制度	2	2
		系统应用（养老服务信息录入）	2	2
		项目实施管理	3	1
		监督检查	2	1
		档案管理（承接方）	2	1.5
	财务管理		5	5
		资金管理制度	2	2
		资金使用合规性	3	3

（续表）

一级指标	二级指标	三级指标	分值	得分
产出	项目产出		25	18
		实际服务率	5	2
		完成及时率	5	5
		质量达标率	5	5
		资金发放率（助老资金发放）	5	3
		确认及时性（资金发放及时性）	5	3
效果	项目效益		35	32
		对居家养老服务方式的满意度	7	7
		社会认可度	6	6
		可持续影响	6	6
		享受政府购买为老服务的老人对服务公司的满意度	8	5
		政府购买为老服务整体满意度	8	8
总计			100	81

资料来源：《关于2018年政府购买为老服务项目绩效评价报告》，https://www.docin.com/p-2435246448.html，2023年12月8日访问。

进一步分析该项目绩效评价表可知，从二级指标来看，项目立项分值9分，得分7.5分，其中绩效指标不够明确是其主要问题；业务管理分值20分，得分只有12.5分，其中几乎每一个三级指标得分都有相应的扣分，可见其制度建设尚待完善、管理水平尚待提高，这涉及其法律责任与行政责任的实现；项目产出分值25分，得分18分，实际服务率、资金发放率、确认及时性都有待提高，是专业责任履行不到位的表现；项目效益分值35分，得分32分，其中老人对服务公司的满意度指标扣3分，说明服务质量有待提高、服务内容等有待改善，专业责任、政治责任需进一步加强。深入分析每项绩效指标的得分，我们发现其中还存在一定的不足与问题，如未对绩效指标进行细化量化分解，未见新华区民政局制定内部控制管理制度和人员培训制度，目标责任制及工作长效机制缺失，资金发放不及时，同一服务项目的收费标准相差较大等。

两个案例相比较而言，上海市的案例对项目完成情况、资金使用情况两方面的衡量更为详细、准确，将服务次数和人数作为评估标准，体现了对公共服务数量与效率的重视，但其局限性在于行政责任的缺失。而河北省的案例则是运用打分制进行结果评定，根据得分对每项指标进行量化，且绩效指标设计更为全面，尤其是投入和过程两方面指标，体现了对政府的评估，突出了行政责任与法律责任。这两个案例指标设计及其评估标准的不同，与服务范围和绩效数据的收集有关。上海市这一项目由浦东新区祝桥镇人民政府委托，主要服务于社区，服务范围相对较小，服务对象仅有 25 人，绩效数据易收集；而河北省石家庄市的购买项目主要由新华区民政局实施，服务范围覆盖辖区内 15 个街道办事处、116 个村（居）委会，共有 3263 名居家养老服务人员，绩效数据收集难，指标设计及其评价标准也很难像上海市的案例一样细化。

从公共责任的具体体现来看，这两个案例都对项目的产出或完成情况、资金使用情况、资金管理制度以及服务满意度进行了衡量，分别涉及专业责任、法律责任和政治责任。其中，对行政责任与法律责任的衡量占据相当重要的位置，有关公共服务供给及其过程的政治责任体现则并不明显。这种情况可能与政府购买公共服务实施后的责任分离有关，即政府购买公共服务引入市场机制，公共服务供给具体由社会力量承担，分担了政府在公共服务供给方面的责任，服务提供的及时性、精确性等关于公共服务供给及其过程的政治责任转移给了社会组织，政府相关部门并未重视这方面的政治责任。此外，无论是上述这两个案例，还是前文中所提及的案例，无一例外都忽视了道德责任。道德责任的测量标准量化难度大，加上相关主体的动机难测、行为变化难预料以及数据收集困难、成本高等，都导致了这一方面绩效评价和判断的欠缺。政府作为政府购买公共服务绩效评估的主导者，其价值取向存在偏差、公共责任意识不足或缺少实现公共利益及创造公共价值的强烈内在动机也是其忽视对道德责任衡量的原因所在。

综上，从指标设计来看，与公共服务质量与效率直接相关的指标，主要围绕着项目完成情况及其产生的影响或效益展开，体现了对专业责任与政治责任的重视，但是对道德责任维度的衡量却一直被忽视。同时，上述两个案例说明，绩效评估指标设计及其评价标准需根据公共服务购买项目的变化而变化，需要考虑服务覆盖范围、服务对象特点等众多因素，尤其是产出和效益等衡量公共服务质量与效率的相关指标更需要根据服务项目实际情况不断改进，以提升绩效评估体系的可行性。

三、加强公共服务质量与效率提升中的结果应用，强化公共责任回应

（一）提升绩效结果的公开程度

提升绩效结果的公开度和绩效评估的透明度，促进绩效反馈机制和信息传递网络的建设，为公共服务质量与效率提升奠定坚实的信息基础。构建完善的绩效结果公开机制，规范公开内容，明确信息公开的主要责任主体及公开方式；构建结果公开的奖惩机制，强化结果公开的约束机制，对奖罚情况及时公布，以增强相关组织的责任感。结果公开的内容不仅包括绩效评估等级与评分，还应包括具体的指标得分情况、对结果的分析、需要改进的地方以及改进措施和时限等方面。另外，各个阶段进行的绩效评估结果都需要公布，结果公开时长不应受到限制，要充分利用信息技术，建立相关数据库，建设以政府门户网站为主的多样化公开平台，扩大结果公开的受众面和范围。

绩效报告制度是一种有效的公开形式，有助于增强相关主体责任意识，促进绩效反馈，推进绩效改进。绩效报告的书写需要规范

化，绩效报告的内容及其呈现形式等要有明确规定，各地方公开内容应基本一致，这样绩效报告就具有可比性，便于结果的比较分析与绩效改进。此外，绩效报告的重点应在精而不在多，即应剔除不必要的报告内容，直观反映优劣所在，尤其是面对公民时，绩效报告应当简洁易懂。我国公示的绩效报告以文字为主，辅以必要的表格，这种方式虽然详细，但关键信息不够突出。西奥多·H. 波伊斯特（Theodore H. Poister）提出几种可供选择的报告形式，包括基本的电子表格、使用形象性符号、图解和图示等①，这些形式可以使指标评价结果及其解释性信息更加直观明晰。还需注意的是，政府购买公共服务绩效评估可能由专业的第三方机构进行，也可能由政府部门进行。第三方的绩效报告包括绩效评估的结果与过程，应当尽量翔实、有条理；由政府部门自评的绩效报告，关系到公民对政府的信任问题，则更需要强调报告的客观性和科学性。

（二）科学运用公民满意度评估结果

马克·H. 穆尔在《创造公共价值：政府战略管理》一书中讲道："价值源于个体的需求与感觉，它不存在于任何物理上的形体的变化或被称作'社会'的抽象名词之中。"② 政府购买公共服务的绩效评估，必须满足服务对象的需求，才能将公共价值创造由抽象化为具体。因此，公民满意度评估是政府购买公共服务绩效评估中的一个重要评估维度，它以公民的主观感受为主。科学运用公民满意度评估结果，弱化其主观性对整体绩效结果带来的影响，结合其他客观指标，设置合理权重，不断增强其可信度与有效度。除了要合理设置权重外，更重要的是选取合适的评价主体。选取的调查对象应该是具有代表性的和体现全面性的，以确保公民满意度评估结果的客

---

① 〔美〕西奥多·H. 波伊斯特：《公共部门绩效评估》，肖鸣政等译，中国人民大学出版社 2016 年版，第 98—108 页。

② 〔美〕马克·H. 穆尔：《创造公共价值：政府战略管理》，伍满桂译，商务印书馆 2016 年版，第 73 页。

观与公正。

在调查方式上，公民满意度评估通常以问卷调查为主。如今，线上问卷调查成为发展趋势。虽然它方便快捷，但缺点也很明显，即问卷填写者的个人差异、问卷调查的具体方式、问卷设计的科学性等，在一定程度上都会影响满意度评价结果，导致结果存在偏差。某地区 2017 年度“政府购买公共文化服务专项资金”绩效评估涉及多个文化服务项目，且存在项目实施的地区差异性，但在公民满意度问卷调查中却忽略了这种差异，仅用同一份问卷进行调查，致使此项问卷填写的完整度较低。因此，调查问卷的设计需要充分考虑公共服务的特点、服务对象的具体情况以及地区差异，并在此基础上设计合理的问题，确保调查完整有效。

科学运用公民满意度评估结果就需要对其有正确认识，使其发挥应有的作用和价值。公民满意度评估反映公民对服务质量的感知，是一种有效的公民反馈渠道，也是公民参与政府购买公共服务绩效评估的重要形式。公民满意度评估结果是公民对服务质量以及政府管理行为的客观反映，这也意味着，在结果应用阶段，公民参与的要点在于促使公民在了解政府购买项目及绩效评估情况的基础上输入有效意见，及时知晓绩效改进的进展。① 其本质在于只有公民意愿和评价产生实质的影响和作用时，公民的主体地位才能真正体现。② 而公民参与可以保证公民与政府间的互动，加深公民对政府的理解与信任，也可以提升公民满意度评估结果，形成绩效结果应用的良性循环。有学者通过构建模型和问卷分析指出，公民满意度是影响政府购买服务绩效的最主要因素，且政府管理显著影响公民满

---

① 周志忍主编:《政府绩效评估中的公民参与：中国地方政府的实践与经验》，人民出版社 2015 年版，第 103 页。

② 周志忍:《政府绩效评估中的公民参与：我国的实践历程与前景》,《中国行政管理》2008 年第 1 期。

意度评估。[1] 因此，公民满意度提升的根本在于提升政府管理能力和水平，增强政府购买公共服务管理的有效性。

（三）实施有效的措施对绩效进行比较与改进

公共服务质量与效率提升的关键在于绩效改进，考验的是组织的学习能力、信息提取能力等专业能力，并且需要相关主体具有改进绩效的责任意识与优化管理体系的主动性，这些都涉及道德责任的实现。从政府角度看，需要建立激励机制，以促进公共服务承接方的能力提高和绩效改进。竞争产生激励，有效的竞争促进组织学习。实际上，基于绩效结果的问责和基于结果的对比分析可以创造一种竞争氛围，激励社会组织产生绩效改进的动力。同时，为杜绝潜在机会主义行为，还需要法律兜底，防止不当竞争。这些都可以看作绩效改进的外部驱动力，而这些外部因素可以起到敦促公共服务承接方改进绩效、树立正确的服务动机以及提升服务质量的作用。

除了政府作为政府购买公共服务项目的监管者要创造竞争与激励外，更重要的是发挥公共服务承接方绩效改进的内部驱动力。首先，组织能力影响绩效结果反馈的质量和绩效改进的效果，所以需要提高作为公共服务承接方的社会组织的自身管理水平，实施有效的绩效改进措施，完善组织内部建设，并加强责任意识。其次，鼓励公共服务承接方定期进行绩效评估，跟踪服务供给的进度并根据实际情况及时调整。通过对阶段性成果的及时肯定来增进绩效改进的动力，在对绩效结果的分析与对比中发现差距，寻找原因并不断强化绩效改进动力，从而形成良好的管理循环，持续提高绩效水平。[2] 需要指出的是，绩效评估不应只停留在文件中，应将绩效的改进纳入监管范围，定期考察使绩效评估真正得到落实。最后，学习与进步来自对比，作为承接方的社会组织需要具有学习和反思的意

---

① 王春婷：《政府购买服务绩效的影响因素与传导路径分析——以深圳、南京为例》，《软科学》2015 年第 2 期。

② 陈朝晖：《结果驱动：绩效改进的动力分析》，《科技进步与对策》2003 年第 3 期。

识，在组织内部建立持续改进机制，设置服务质量和服务效率的提升水平、改进方案的完成程度等体现持续改进的发展性目标，在绩效评估后树立绩效榜样，增强组织内部绩效改进的激励力度。通过对评估结果的对比与分析，发现不足之处，进而有针对性地进行能力提升。在横向对比中，绩效比较应对标相似的服务区域、服务对象或服务领域，比较对象要具有一定的可比性，以保证绩效比较的公平性。在纵向对比中，承接方通过对自身绩效的纵向比较来总结经验，取长补短，实现绩效改进。同时，公共服务承接方还需要将那些对绩效改进有用的活动和方法等进行标准化和制度化，并根据环境变化不断调整完善。

第四节　小　结

公共服务关乎民生，与人民群众的获得感、幸福感和安全感密不可分。打造政府保障基本、社会多元参与、全民共建共享的公共服务供给格局是《“十四五”公共服务规划》的主要目标，也是适应人民群众多样化、多层次、多方面公共服务需求的必然要求。在此背景下，建立公共责任视角下的政府购买公共服务绩效评估体系尤为必要。它是价值转变的产物，将评估重点转向公共服务供给过程，提供满足公民需求的公共服务，以通过公共责任的履行创造公共价值，保障政府购买公共服务的可持续发展。

实践中，基于公共责任视角的政府购买公共服务绩效评估体系仍有待完善。在绩效管理中，绩效评估是有效的监督管理工具，是实现绩效管理的关键环节，相对侧重于对行政责任与法律责任的测量。行政责任方面，绩效评估重视项目前期准备和过程管理，具体体现为项目投入和相关制度的执行有效性等指标，内含对上级的回应性及行政行为的可控性等公共价值。法律责任方面，绩效评估主要侧重于各种相关制度的完善性与健全性指标上。然而，在绩效评估的实践中，对绩效管理重视程度不足、指标设计不够科学和精细、指标设计与实际选择存在差异等情况依然存在，成为结果应用的主要障碍。绩效激励不足使得基于结果的问责作用变弱，因此，需要科学设计绩效指标，获得客观的绩效结果，加强基于绩效结果的问责，以发挥绩效评估结果的重要作用。

在预算管理中，绩效评估是一项重要的预算责任监管机制，侧重于对专业责任与行政责任的衡量。公共服务承接方的资金使用合规性、资金使用率等指标是体现专业责任的主要方面，预算编制科学性、规范性与资金到位及时性等是体现行政责任的主要方面，蕴含经济性、合理性、对上级的回应性等价值。绩效结果可以作为考察预算相关责任落实情况、优化预算决策、提升资金使用效率的重要依据，但现实中，预算决策与绩效结果的关联度较弱等问题，阻碍了绩效结果和相关信息的传递与反馈，使得绩效评估在预算管理中的效用不能完全发挥。这就需要在政府购买公共服务的预算管理中，建立系统的绩效结果应用机制，加强绩效结果与预算决策之间的联系，促进预算资金的合理使用。

公共服务质量与效率提升是绩效评估应用的最终目的，以更好地满足公民需要，实现公共利益，而这是政治责任的重要体现。在绩效指标中，衡量公共服务质量与效率的项目完成指标或产出指标，以及服务满意度等指标，则反映了专业责任。公共服务质量与效率提高不仅需要外在约束，更需要通过道德责任进行内在规范和保障，但政府购买公共服务绩效评估常常忽视对这一责任类型的衡量。另外，结果公开程度不足与公民参与度不够制约了公民作为外部监督者的作用发挥，政府与公民互动的减少会降低政府的回应性与透明度，而这恰恰是政治责任的体现。对绩效改进的监管不足与绩效改进措施的针对性不强，进一步阻碍了公共服务质量与效率提高，削减了绩效评估的有效性与可持续性。因此，提高绩效结果的公开程度，夯实公民监督的信息基础，重视并科学运用公民满意度评估的结果，提高公民参与的积极性，实施有效的绩效比较与改进措施，是改善以上情况的重要途径。

通过探索政府购买公共服务实践能够发现，体现行政责任、法律责任、政治责任的相关指标占据重要地位，行政责任与法律责任集中体现在项目投入和管理过程中，政治责任则集中体现在服务满意度评估和项目效益指标上。相对来说，体现政治责任的指标较少，服务供给过程在绩效评估中显得并不那么重要，且对如需求表达、沟通协商、风险防控等细节方面的相关配套机制也没有得到相应重视。专业责任相关指标在政府购买公共服务绩效评估中具有一定的应用，更多体现在公共服务承接方资金使用方面，而对于涉及公共组织内部制度和责任的评估指标甚为少见。同时，道德责任则未受到重视，在相关评价指标中几乎没有体现。

从绩效指标的构建中可以看出，公共责任视角下政府购买公共服务绩效评估体系具有一定的可行性。但是，“履不必同，期于适足”，这一可行性并不是强调必须建立一套完整的普适的包含多种责任维度的绩效评估体系，而是要在对特定的政府购买公共服务项目的责任进行分析的基础上，有针对性地加入公共责任的测量指标，完善现有绩效评估体系。从绩效结果应用来看，现有体现公共责任的绩效评估体系并没有发挥最大效用，没有将基于公共责任视角的政府购买公共服务绩效评估体系应用于实际，并未充分发挥其优势。未来应不断完善公共责任视角下政府购买公共服务绩效评估体系，增强其可行性，拓展其在实践中的应用，强化结果应用方面的研究，不断完善结果应用制度。此外，还需加强绩效结果的公开与问责，促进结果沟通与比较分析，实施有效的绩效改进措施，以真正体现公共责任视角下政府购买公共服务绩效评估体系的价值。

第六章 基于公共责任视角的政府购买公共服务绩效评估责任机制安排

政府购买公共服务将提供服务的责任与满足需求的责任分开，被视为一种公共服务责任脱钩的安排。[①] 绩效评估作为一种监督控制手段，能够有效解决政府购买公共服务中的委托—代理问题，确保公共服务供给的质量，保障公共利益的实现。可见，绩效评估本就蕴含着公共责任的价值取向，发挥着对公共责任的保障作用。然而，现实中责任监督不到位的现象时有发生，导致公共责任缺失，甚至引发公众对政府的信任危机。如何更好地建设政府购买公共服务绩效评估体系，完善基于公共责任视角的政府购买公共服务绩效评估责任机制安排，为绩效评估强化公共责任的作用保驾护航，将是本章研究的核心议题。

第一节 绩效评估与责任机制

为了减少政府购买公共服务绩效评估中的公共责任问题，实施有效的公共责任机制是必然之选。

---

① G. Grossi and R. Mussari, "Effects of Outsourcing on Performance Measurement and Reporting: The Experience of Italian Local Governments," *Public Budgeting & Finance*, 2008, 28 (1).

一、公共责任视角下绩效评估的必然性

公共责任视角下，政府购买公共服务绩效评估的实施具有一定的必然性。其一，政府购买公共服务绩效评估是加强责任制的重要手段。通过政府购买公共服务的形式，政府将提供公共服务的职能转移到作为公共服务承接方的社会力量手中，使其成为公共服务的提供者。政府的公共权力与公共责任分散到社会，社会力量与政府共同承担以实现公共利益为核心的公共责任。由此，市场化打破了公共部门层级责任制的清晰界限，使得利益相关者多元化，绩效期望超载、利益冲突、责任关系复杂且重叠的现象随之发生[①]，传统的责任机制已不再适用。同时，作为承接主体的社会组织加入公共服务供给领域，使得责任体系增加了横向责任关系，但其本身并不受行政责任和政治责任的严格控制；不断扩展的公私联系使得区分公共责任与私人责任也变得更加困难。由此，出于改善责任制的需求，绩效评估作为一种新型责任机制被应用。公共服务市场化将部分公共责任置于市场环境下，这些责任更多地通过市场机制得到落实，而绩效评估则弥补了传统行政责任制的不足。

其二，政府购买公共服务绩效评估对于强化公共责任具有重要的结果应用价值。绩效评估是根据绩效目标对承接主体及其提供的公共服务进行的评价，相关部门依据绩效结果进行责任追究，以此监督承接主体行为与公共服务供给，扩大了问责范围并推进了问责过程的制度化。同时，依据绩效结果设置合理的激励与惩罚机制，有利于增强公共服务承接主体的责任感；绩效结果作为优化管理和决策的依据，通过绩效比较和绩效反馈可以改善公共责任，促使承接主体提高公共服务供给的效率与质量。

其三，政府购买公共服务绩效评估通过对绩效的监控和问责可

---

① M. Bovens, R. E. Goodin and T. Schillemans, eds., *The Oxford Handbook of Public Accountability*, Oxford University Press, 2014.

以有效减少公共责任问题。目前，以政府为主体的绩效评估仍占据主导地位，且有关绩效评估的制度建设仍有待完善。由于信息公开不足、公众参与有限及绩效评估结果利用不到位等制度方面的缺失和体系方面的不完善，可能引发公共责任赤字问题，出现政府不当作为、反应迟钝、不负责任、低效等现象①，甚至引发公众对政府的信任危机，而公共责任意识不足、公私界限模糊、绩效责任难分也易造成政府对于公共责任的规避与推诿。绩效评估正是政府监督相关主体公共责任履行情况的重要途径，有效的绩效评估很大程度上能够体现并反映政府的管理能力、服务水平、回应性与公信力，对于服务型政府的建设具有重大意义。

二、绩效评估与公共责任机制的内在联系

公共责任机制关注公共责任的承担与实现，它不仅要求行动者向授权方或公众披露与使用公共资源有关的所有责任、义务与活动，还要求其对已做或未做的事情负责。② 绩效评估是责任关系的一个基本要素，通过提供客观的绩效信息与基于绩效结果的问责，促进问责机制的制度化，对加强责任机制具有重要作用。绩效评估增加了公共权力行使者的绩效责任，从工作成效的角度给予其压力③，同时也提供了改善管理与决策的依据，从而形成一个良性循环。绩效评估与责任机制的密切联系，主要体现在价值、程序与功能三个方面。

---

① M. Bovens, R. E. Goodin and T. Schillemans, eds. , *The Oxford Handbook of Public Accountability*, Oxford University Press, 2014.

② D. Pangaribuan and A. Supriyanto, "The Effect of Public Accountability and Management Control Systems on Organizational Performance with Organizational Culture as a Moderation Variable," *American Economic Journal: Applied Economics*, 2021, 9 (2).

③ 徐元善、楚德江：《绩效问责：行政问责制的新发展》，《中国行政管理》2007 年第 11 期。

（一）价值统一性

绩效评估融合多种价值判断，内含公共责任这一概念的重要内容，包括对行动者行为效率、效益、服务质量、时效性、公众满意度等的评价。罗姆泽克和杜布尼克建立的复合型公共责任模型重视的价值包含效率、法治、专业化及回应性等。[①] 科林·斯科特也指出，公共责任的价值包含经济价值（如财政廉洁度和货币价值）、社会和程序价值（如公平、平等和合法性）、连续性或安全价值（如社会整合、服务普遍性和安全保障）。[②] 因而，绩效评估与公共责任机制具有价值一致性，均包含了经济价值与公共价值，兼具价值理性和工具理性。

此外，绩效评估本身就孕育着公共责任的价值取向。从公众角度看，绩效评估是公众进行利益表达，参与政府管理的重要途径，贯穿了公共责任与顾客至上的管理理念。[③] 而且，绩效评估的最终目的并不是展示成就或失败，而是在这一过程中发现问题、改善管理、提高公共服务的效率与质量，这涉及公共目标的达成和公共利益的实现，理应涵盖公民期望，体现公共价值。

（二）程序契合性

绩效评估的程序大致包括绩效目标与指标体系的确定、绩效的评估与测量，以及绩效结果的评定与反馈等环节，与责任机制的责任划分与明确、责任落实与监督、责任追究与改善等环节相对照，具有一定的程序契合性（如图 6-1）。

---

① B. S. Romzek and M. J. Dubnick, "Accountability in the Public Sector: Lessons from the Challenger Tragedy," *Public Administration Review*, 1987, 47 (3).

② C. Scott, "Accountability in the Regulatory State," *Journal of Law and Society*, 2000, 27 (1) .

③ 蔡立辉:《西方国家政府绩效评估的理念及其启示》,《清华大学学报（哲学社会科学版)》2003 年第 1 期。

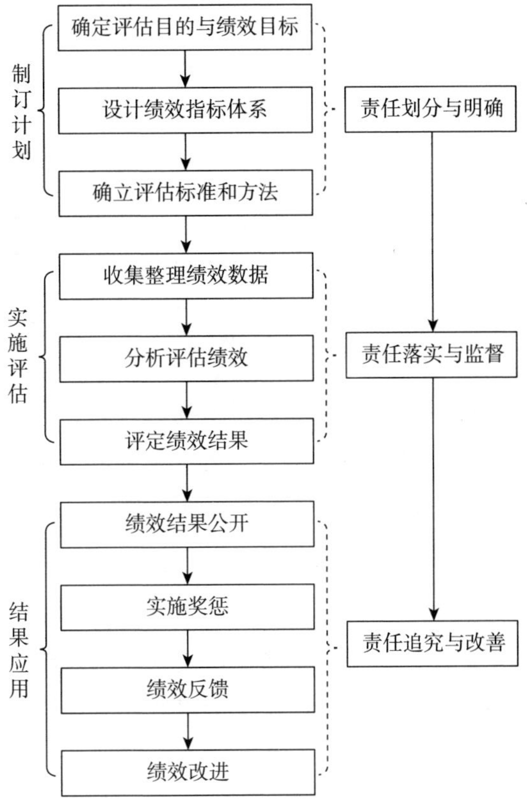

图 6-1　绩效评估与公共责任制

制订绩效评估计划的过程是划分和明确各行为主体责任的过程，评估目的和绩效目标反映组织的责任和使命。制定精确、量化的绩效目标合同是建立责任制的主要工具，它们提供了关于责任承担的详细规定，而预期绩效目标的实现是生产力提高的重要保证。[①] 绩效指标由绩效目标量化而来，以评估绩效目标的完成度。由此，绩效指标的构建依赖于责任的划分与确定，而绩效标准建立的过程就是明确责任的过程。另外，有效的信息交换和绩效沟通可以调节各个行为主体间的权责利关系，进一步明确各行为主体的职责，使其形

---

① H. S. Chan and J. Gao, "Putting the Cart Before the Horse: Accountability or Performance?" *Australian Journal of Public Administration*, 2009, 68 (S1).

成良好的合作关系。信息共享也有利于构建基于反复互动、共同行动、互学互鉴、可持续的公共责任机制和互动关系。

绩效评估的实施过程是对公共责任进行判断和评价的过程，对责任的履行与落实也起着监督作用。责任主体根据责任履行状况进行判断和质询，责任客体进行说明与解释，说明的内容涉及所使用的资源及资源使用的有效性，还包括决策的有效性，而量化的绩效标准使得这一过程易于达成。从这一角度来看，绩效评估是责任的度量工具。

绩效评估的结果应用是促进责任追究与改善的过程。按照权责对等和奖优罚劣的原则将绩效结果与责任追究联系起来，绩效评估就成为责任履行的监督和约束机制，包含目标责任制考核的内容[①]，是强化问责的重要政策工具。通过对量化指标进行评估和测量，判断责任的履行情况，反馈问题与不足，以奖惩机制强化责任感，从而改进绩效水平。由此，绩效结果在一定程度上反映了责任的履行情况与目标的完成度，绩效反馈与奖惩机制相互配合是促进相关主体责任感提升与绩效改进的重要环节。

（三）功能相似性

公共责任机制在对公共部门进行监督和控制、保证公共部门遵纪守法和维护公共利益、防止腐败和权力滥用，以及提高行政能力和效力等方面都有重要作用，这与绩效评估的功能具有一定的相似性。

第一，绩效评估与责任制都具有监督控制作用。责任和控制经常联系在一起，责任的要素之一就是对组织活动进行控制[②]，一个

---

① 王柳、陈国权：《论政府问责制与绩效评估的互动》，《国家行政学院学报》2007年第6期。

② P. Robinson, "Government Accountability and Performance Measurement," *Critical Perspectives on Accounting*, 2003, 14 (1-2).

"在控制中"的组织很可能达到甚至超越其预期目标[1]。责任制强调的是对行使公共权力且具有一定自由裁量权的人进行控制，其基本目的是减少委托人与代理人之间的信息不对称，并确保代理人责任的履行。由此，委托人需要了解代理人的行为，并激励代理人[2]，绩效评估中的信息和奖惩机制为此提供了基础。作为委托人监督控制代理人的重要手段，绩效评估是一套具有较为严谨的规则体系，并以顾客满意为基础的市场化问责机制。此外，从组织内部管理来看，问责机制是员工感知组织公平的基础，如果没有公平的评价体系，那么问责的作用则会减弱，组织员工的公平感知度也将降低。所以，公平、完善的绩效评估体系是问责机制的基础与保障。

第二，两者都具有相同的最终目的。两者都是为了确保高效地实现目标而设计的，均旨在改善公共服务的质量与效率。责任制的主要目标不是在服务和项目没有达到预期效果的情况下实施惩罚措施[3]，这种事后追责的观点，实际上窄化了责任制的含义及作用，且过于注重控制可能会削弱公共责任制促进组织学习的功能和改善治理的能力。实际上，责任制建设包含责任划分与明确、责任履行、责任追究等一系列内容，除了落实公共责任以外，其最终目标还包括通过责任的约束改善服务的提供。同样，绩效评估最为突出的一个作用也是在反馈的基础上发现问题、及时纠偏，进而改进绩效。

第三，两者都有利于加强民主合法性。民主合法性来源于公民对政府部门及其行动的信任与认可，良好的信任关系可以促进社会的良善治理。政府公信力变化的重要原因在于，公共服务质量的变

---

① K. A. Merchant and D. T. Otley, "A Review of the Literature on Control and Accountability," *Handbooks of Management Accounting Research*, 2006, 2 (13).

② G. J. Brandsma and T. Schillemans, "The Accountability Cube: Measuring Accountability," *Journal of Public Administration Research and Theory*, 2013, 23 (4).

③ P. De Lancer Julnes, "Performance Measurement: An Effective Tool for Government Accountability? The Debate Goes on," *Evaluation*, 2006, 12 (2).

化会导致公民对公共服务的态度变化。[①] 由此，公众对政府的不信任经常被归因于公共服务的不良运作。绩效评估是为了进行期望管理而建立的，公民期望是减少不信任的基本解决方案，通过绩效评估不仅可以促进责任的落实与任务的完成，更重要的是，通过信息公开可以对外展示以政府为代表的公共组织的良好形象，给公众监督提供客观信息基础，进而有效增加公众信任。

三、绩效评估助推责任机制的建设

一般说来，在公共组织和非营利组织中实施绩效评估的主要推动力源于改善责任制的需求。[②] 绩效评估将组织目标或任务转变为量化的指标，并对组织行为进行绩效评价，产生必要的绩效结果和绩效反馈，以利于委托人进行监督和控制。同时，绩效评估也是政府提高透明度、促进公众参与、改善问责、增进公平和提高响应能力的重要途径。

（一）健全责任追究机制，强化责任监督

绩效评估的核心是以结果为基础的责任制，试图回答“事情做得对吗?”这一问题[③]，体现了绩效评估的问责作用，即责任追究机制。在“委托—代理”理论视角下，政府购买公共服务绩效评估是使代理人行动不偏离委托人期望的重要手段，是政府作为购买主体（委托人）评判承接主体（代理人）是否履行公共服务提供责任的重要方法。因此，构建科学合理的绩效指标体系可以帮助政府监督承接主体，使其对公共服务供给目标和效果负责，强化其对行动和

---

① H. D. Fard and A. A. Anvary Rostamy, “Promoting Public Trust in Public Organizations: Explaining the Role of Public Accountability,” *Public Organization Review*, 2007, 7 (4).

② 〔美〕西奥多·H. 波伊斯特:《公共部门绩效评估》，肖鸣政等译，中国人民大学出版社 2016 年版，第 143 页。

③ H. S. Chan and J. Gao, “Putting the Cart before the Horse: Accountability or Performance?” *Australian Journal of Public Administration*, 2009, 68 (S1).

结果的责任意识，确保其行为的合规高效。

在组织内部，绩效评估可以营造出强调结果、追究责任的组织氛围，从而提升组织中个人的责任意识，使他们在未来更自觉地使用绩效数据。① 在西方，绩效评估已成为行政人员解释和证明其行为并报告产出及结果的主要渠道②，绩效报告制度成为强化有关主体责任意识的有效途径。政府依据绩效报告中的信息，对公共服务承接方进行问责和质询。而基于绩效结果的惩罚机制又可以对承接方进行责任追究，使其承担行为后果。基于绩效结果的奖励机制亦可以激发承接方的工作热情，促使其履行自身责任，提高公共服务供给的效率与质量。

从组织外部来看，绩效评估可以加强公众问责，强化政府与公共服务承接方的责任感。绩效信息公开为公众提供了关于组织行为的必要信息，公众利用这些信息对组织进行监督和评价，并就政府的决策和管理进行问责。公民参与绩效评估，有可能会发现最关键的问题，从而帮助政府改进工作。③ 政府需要对公民负责，承担实现公共利益的责任，所以公众舆论是监督政府工作的重要力量。一旦公共服务供给出现问题，政府便是公民问责的首要对象，公众舆论给政府带来的压力会促使其更加意识到公共责任的重要性，并对公共服务承接方加强管理和进行责任追究。

（二）推动组织绩效改进，优化组织管理

首先，绩效评估对实现组织目标具有重要的指导作用。绩效评估以量化的指标体系划定了预期目标的明确底线，有利于行为主体

---

① D. P. Moynihan, "Through a Glass, Darkly: Understanding the Effects of Performance Regimes," *Public Performance & Management Review*, 2009, 32 (4).

② S. Mizrahi and Y. Minchuk, "Accountability and Performance Management: Citizens' Willingness to Monitor Public Officials," *Public Management Review*, 2019, 21 (3).

③ H. S. Chan and J. Gao, "Putting the Cart before the Horse: Accountability or Performance?" *Australian Journal of Public Administration*, 2009, 68 (S1).

对绩效目标进行优先性排序，让行动者了解哪些是重要的，哪些是次要的。绩效评估中包含大量客观的、量化的绩效数据和信息，使得信息不对称现象大幅减少，让作为购买主体的政府获得有关公共服务承接主体的组织和绩效信息，从而为其决策、监管提供重要依据。是以，绩效信息为政府提供了履职尽责、改善管理和提高公共服务水平所需的第一手资料。[①]

其次，绩效评估有利于资源的有效配置。运用客观的绩效信息，政府可以有目的地管理公共服务项目或进行资源分配。绩效评估强调的是结果绩效，将结果与政府的财政预算结合起来，作为预算分配的依据，同时配合一定的奖惩措施，可以提高政府的资源分配效率。

最后，绩效评估是促进绩效改进的重要因素。通过设定完整系统的绩效指标和科学规范的评估方法，政府部门可以对承接主体的行为及项目进行了解、考察和评估，并将评估结果及时反馈给承接主体。根据量化结果，承接主体能够较为直观地发现问题，进行反思并从中吸取经验和教训。这一点常常通过组织间的绩效比较来实现，由此形成的绩效标杆或反面教材有利于承接主体产生危机感，积极参与竞争，增进组织间相互学习和促进绩效提升。

（三）加强责任政府回应性，改善公众信任

一方面，绩效评估秉承“顾客至上”的理念，要求以公众为中心，增强对公众诉求的响应，认为满足公众需要是政府的重要政治责任。正如前文所说，绩效评估为公众监督提供了信息基础，同时也提供了监督渠道，在一定程度上深化了公众参与和监督控制的程度。绩效评估中的公众参与有利于公民意识的形成，提升公民参与的积极性和主动性。此外，绩效评估也为政府搭建了一个展示与回

---

① 包国宪、王石:《绩效评估：推动行政管理体制改革的新引擎》,《兰州大学学报（社会科学版）》2008 年第 3 期。

应的平台，以向公众展示良好的形象、增强其公信力。

另一方面，绩效评估可以增强政府的合法性，赢得公众信任。良好的绩效是信任提升的重要因素。绩效评估将责任与具体行为联系在一起，将政府承担的责任以得分的形式进行量化，让公众对政府的作为有具体的了解。全面的任务说明、与成果相关的目标，以及对如何实现这些目标的解释是进行问责的基础。① 公众只有充分了解关于公共服务及其管理的绩效信息，才能了解政府的履责状况，进行有效的监督与问责。在政府购买公共服务中，社会组织对作为购买主体的政府直接负责，对公众间接负责；而政府承担对公民的直接责任，由此形成了一个问责链条。此外，绩效评估也搭建了社会与政府对话以及政府回应公众诉求的平台。通过媒体与公众舆论等渠道，公众与政府部门能进行有效沟通，而政府只有了解公众需求，才能更好地回应公众。

第二节　保障公共责任：政府购买公共服务绩效评估责任机制的优化

绩效评估是政府购买公共服务中必不可少的管理和监督工具，具有监督公共责任履行，强化公共责任，助推公共责任制度化、规范化的重要作用。为了充分发挥这一作用，就需要构建一整套政府购买公共服务绩效评估的制度安排，努力实现现有绩效评估机制与其他相关机制的有机结合与联系。本节将从公共责任机制的信息、评估与结果三个阶段出发，围绕绩效信息、评估过程与结果应用三个关键要素，构建并完善包括相关信息机制、全过程评估机制、结果应用机制等在内的一系列政府购买公共服务绩效评估机制，以保障公共责任落实。

① R. Kluvers, "Accountability for Performance in Local Government," *Australian Journal of Public Administration*, 2003, 62 (1).

一、创建绩效评估的信息机制，奠定公共责任实现基础

要进行绩效管理，首先需要对绩效信息进行管理。[①] 真实可用的信息是进行评估与问责的根本。但信息永远不会是完美的，尤其是在主体多元、环节复杂的政府购买公共服务绩效评估中。因此，为了尽量减少信息缺乏、失真与不对称及信息操纵等问题发生的可能性，就必须进行有效的信息审查，建立包括信息的收集与处理、交流与沟通、公开与共享在内的切实可行的相关机制，为落实绩效评估中的公共责任奠定坚实的信息基础。

（一）构建信息收集与处理系统

政府购买公共服务绩效评估信息机制建设涉及的一个最基本的问题就是信息质量的提升与保障。在政府购买公共服务绩效评估中，政府作为最重要的评估主体，需要综合收集来自承接主体、公民以及政府内部的各种信息，由此组织实施针对公共服务承接主体的绩效及其责任行为的评估和监督，并决定是否对其进行问责等。这些信息不仅包括服务本身的特点、服务对象及其特征、公民需求、承接主体的相关绩效信息，还包括绩效评估过程中绩效标准与指标所需的信息，以及与公共责任相关的行为信息。实践中，数据丰富但缺乏有用的信息是大数据时代常见的现象，且政府购买公共服务绩效评估所需的信息来源渠道多元复杂，从中提取有用的信息并进行处理对政府来说是一种考验，所以，应建立信息收集与处理系统，不断提高政府与相关组织的数据分析与处理能力。

有效的信息收集和处理系统有助于甄别有用信息，以及如何使用这些信息；也有助于增进政府与承接主体之间的理解与协作，让政府更容易发现问题所在并有针对性地加以改善。这不仅要求政府

---

① E. Gerrish, "The Impact of Performance Management on Performance in Public Organizations: A Meta-Analysis," *Public Administration Review*, 2016, 76 (1).

内部建立完整的责任链条，也要求作为公共服务生产者和提供者的承接主体健全内部责任机制，明确责任划分，形成完整的责任链条。此外，可借鉴国外经验进行长期跟踪[①]，将信息收集和处理常态化、动态化、灵活化，确保绩效评估系统的有效性与适应性。

对众多的数据进行全面的分析、筛选与整合是一项十分烦琐的工作，充分利用信息化手段与大数据技术可以提升信息收集效率。但信息收集的质量不仅受到评估主体信息收集与处理能力、技术手段的影响，也受到来自信息提供者的影响，如作为信息提供者的承接方出于自身利益与保持市场竞争优势的考虑，夸大或隐瞒绩效信息。因此，需要通过有力的激励或惩罚措施来影响承接主体的动机，以确保信息的提供全面真实有效，保证绩效评估的客观真实。

（二）构建信息交流与沟通机制

仅仅收集与处理信息是不够的，更重要的是发挥绩效信息的价值，使相关主体纠正突出存在的问题，落实责任并提高绩效，切实履行其管理职能。[②] 信息价值的发挥依靠信息的充分利用，而相关主体对绩效信息的利用不可能在真空环境中发生，而是需要在多主体间的交流与互动中进行。

政府与公共服务承接方作为政府购买的买卖双方，不仅是委托—代理的关系，更是一种协作关系，因此，需要搭建绩效沟通的桥梁，以实现信息的交流和互换，促进彼此间的理解与信任，为绩效改进与责任改善提供条件。在政府购买公共服务中，政府作为委托人实际上在信息方面处于劣势地位。当公共服务职能转交给社会组织后，政府的层级控制力度减弱，且市场的缺陷、承包主体的机会主义动机等造成的信息质量下降，这些都造成两者间的信息交流

---

① 王柳、陈国权：《论政府问责制与绩效评估的互动》，《国家行政学院学报》2007年第6期。

② W. Cameron, "Public Accountability: Effectiveness, Equity, Ethics," *Australian Journal of Public Administration*, 2004, 63 (4).

与沟通不畅。只有建立在信任基础上的沟通才能达到事半功倍的效果。是以，政府作为政府购买公共服务绩效评估的主导者，应对绩效沟通给予足够的重视，建立多元主体参与的绩效评估模式，获得公共服务承接方的理解与信任，以此促进双方的沟通与合作。这意味着，绩效沟通应当贯穿绩效评估全过程：在绩效评估决策阶段，广泛听取意见和建议，协商制订绩效评估的计划或方案；在绩效评估实施阶段，就相关责任行为和绩效进行论证说明，保证结果的客观公平；绩效评估实施后，及时进行绩效反馈，就所发现的问题进行讨论和沟通，制定具体可行的改进措施。

加强公共服务购买双方与公众间的交流与沟通也尤为重要。构建完善的民意表达机制与投诉制度，保障民意表达渠道畅通。不仅政府要了解公众诉求，公共服务的生产者、提供者也要与其服务对象进行交流。公共服务承接方可以在其官方网站或微信公众号等平台设置意见投诉、留言板块，或利用服务热线等，收集公民的反馈与意见；还可以在任务实施过程中通过不定期的问卷调查或走访主动收集公众反馈，及时解决问题并进行改善和补偿，承担作为公共服务提供者的公共责任。第三方评估机构在受政府相关部门委托进行评估工作时，也应加强其与政府、公共服务承接方之间的沟通。由此，各主体间形成良好的、紧密联系的互动沟通关系，就有可能实现信息共享，避免腐败、绩效评估形式化等问题的发生。

（三）健全绩效报告与公开机制

公共责任要求公开透明，向公众负责，涉及信息公开与公众监督。从问责的角度看，公共权力行使者有义务和责任提供其决策与行动的相关信息，这些信息不仅包括公共权力行使者所做的最终决定及行动，还包括做出这些决定与具体行动的过程。绩效报告从绩效评估的各项活动和信息中提取关键部分，并根据责任履行情况进行交付，是加强自下而上沟通的有效渠道。在政府购买公共服务领域，存在双重委托—代理关系，承接主体主要对政府负责，政府是其主要的监督问责机构；同时，政府又面向公民，对公民负责。可见，公共服务承接方应定期向政府进行绩效报告，并通过规定渠道进行公开，使公众了解并监督服务提供的进程及质量。

首先，绩效报告及其公开通常涉及几个关键问题，分别是受众、信息选择和信息量、呈现的形式及信息披露成本。不同的受众提取信息和理解信息的能力有所不同，需要根据受众的特征，调整绩效报告中信息的呈现形式。其一，面对公众，应明确告知绩效报告的公布渠道，方便其查询获取；绩效报告的内容应简单易懂，重点突出；绩效评估结果应多用形象直观的图表形式呈现，便于公众对绩效结果的理解。国际公共部门会计准则理事会（International Public Sector Accounting Standards Board）经过研究指出，为了满足服务接受者的需要，绩效报告至少应涉及四个不同层面的服务绩效信息，分别是：(1)与公共部门目标相关的信息，包括实现这些目标的需要或要求；(2)投入、产出、结果、效率和效果指标，包括服务接受者感受的相关信息；(3)实际绩效与预期绩效的比较，包括影响绩效结果的相关因素；(4)面向时间的信息，包括随着时间推移的绩效结果比较。[①] 这些信息为服务接受者提供了一个参考框架，以评估服务的提供情况。其二，面对被评估者和相关监督机构，绩效报告应详细完整、条理清晰。除包含以上信息外，绩效报告还应包括完整的评估过程，以提高绩效结果的可信度。且出于加强责任制的需求，绩效报告倾向于包含更多的信息，但是这易造成财政负担，因而要量力而行，削减不必要的披露成本，根据实际情况选择要呈现的绩效信息。更重要的是，绩效报告有必要与绩效评估活动的长期有效性联系起来，其内容应包括一段时间内所取得的成果，以及在预定时

① International Public Sector Accounting Standards Board, "Reporting Service Performance Information (Consultation Paper)," https://www.aasb.gov.au/admin/file/content102/c3/M137_14.4_ISPASB_ED54_RPG3_Reporting_Service_Performance_Information.pdf, accessed Feb 12th, 2011.

间内继续提供服务的能力[1]，以利于促进政府购买公共服务项目的可持续发展。

其次，公开的绩效报告应是高质量且具有可信度的，这建立在评估指标科学可行、评估标准客观、评估依据充分的基础上。除此之外，绩效报告中的结果分析要重点突出，改进措施应切实可行。研究表明，有第三方佐证的绩效评估信息往往较易获得公众的信任，即当政府公布的绩效信息与第三方专业评估机构提供的绩效信息一致时，公众对绩效结果的信任度更高。[2] 所以，当第三方评估机构介入政府购买公共服务绩效评估工作时，应当与政府相关部门就绩效指标设计、评价标准达成共识。绩效报告中的指标设计、评价标准也需保持前后一致，在发生重大变化时，需在绩效报告中阐明原因。

最后，绩效报告应具有及时性和可比性。除了进行信息公开、监督目标的达成情况、展现组织能力与成就外，绩效报告还要保证绩效信息能够及时为有关组织决策者所用。无论是纵向不同时段的报告，还是横向同一服务领域不同地区的绩效报告，绩效数据都应该具有一定的参考性。在必要的情况下，绩效报告应提供与评估指标比较相关的信息与结果，以及影响结果的相关因素。

二、构建全过程绩效评估机制

科学的全过程评估机制保障着绩效评估的公平与正义，确保绩效评估中公共责任的实现。在绩效评估的实施过程中，应将能够说明评估对象绩效表现和行为态度的数据，作为判断其是否达到绩效指标要求的证据。因此，绩效评估不仅是工具性和技术性的过程，更是相关利益主体通力合作、达成共识的过程。只有完善政府购买

---

① A. Neale and B. Anderson, "Performance Reporting for Accountability Purposes: Lessons, Issues, Future," *International Public Management Journal*, 2000, 3 (1).

② 周豪、包国宪:《信息来源、信息一致性与公众对政府绩效信息的信任——基于调查实验的发现》,《公共管理评论》2021 年第 3 期。

公共服务绩效评估的决策机制，遵循规范、科学的评估流程，制定科学、合理、有效的绩效评估指标体系，才能得到科学客观的绩效信息，也才能更好地促进公共责任的履行。

（一）完善绩效评估的决策机制

政府购买公共服务绩效评估涉及多元主体，是一个达成共识的复杂过程。共识的达成通常通过协商来实现，共识主导的公共价值为竞争性的利益表达与制衡提供了一个可用的框架。[①] 因此，在政府购买公共服务绩效评估的决策过程中，利益相关者需要就该项目所应达成的绩效目标、绩效指标和评估标准，以及绩效评估中各主体的责任和义务等基本问题达成共识，形成绩效契约，以保证其合法性，并获得利益相关者的支持，以保证政府购买公共服务项目绩效评估的顺利实施。另外，从多元参与的角度来看，将服务对象纳入绩效评估过程可以有效反映其需求，使公共服务供给更好地改善民生；公共服务承接方的加入则有利于提高评估的准确性，使其对自己所要达成的目标做出承诺；政府相关部门则作为绩效评估工作的主导者，引导正确的价值取向，进行最终决策。除此之外，决策过程中还要纳入绩效评估有关专家，为制订科学的绩效评估计划提供建议和参考，增强绩效评估的专业性。

（二）科学规范全过程评估程序

绩效评估应贯穿政府购买公共服务管理的全过程，为优化政府治理提供依据，促进可持续发展。科学规范的绩效评估流程有助于确保绩效评估机制的规范性和可行性，促进绩效评估的制度化建设，同时也为绩效指标的有效使用提供保障。完整的绩效评估应该贯穿政府购买公共服务的所有环节，嵌套在特定的管理情境之中，并且

① 王学军、张弘：《公共价值的研究路径与前沿问题》，《公共管理学报》2013 年第 2 期。

要检视该流程是否合法、合规、合理。①

在政府购买公共服务的前期准备阶段，应对其进行事前评估和论证，制订相应的绩效评估计划或方案。在确定具体的绩效目标前，要明确实施绩效评估的总体目的，实施双重绩效评估。因此，绩效目标的确定需要同时考虑政府和承接主体双方的责任因素，即政府主要承担管理、决策、监督责任，承接主体则主要承担提供公共服务的责任。绩效标准要与绩效目标和具体评估指标保持一致，且绩效标准应是可以达到的，应尽量具体、可衡量、表述清晰。绩效评估指标体系构建完成后，应选择合理的评估方法，为科学评估的实施提供条件。从具体技术上看，对于定量绩效指标与定性绩效指标需要采取不同的评估方法。从评估主体上看，是由作为购买方的政府进行评估，还是交由第三方的专业评估机构，都应在明确各种评估方法利弊的基础上进行协商。

之后，应进行数据的收集与整理，这涉及上文所述的信息收集系统。在信息收集过程中应确保数据的质量，审查数据的真实性及其与指标的适配性，明确数据收集的渠道和方式。进入分析评估阶段，评估主体对收集到的绩效数据进行分析评估，提取有用信息，并根据指标进行量化评估，得出绩效结果。为了便于奖惩和追责，可以根据结果进行评分或评级，定级标准需进行统一协商，应有优劣之分，并保证所有结果都有对应的等级，且等级之间相互排斥。在结果应用阶段，有必要进行结果公开，利用绩效结果进一步完善政府购买公共服务绩效评估，将其作为下一绩效周期目标确定、指标调整的依据。各个主体还需要通过结果的反馈，进行结果的比较与分析，并进一步落实责任、提升绩效。

由此，全过程评估程序不仅需要规范从绩效评估计划制订到绩效评估实施，再到绩效结果应用的过程，更要规范政府购买公共服

---

① 尚虎平:《政府绩效评估中“结果导向”的操作性偏误与矫治》,《政治学研究》2015年第3期。

务管理的全过程。① 这应与项目管理流程相结合，即在立项准备时进行事前评估，考察其必要性和可行性；在项目实施过程中，通过绩效评估进行绩效和责任监控；项目实施后进行终期评估，将其作为项目验收的依据并改进管理方式。

（三）构建可行的绩效指标体系

确定合理的绩效目标是构建科学、合理、有效的绩效指标体系的前提条件。设计指标体系前，应该清楚地认识到绩效指标中需要体现什么样的要求和期望，即评估对象的行为或活动应该达到什么样的影响与效果。显然，对于不同地区、不同的服务内容和服务对象，公共服务供给所要实现的效益与影响是不同的。因此，绩效目标的设定要与绩效指标体系紧密结合，并符合实际，具有一定的适用性。

政府购买公共服务的绩效评估指标涉及多方面要素，所以需要对众多绩效指标进行协调与整合，进行维度的划分。绩效评估指标体系的维度划分并没有特定的标准，我们可以从公共责任和公共价值的视角进行分析。从公共责任视角看，政府购买公共服务绩效评估主要涉及政府和承接主体两大评估对象，应全面考虑各主体的公共责任行为及其责任履行情况。政府方面涉及制度的规范性与完善性、决策的科学性、监督问责的力度与效果、支出与投入等；承接主体方面涉及承接服务的专业能力、组织架构的完整性、生产的规范性、合同的完成情况、组织内部的制度规范等。从公共价值视角看，要综合考虑公共性与经济性。政府购买公共服务涉及公共服务和公共利益，理应体现透明度、回应性、公平性、责任感等公共价值。效率、效益等经济价值是衡量承接主体组织能力的重要标准。

绩效评估指标体系不仅要具有全面性与合理性，更要具有科学

---

① P. J. Brook and S. M. Smith, *Contracting for Public Services: Output-based Aid and Its Applications*, World Bank, 2001.

性、可操作性和有效性。一是体现在绩效指标的平衡方面。不仅要平衡公共性指标与经济性指标，还要平衡定量指标和定性指标。经济性指标最容易进行量化，而公众满意度、制度规范性等公共性指标相对难以量化，需要通过抽样、问卷调查等方式进行评估，其结果更多地取决于调查对象的主观评价。冲突是客观存在的，需要做的不是摒弃某一方面，而是通过对指标权重的科学计算，平衡定量指标与定性指标的数量与占比，确定科学的评估标准，选择合适的评估方式，确保指标的科学可行。

二是体现在绩效指标的效度与信度方面。绩效指标体系的构建涉及数理统计等专业知识的运用，需纳入专家意见，谨慎选择确定指标的方法和工具。绩效指标构建完成后，需要进行科学的验证与测试，并适度调整以确保绩效指标具有可操作性，保证其信度与效度。数据收集方式和数据质量亦是影响绩效指标信度与效度的重要因素。此外，绩效指标的制定还需考虑数据的表现形式，因为不同的表现形式适用于体现不同的数据特征，所以应谨慎选择数据的表现形式。另外，应警惕对指标的曲解和滥用，在指标设计和评价过程中尽量保持客观，对工作人员进行相关培训是加深其对于指标理解的有效方法。

三是体现在相关利益主体对绩效指标的支持与认同方面。科学、合理、有效的指标体系需取得利益相关者的支持。绩效指标的构建很大程度上影响着利益相关者对于绩效评估体系的支持与信任以及对公平性的感知，也影响着绩效评估体系的科学性、可行性与有效性。因此，需要进行利益相关者分析，在决策过程中尽量纳入有关利益主体，以促进其对指标体系的理解与支持。绩效指标体系的设计与完善是一个长期的过程，在绩效评估的实施过程中，应定期回顾指标设计是否合理，根据实际情况不断进行调整。

三、完善绩效结果应用机制

“结果导向”是绩效管理的重要原则，绩效评估的作用发挥依赖其结果应用。总的来说，对绩效结果的运用体现在结果公开、基于结果的问责、绩效奖惩和预算管理、分析与反馈、改进绩效等方面。以结果为基础的责任机制是绩效评估中的一个基本方面①，而在我国的政府购买公共服务绩效评估实践中，对结果导向的理解有时存在偏差，对结果的运用存在流于形式的现象。所以，完善绩效结果应用机制势在必行。

（一）实施有效的绩效激励机制

出于监督和履行公共责任的目的，本着为人民服务的原则，应依据绩效结果奖优罚劣，实现绩效结果与问责机制的有机结合，形成行之有效的激励约束机制。

在制订绩效评估计划的过程中，政府作为公共服务购买者应谨慎确定对公共服务提供者的绩效预期。如果公共服务承接方专注于基于任务的高度激励措施，则有可能取代程序目标，即容易忽略程序的正当性和公平性，以及其他未被衡量的服务质量等方面。② 因此，在公共领域中，绩效评估被视作替代性工具，以弥补公共服务供给过程中竞争环境、利润刺激、市场规则和价格信号等的缺失。绩效评估通过参数比较和现状评估，反映服务需求、服务质量等真实信号，体现为一种实现约束和持续改进的动力机制，在某种意义上起到了价格信号的功能作用。③

在达成绩效目标、符合公民期望、实现公共利益的基础上对评估对象进行物质或精神上的奖励，可以调动评估对象承担责任、完成绩效目标的原始动力。而利用惩罚与制裁措施防止评估对象的违法违规与不当行为，以消极性力量调动被评估者提高绩效、改善服

---

① 周志忍：《为政府绩效评估中的“结果导向”原则正名》，《学海》2017 年第 2 期。

② D. P. Moynihan, et al., “Performance Regimes Amidst Governance Complexity,” *Journal of Public Administration Research and Theory*, 2011, 21 (1).

③ 卓越、赵蕾：《公共部门绩效管理：工具理性与价值理性的双导效应》，《兰州大学学报》2006 年第 5 期。

务、承担责任的积极性。利用绩效激励可以在行动者网络中分散风险[①]，但其前提在于绩效结果的承担者是分明的，可以进行责任追究。当公共服务提供者面对的激励是不当的，奖罚全凭主观臆断或问而不责时，那么他们可能产生懈怠心理[②]，行动积极性下降，服务提供的质量和效率也得不到保障。此外，还要注重绩效奖惩的公平性。制定相对公平的奖惩措施，需要考虑不同对象的特征，借鉴同一领域不同地区对相似对象的奖惩力度，差异不宜过大；也要考虑成本效益因素，量力而行。同时，还要平衡奖励与惩罚，进行奖惩的有效组合，实现最大的激励效果。

（二）建立积极的绩效反馈机制

绩效结果为相关主体改善责任和绩效提供了依据，同时也为公众监督公共服务质量提供了判断依据。因此，建立积极的绩效反馈机制，将绩效结果及时反馈给相关主体，可以充分发挥其促进绩效改进的作用。绩效结果并不只是展示成就的成绩单，更应该反作用于政府购买公共服务及其绩效评的估实践中，协助责任落实和绩效改进。

一方面，绩效反馈通过比较实际绩效与期望绩效之间的差距，影响管理决策与组织绩效。[③] 因此，绩效反馈的核心在于通过对结果的分析发现绩效差距。这种分析比较不仅包括实际结果与期望结果之间的比较，还包括结果的横向比较与纵向比较。前者在一定程度上影响着政府与承接方之间的合同能否继续，也为绩效目标是否需要调整或重新确定提供参考。横向比较则作用于组织内外，通过对

---

① L. M. Benjamin, "Bearing More Risk for Results: Performance Accountability and Nonprofit Relational Work," *Administration & Society*, 2008, 39 (8).

② S. Paul, "Accountability in Public Services: Exit, Voice and Control," *World Development*, 1992, 20 (7).

③ 王程伟、马亮：《绩效反馈如何影响政府绩效？——问责压力的调节作用》，《公共行政评论》2021 年第 4 期。

社会同类可比组织进行绩效比较，得出绩效差距。[1] 政府作为购买公共服务的购买方，通过对同一领域相似项目的绩效进行横向比较，对承接方提出改进意见。同时，公共服务承接方本身也要关注绩效问题，同时进行组织内部绩效对比，总结经验，实施改进措施。纵向比较则是一种历时绩效比较，通过对现在与过去的绩效比较，可以更清楚地了解绩效的变化情况，发现改进空间和组织的发展潜力。

另一方面，绩效反馈与绩效沟通密切相关。畅通绩效沟通渠道可以有效促进及时的绩效反馈。在政府购买公共服务绩效评估中，由于涉及的主体多元复杂，若绩效反馈只存在于政府购买公共服务的买卖双方，则易形成政府与公共服务承接方之间封闭的“黑箱”，因此更要重视公众对绩效结果的反馈，了解公众需求，听取公众意见。另外，绩效反馈应具有连续性，将其作为长期不间断的行为，贯穿政府购买公共服务的全过程。立项准备阶段的事前绩效评估及其结果应及时反馈给被评估组织，使其了解自身的优势与不足并进行改进；项目实施过程中亦需进行绩效反馈，提示承接方目标达成进度，并从中发现问题，及时调整工作方案，不断优化绩效管理；项目完成后的绩效评估则为下一阶段的项目实施和绩效管理提供改进依据。

（三）制定可行的绩效改进措施

绩效反馈在于找差距、寻原因，绩效改进则在于解决问题，优化管理并改善服务。绩效改进是对绩效反馈的回应，要有针对性和可操作性。绩效改进是绩效评估的后续应用，连接着下一个绩效周期的目标与计划制订，绩效评估工作的闭环由此形成。因此，绩效改进关注的重点在于，通过绩效结果反映的问题改进管理过程，控制责任行为，从而达到改善绩效结果的最终目的。

---

① 王程伟、马亮：《绩效反馈如何影响政府绩效？——问责压力的调节作用》，《公共行政评论》2021 年第 4 期。

落实绩效改进措施，重要的是刺激公共服务承接方产生绩效改进的动力，这涉及道德责任的实现。在绩效评估的过程中，绩效结果大多以定量数据的形式呈现，而这些数据难以反映公共服务承接方的内在动机。所以，政府部门的判断能力、对公共服务承接方的监督，以及承接方组织内部的绩效改进动机就显得尤为重要。公共责任不仅要求公共部门对其承担的责任和结果进行说明，更重要的是以良好的组织能力实现公共价值。政府购买公共服务的相关主体应具有对公民负责、以公共利益为根本的公共责任意识，并将这种意识内化为动力，外显为道德行为，自觉提升组织能力，制定可行的绩效改进措施，促进绩效的提升。任何绩效改进方案都应该是具体的、可实施的，且是可给予公共服务承接方以指导的。所以，有必要对绩效改进工作进行评估，在政府购买公共服务绩效评估指标体系中加入相关衡量指标，并将绩效激励措施与绩效改进情况相关联，以刺激公共服务承接方进行绩效改进。政府也应该注重提升自身的管理和监督能力，落实公共责任，促进绩效评估承诺的实现。

第三节　强化公共责任：政府购买公共服务绩效评估配套责任机制的完善

除健全政府购买公共服务绩效评估体系外，还要促进其与外界环境和相关配套制度、机制的交互与融合。具体而言，可以从公共项目规划与管理、预算管理、公民参与机制完善、组织管理与学习机制建设等方面落实公共责任，为政府购买公共服务绩效评估提供保障和支持。

一、实施有效的项目规划与管理

（一）科学制订绩效合同

政府购买公共服务的买卖双方通过签订合同达成协议，明确规定服务项目的预期产出、支付方式、违约责任等具体内容，以对双方的责任和义务做出具体规定，引导双方正确地履行责任和义务。绩效合同的重点在于合同中融入的绩效理念。在制订政府购买公共服务合同时，应预先设置清晰的绩效目标和明确的评估标准，明确承接方的任务，引导其围绕目标和具体任务展开行动。

首先，明确合同的目的和性质，合理设计绩效合同。政府购买公共服务合同具有公益性，并具有第三人利益合同的特性①，所以应以公共价值为主要的价值导向，为实现公共利益为目的进行合同管理。其次，明确界定相关主体的职责和责任关系。在绩效合同中，应将绩效监控和服务标准等规范要求以文字形式清晰写明，便于承接主体理解政府对项目目标、过程、结构和结果的期望。此外，评估要素须与公共服务的目标相匹配。最后，在合同制订的过程中，应对公共服务购买项目的各个方面进行全面的考虑。在合同中明确绩效是政府规制公共服务承接方行为的最佳方式。所以，合同中应明确规定公共服务承接方所要提供的服务，并明确绩效激励和惩罚措施②；还需要就相关工作人员的权利和义务进行明确规定，以保障工作人员的利益，防范工资拖欠、劳动合同纠纷等风险。在绩效合同中制定风险防范策略是使用绩效问责制时所应考虑的核心问题。③在合同中除了要规定公共服务买卖双方的职责外，还应当体现公共服务接受者的地位，明确界定其权利与义务，为其主体功能的发挥提供依据和参照。

（二）合理选择绩效指标

绩效评估为项目管理提供信息，影响项目管理的价值实现，所

---

① 周佑勇：《公私合作语境下政府购买公共服务现存问题与制度完善》，《政治与法律》2015 年第 12 期。

② 陈雪娟、余向华：《政府购买公共服务的演进动因和实践反思：国际视野的比较与启示》，《改革与战略》2020 年第 5 期。

③ L. M. Benjamin, "Bearing More Risk for Results: Performance Accountability and Nonprofit Relational Work," *Administration & Society*, 2008, 39 (8).

以绩效评估应与组织战略目标保持一致，服务于项目管理。西奥多·H. 波伊斯特认为，设计有效的绩效评估指标要优先了解项目背后的逻辑以及外部影响因素①，这样才能准确、有效地构建绩效评估指标来保障项目的成功。在项目规划与管理中，绩效评估倾向于关注对组织最为重要的一系列产出和结果的横向指标。② 绩效指标是绩效信息的来源，其科学性与合理性直接关乎绩效信息与结果的可用性。

结果导向是绩效评估最重要的原则之一，绩效结果直接反映了特定政府购买公共服务项目所需完成的既定目标。体现绩效结果的指标一般包括产出指标与成果指标。公共服务供给的数量、质量、时效、成本等指标属于产出范畴的指标，成果指标则是指公共服务供给所带来的有形与无形的影响或效益。直接产出并不是衡量项目成功的唯一因素，只是最低标准，而其所产生的成果也是衡量项目成功的重要标准。相比较来说，政府作为公共服务的购买者以及公共事务的管理者，需要对人民负最终责任，其着眼点不仅在于保证公共服务供给的数量、质量等方面，更重要的是关注公共服务为人民带来的实质性影响，即是否改善了民生、实现了公共利益、创造了公共价值。因此，在公共服务这一关乎公共利益实现的领域，其目标及指标构建过程中应纳入公众期望，反映公众需求，以提供满足公众需求的公共服务。绩效评估为政府与公众间的持续互动奠定了基础，是公众感知公共服务质量的重要方式。公众满意度评价不仅是测量公众需求的主要手段，也是公众参与公共治理的重要表现，是评判公共服务供给效果的重要内容。

科学有效的管理过程会产生有益的结果。项目管理考验的是部门间或组织间的协同能力，尤其是在政府购买公共服务领域，因为

---

① 〔美〕西奥多·H. 波伊斯特：《公共部门绩效评估》，肖鸣政等译，中国人民大学出版社 2016 年版，第 142 页。

② 同上书，第 29—32 页。

它不仅涉及政府各部门的协作，也涉及政府与社会主体之间的协作。绩效评估建立在厘清政府购买公共服务相关主体权责关系的基础上，为监控管理过程中的责任履行奠定了基础。政府购买公共服务项目是公共支出的重要组成部分，过程绩效指标可以从资金管理与组织实施两方面入手。资金管理包括资金分配的合理性、资金到位率、使用的合规性、使用效率等指标，而组织实施则主要包括制度健全性和执行有效性两个层面。

（三）全过程的绩效与责任监控

政府购买公共服务项目是公共项目的一种，公共项目与其他项目本质上的不同在于需要实现公共利益与公共责任，以产生对社会良好的外部效应。绩效评估与公共项目管理的结合，有利于进一步促进绩效政府与责任政府的融合。[①] 作为一种有效的责任监控方式，绩效评估理念应用于政府购买公共服务项目管理的各个环节，形成全过程的公共责任监控。

在项目立项之初，需要明确两个基本问题：项目实施的必要性及项目实施的可行性。一方面，在项目管理中，将绩效评估前置，即进行需求评估，通过过去经验和现实需求来预测未来需要，形成可靠的决策或计划依据，科学确定服务项目的规模。需求评估是科学立项的必经环节，需充分尊重客观事实，综合考察是否有必要实施政府购买公共服务项目。另一方面，项目是否可行包括项目实施环境的可行性、购买主体对项目实施的支持能力等。良好的实施环境是项目顺利进行的可靠保障，实施环境不仅指项目实施所需的经济市场环境，即市场的竞争程度、承接主体的服务能力及资质审核等，也包括政府作为社会公共事务的管理者所创造的政策或制度环境。从这一角度来说，实施环境构成了政府购买公共服务项目的供

---

① 尚虎平、杨娟：《公共项目暨政府购买服务的责任监控与绩效评估——美国〈项目评估与结果法案〉的洞见与启示》，《理论探讨》2017 年第 4 期。

给侧需求，是项目实施的基础条件。

项目实施运行过程中，管理与监督不可或缺，共同形成对公共责任的全过程监控，其目的是发现项目运行过程中存在的问题，并进行及时反馈与适时调整，以保障项目顺利进行。绩效评估可作为项目中有效的变化控制系统，通过考察政府购买公共服务项目是否符合相关要求以及是否具有可行性，判断项目是否应随实际情况加以调整。公共服务供给是一个长期持续的过程，实施定期评估便于监督项目进度和责任落实情况。

需要警惕的是：一方面，绩效评估执行以及项目实施过程中存在目标置换的风险。参与主体的行动选择偏差在一定程度上会背离公共责任要求，带来目标的偏离。这源于各主体遵循的制度逻辑存在差异①，动机也有所不同。承接主体作为评估对象，为在竞争中保持优势，维持与政府的合作关系，功利动机占据主导地位，提供虚假数据的可能性提高；作为购买主体的政府可能会出于效率的考虑，将本应由自身承担的责任或压力转嫁给承接主体或者第三方评估机构，致使其负担加重。实施绩效评估的目的不是给相关主体提供规避责任的机制，但在环境或多种复杂动机的共同作用下，可能会产生上述风险。另一方面，在相关规定较少的背景下，绩效评估具有相当大的自由裁量权。为了避免自由裁量权过大带来的负面效应，在进行政府购买公共服务项目绩效评估时应具体问题具体分析，做好政策解读工作，在遵循相关政策的基础上进行精细化和规范化管理。政府购买公共服务的道德框架来源于公共服务所体现的价值、义务和标准，而这些价值、义务和标准又来源于法律、政策和公认的公共服务合约。② 因此，除了完善绩效合同和政策制定外，应健全

---

① 陈晓蓉、张汝立：《手段偏差与目标替代：制度逻辑视角下政府购买服务绩效评估困境》，《求实》2021 年第 5 期。

② W. Cameron, "Public Accountability: Effectiveness, Equity, Ethics," *Australian Journal of Public Administration*, 2004, 63 (4).

与政府购买公共服务及其绩效评估相关的法律体系，规定法律底线，加强对相关主体责任行为的制约。

二、实施科学合理的预算管理

政府购买公共服务项目属于财政支出范围，涉及公共财政，必须保证公共财政取之于民，用之于民。对预算资金编制科学性、预算资金使用合规性等方面的评估是政府购买公共服务绩效评估的重要组成部分，也是政府预算管理的内在需求。在预算管理中运用绩效评估，目的是利用绩效信息做出更为科学的资源分配决策，提高预算使用效率。

（一）坚持绩效导向，加强预算绩效问责

公共服务的投资周期长，效果具有滞后性，为保证资金的合理使用，减少腐败现象，需要建立长效的、可持续的资金监管机制。完善的预算绩效管理流程是进行有效过程监督的前提，是加强预算绩效问责的保障，也是促进预算管理科学性、合理性的重要尝试，有助于强化预算管理方面的行政责任。所以不仅要对其使用效果进行评估和监测，更要监督财政资金的使用过程，便于在发现问题时追查资金的流向与状态。程序的规范性可以促进行为的规范性，保证结果的准确性，同时也是推行精细化管理的必要条件。加强对资金使用过程的评估，有助于追踪资金的使用效率和动态，为预算绩效问责、调整分配提供依据。

在预算管理中，如果管理不规范、监督不到位，腐败现象就会加剧。[①] 预算编制作为政府决策的重要方面，是一个关于利益的博弈过程，也是一个试图达成一致的过程。政府决策者需要平衡各方利益，但决策者是有偏好的，其偏好也会受利益相关者的影响，最终

---

① 王泽彩：《预算绩效管理：新时代全面实施绩效管理的实现路径》，《中国行政管理》2018 年第 4 期。

影响预算的编制。而绩效结果则为预算编制提供了客观依据，有利于相关主体就预算编制达成共识，减少主观偏好对于预算编制的影响。因此，评估主体应培养绩效结果应用意识，推广绩效结果应用的有效措施，借鉴学习优秀案例，将科学准确的绩效评估结果作为经费结算、财政预算安排以及下一轮项目预算编制和资金申请的依据，建立健全绩效评估结果的反馈机制。

综上，预算管理不仅注重与绩效评估相结合，也强调与项目管理相结合，应贯穿整个项目过程。通过事前评估、识别公众需求、进行风险预估、判断项目的必要性与可行性等环节，决策者可以根据战略规划进行目标确定和预算配置。在项目的实施阶段，全过程的绩效监控同时也是对预算执行的监控。在结项验收时，根据最终的绩效评估结果，判断政府购买公共服务项目是否完成预期目标与实现公共利益，进行费用支付或决算。在决算过后，将绩效评估过程及结果写入绩效报告，进而实施具体的问责、奖惩和改进措施，为下一周期的预算配置和项目管理积累经验，以优化决策和管理，形成良好的循环。所以，预算管理与项目管理在流程上具有一定的契合性，两者通过绩效评估建立更加密切的联系。

（二）实现信息整合，优化预算资源配置

政府购买公共服务项目是政府实施预算绩效管理的对象之一，绩效信息连接着绩效评估与预算管理。预算管理提供了政府“可以做什么”的信息，绩效评估则为政府提供了“事情如何进行”的信息，预算管理与绩效评估形成一个有机整体，为政府合理配置财政资源提供支撑。因此，实现两者的信息整合是必然选择。

从政府购买公共服务绩效评估来看，不论是以政府为主导的评估模式，还是委托第三方专业机构进行的绩效评估，实际上都是对公共服务承接主体资金使用的监督，目的是让财政资金使用到位。在政府购买公共服务中，政府作为公共事务的管理者，拥有规则制定、财政拨付、监督管理等重要权力，承担以实现公共利益为核心

的公共责任，关注的焦点在于资金的使用是否合法合理，使用后能否达到预期收益，是否实现了公共利益；而政府作为委托人，基于经济的考量，同时需要关注项目的效率，即是否用最小的成本获取最大的收益。公共服务承接方作为预算资金的使用者，其主要责任在于建立组织内部的财务管理制度并合理合法地使用预算资金，留存相关数据向政府有关部门进行报告，配合政府部门的绩效评估工作。因此，综合衡量效率与公共责任，在政府购买公共服务绩效评估中纳入预算衡量指标，合理设置并平衡相关指标的权重，以考察资金使用的合规性与使用效率，是降低项目成本、提升绩效的内在要求。

从全面预算管理看，政府分配财政资金，一要合理，二要考虑全局。因此，应将政府购买公共服务绩效指标整合到整体预算过程中，为全面的预算绩效管理提供信息基础，建立政府购买公共服务项目与其他财政支出事项之间的联系，为优化政府的整体预算配置提供依据。结果应用对绩效目标的回应是全面实施预算绩效管理的重要路径，以此优化预算绩效目标的设置和审核，提高绩效评价结果的应用质量，为预算配置优化提供依据。①

（三）运用绩效结果，切实调整权责关系

随着社会的发展，有限的公共资源与人们日益增长的需求之间的矛盾日益扩大。如何在有限的财政预算范围内满足人们日益增长的需求，即如何提高资金使用效率是政府作为公共事务管理者面临的一大挑战。基于绩效的预算管理发挥重要作用，它以客观测量的绩效结果为依据，进行责任追究，增进社会公平。在政府购买公共服务中，政府作为财政资金的分配者，通过责任的层级传导使地方政府和相关部门承担相应的绩效责任，同时，政府通过签订契约，

---

① 朱俊立：《财政预算绩效目标和绩效评价结果应用之间的回应性制度安排研究》，《经济研究参考》2018 年第 27 期。

制定资金使用条款，规范承接主体的资金使用行为。如此，基于绩效的预算成为判断行动效率的技术支撑。[①] 打通政府购买公共服务项目与绩效预算结果间的隔阂，依据绩效结果实施绩效奖励或惩罚措施，这种压力与动力的组合形成有力的预算约束，规范财政资金的使用。建立预算管理与绩效评估间的联系，不只是依据绩效评估结果进行责任追究，还要建立更深层次的关系，将绩效评估结果与预算配置和政策调整挂钩。此外，在预算执行过程中，面对新出现的风险与问题，需要及时反馈并解决，以避免资金浪费或影响项目进度。绩效评估完成后，应针对问题进行逐一整改，持续跟进改进程度，适时向社会公开改进情况。

合理的权责配置是预算绩效管理的重要前提，协调权责关系有利于预算管理与绩效评估的一体化建设。在我国，财政部门承担整体监督和预算配置工作，对政府其他部门公共服务购买的整体工作，或者重大公共服务购买项目进行绩效评估；预算主管部门是公共服务承接方预算资金使用最直接的监管者，负责具体的项目预算并对其实施监督。可见，预算是连接政府与公共服务承接方的关键因素，从财政部门到预算主管部门，再到公共服务承接方实质上形成了完整的预算责任链条。政府预算主要来源于公民，需取之于民，用之于民，对人民负责是公共责任的核心要义，公民成为这一责任链条的起点。因此，要通过预算使用创造公共价值，并向社会公开预算报告，接受公民监督。财政部门和预算主管部门都具有公开绩效报告的义务，而政府购买公共服务信息平台的建设则为信息公开提供了便捷的渠道。同时，为避免信息分散，需要对相关信息进行整合，明确各个网站信息公开的主要内容；在合同、相关公告中标明绩效报告公开的渠道或方式，以方便公民查找。

此外，重视人民代表大会及人大代表在预算绩效管理中的重要

---

① 王泽彩：《预算绩效管理：新时代全面实施绩效管理的实现路径》，《中国行政管理》2018 年第 4 期。

作用，听取各方对预算使用及监督的改进建议，促进资金配置合理化。全面实施预算绩效管理不仅连接了绩效评估与预算管理，实质上也是对权责关系的再调整。① 作为管理者，政府关心的是财政资金的使用是否合法、是否有效，而绩效评估则成为相关部门决策的重要依据。预算绩效管理不仅体现了承接主体的资金使用效率，更重要的是，展示了其承担公共服务供给的能力，同时也有利于规范政府各层级之间的财政关系和责任关系，为公众监督提供基础。

三、建立健全公民参与机制

公共责任要求公共部门及其工作人员以公共利益为核心，对公民负责。建立健全政府购买公共服务绩效评估中的公民参与机制，完善公民退出和发声机制，尊重公民意愿，提高公民话语权，是强化公共责任制的重要内容和配套措施。

（一）实现全过程参与，避免公民支持缺位

公民参与应贯穿政府购买公共服务绩效评估始终，应避免公众作为利益相关者的支持缺位。一个系统被感觉到的合法性很大程度上取决于其利益相关者的支持程度②，就公共服务领域的绩效评估系统来说也是如此，需要取得社会公众的支持与信任。绩效评估中公民参与的总体目标是建立一个持久的过程，公民在这个过程中评价政府的业绩以使政府政策和服务反映社区（公民）的需求。③ 若想要发挥公民的作用，就需要将公民参与融入政府购买公共服务绩效评估的每一环节，着力消除“走过场”和“形式主义”等现象，推动公民

---

① 卢扬帆、尚虎平：《财政领域全面实施绩效管理的权责关系与定位》，《中国行政管理》2018 年第 4 期。

② 〔美〕西奥多 · H. 波伊斯特：《公共部门绩效评估》，肖鸣政等译，中国人民大学出版社 2016 年版，第 207 页。

③ 〔美〕马克 · 霍哲、张梦中：《公共部门业绩评估与改善》，《中国行政管理》2000 年第 3 期。

参与从“形式”向“实质”发展，获取公民支持，夯实信任基础。

首先，在绩效目标的确定与指标体系的构建过程中，应进行需求评估，充分了解公民期望，尊重公民意愿。这一环节包括选择服务项目与承接方、确定战略规划与目标、构建绩效指标体系、制定衡量标准等内容。政府部门、承接方、公民与相关专家等利益相关者共同协作，制定绩效目标与指标体系，发挥各自作用，构建更为有效的绩效评估体系。公共服务的最终受益人是公民，公民的需要与期望是制订目标计划的重要来源，只有真正了解公民需求，才能做到有针对性地生产、提供公共服务，判断服务项目的紧迫与优先程度，进而做出合理安排，提高服务使用效率，有效分配资源。在这个过程中，公民也会增加对目标与指标的了解，为之后的绩效评价奠定基础。

其次，公民的外部评估是绩效评估的重要组成部分。公民通过外部评估，可以与管理者一同系统地、周期性地监督服务供给或追踪项目运作。外部评估中，与公民评估相关的指标以主观评价为主，包括公众满意度指标的评定与运用、绩效报告与结果公开、绩效信息与结果的使用与反馈等内容。周志忍指出，公众满意并不存在完全客观的标准，而是取决于“期望质量”与“感受质量”之间的差距。[①] 公众满意通常都是相对的，取决于公共舆论、个人效能感、透明度等诸多因素，不能孤立使用，应将其与其他量化指标结合起来，并根据实际情况中不同服务的公民期望值或供给水平合理确定其权重。另外，公众进行评估时会受到个体认知水平与能力的影响。因此，绩效报告与结果公开要立足于民，用公众更能理解吸收和喜闻乐见的形式来呈现绩效信息，并为公众提供充分的反馈与投诉渠道，及时吸纳公众意见，提升信息透明度与公众问责力度。

---

① 周志忍:《政府绩效评估中的公民参与：我国的实践历程与前景》,《中国行政管理》2008 年第 1 期。

（二）消除障碍，推动公众问责与发声

按照公民参与的基本形式与公民参与产生的实际影响，绩效评估中的公民参与可分为无参与、无效参与、有限参与、高度参与、主导型参与五个层次。[1] 基于该分类，我国政府购买公共服务绩效评估中的公民参与属于有限参与，主要参与方式为公众满意度评价。但目前，公众的发声机制还未构建完全，发声渠道有限；且政府购买公共服务市场存在供给方缺陷，即政府可选择的公共服务的承接主体少，竞争程度不高，有时即使绩效评估结果不理想也别无他选。所以，公共部门有必要创设有利于公民参与的制度环境，尽力消除公民参与的政策或制度障碍，发挥公民参与的最大效用。

政府工作人员绩效观的转变是消除障碍的前提，要使其以民为本，重视公民参与，以实现公共责任与公共利益为主要使命，增强政府回应性。只有公民意愿和评价产生实质的影响和作用时，公民的主体地位才能真正体现。[2] 因此，要重视绩效评估中公民需求的表达及政府对其的回应性，搭建有效的政民沟通桥梁，为政府与公民间的互动与对话提供基础支撑。公民参与不仅包括政府与公民间的互动，还包括公民与公共服务承接方间的互动。

此外，需要创造良好、宽松的制度环境，拓宽公民参与范围，使公民参与有序化、规范化、制度化。健全的民主制度及完善的法律法规是公民参与的保障，有助于增强公民的参与动力，也有助于转变政府人员对公众参与的观念。有时制度建设与法律保障可能不存在缺失，但却在执行时因烦冗的程序或不当的做法扼杀了公众的声音。[3] 所以，在完善制度建设的同时，也要重视政策执行能力的提

---

① 周志忍：《政府绩效评估中的公民参与：我国的实践历程与前景》，《中国行政管理》2008 年第 1 期。

② 同上。

③ S. Paul, "Accountability in Public Services: Exit, Voice and Control," *World Development*, 1992, 20 (7).

升。从参与方式来看，公众参与的渠道一般分为正式参与和非正式参与两种，但我国公民参与的正式渠道较为单一，效果并不明显，反而网络举报等非正式渠道在影响力、政府回应与问题解决的及时性方面具有一定优势。因此，需要拓宽正式参与渠道，加强其有效性和及时性；同时辅以非正式参与渠道，加快信息化建设，充分发挥网络与信息技术的优势。更重要的是，要加强民意调查的专业化程度，合理设计调研问卷，进行科学评估，真实反映公民感受，实现公民参与的规范化与法治化。

（三）培养公民意识，提高公民参与自觉性

绩效评估中的公民参与不只是工具性的技术问题，更是价值认知问题，既涉及政府部门或其工作人员的认知，也涉及公民本身的自觉意识。我国的公民意识发育较晚，且公民素质差异较大，限制了公民参与的发展。而公民参与的不成熟更进一步限制了政府购买公共服务绩效评估的发展。因此，有必要培养公民意识，深化其主人翁意识，积极维护自身利益，提升参与公共事务的积极性。

培养公民意识，增强公民的参与意愿与动力是关键。公民参与的动力是指公民参与绩效评估的目的，以及投入的热情和精力。[①] 从交易成本的角度看，公民参与需要考虑参与所带来的预期回报及投入的成本。这种回报包含改善公共责任的因素，例如更好的服务质量、腐败的减少、回应性的加强等，而成本则是指投入的精力与资源。[②] 公民参与的动因还可能来自其本身具有的责任意识与利益驱动。由此，良好的公民意识是内在驱动，看得到的成效是外在驱动，内外驱动相互融合，共同构成公民参与意愿与动力。

通过教育提升公民的认识和思想道德水平是重要的方式，而通过大众传媒的宣传、公民的满意度调查、参与机制的完善等方式也

---

① S. Paul, "Accountability in Public Services: Exit, Voice and Control," *World Development*, 1992, 20 (7).

② Ibid.

能直接或间接地培育公民的民主意识。同时，应进一步增强公民的参与能力，使其了解参与的渠道、形式与流程等基本信息，熟悉评估的服务项目、理解评估指标、能读懂公开的信息与结果等。此外，公民参与的组织能力、自我管理能力亦需增强。政府购买公共服务绩效评估中的公民参与通常是被动的、分散的，具有随意性。缺乏组织作为依托，个体参与往往力量有限，在利益诉求方面动机不强、信心不足、影响不够。[1] 面对庞大的服务群体，政府与提供公共服务的社会组织的精力也是有限的。而由服务对象组成的民间组织则能成为公民利益表达的强有力载体，形成与公共部门的良好互动与对话关系。

四、优化组织管理，建立学习机制

在组织内部建立绩效评估机制是必要的，通过监控工作人员行为，增强行政控制并增加其责任感。另外，绩效评估是一种积极的公共责任机制，通过绩效比较实现绩效改进，促进组织学习和能力提升。因此，绩效评估与组织能力相互影响，相互促进，通过组织管理和学习机制的建设，能够为政府购买公共服务绩效评估创造良好的组织环境，从而促进组织决策优化与服务改善。

（一）加强绩效考核

有研究表明，在项目管理中，与员工直接相关的变量对项目能否成功的影响最大。[2] 因此，在政府购买公共服务领域，公共服务承接方需要在组织内部建立员工绩效评价制度。

首先，组织内部的绩效考核指标应与组织使命和目标相关联。其中，绩效考核指标在关注员工工作绩效的同时，还应与具体项目

① 包国宪、焦静茹：《政府绩效评估中公民参与的动力机制研究》，《开发研究》2013年第1期。

② F. A. Mir and A. H. Pinnington, “Exploring the Value of Project Management: Linking Project Management Performance and Project Success,” *International Journal of Project Management*, 2014, 32 (2).

的目标相结合，这有助于对接政府购买公共服务项目的绩效评估；实现责任到人，有助于通过承接方组织内部个人责任感的加强，增强组织责任感。其次，承接方组织内部的绩效考核需要获得管理者与员工的支持与理解。[①] 同时，要为绩效评估收集可靠的和可信的依据，确保结果的准确性和客观性，以保证绩效奖励的公平性。最后，在组织内部实施公平的绩效奖励措施。绩效奖励可以激发员工的动力[②]，但奖励须以绩效为前提，只有让员工感受到绩效评估的公平性、奖励的公平性才会激发其积极性。政府部门也不例外，但其激励因素更为多样和复杂。因此，政府部门应重视内部的绩效考核，利用有效的激励措施激发员工的内在动机，培养员工的道德意识和责任意识，不断提升其绩效管理能力，助推组织形成基于绩效的组织文化。

（二）实施标杆比较，促进组织学习

组织学习是一个对比反思的过程，即在对绩效结果进行分析和比较的过程中，发现自身的不足与优势所在，进而取长补短，达到改善组织绩效的目的。在组织学习导向下，公共责任机制是一种积极责任制，是发现问题、解决问题的机制[③]，结合绩效评估的回溯、反思、创新的制度特性，可以共同促进组织学习[④]。标杆比较被认为是持续改进的重要工具[⑤]，是一个发现并学习的过程。在绩效管理中运用标杆比较，目的是通过绩效比较，发现绩效差距，寻找造成差距的原因，并进行组织学习，制订绩效改进计划。

---

① 〔美〕西奥多·H. 波伊斯特：《公共部门绩效评估》，肖鸣政等译，中国人民大学出版社 2016 年版，第 167 页。

② Y. Han and S. Hong, "The Impact of Accountability on Organizational Performance in the US Federal Government: The Moderating Role of Autonomy," *Review of Public Personnel Administration*, 2019, 39 (1).

③ 王柳：《绩效问责的制度逻辑及实现路径》，《中国行政管理》2016 年第 7 期。

④ 同上。

⑤ R. Dattakumar and R. Jagadeesh, "A Review of Literature on Benchmarking," *Benchmarking: An International Journal*, 2003, 10 (3).

根据社会绩效差距与历史绩效差距，绩效比较分为横向比较和纵向比较。[①] 在绩效结果的横向比较中，公共服务承接方可以了解到其他组织相对较好的绩效表现，自觉树立绩效标杆，将其作为改进绩效的标准或榜样。绩效结果的纵向比较是指，主要依据时间顺序，对特定时间内某一组织的行为变化进行比较，分析其行为与决策是否需要改进。相比之下，横向比较更多地受到组织环境、能力、结构差异等因素的影响，比较效果受到限制，纵向比较则是组织发现自身问题的主要途径。

横向标杆比较存在一定的前提，即必须保证绩效数据的可比性，以及绩效比较的公平性。在确定标杆的过程中，需综合考虑组织性质、公共服务项目的性质等，且绩效比较的数据是易于理解和获得的。另外，在对绩效比较结果进行解释说明时，要充分考虑项目实施的环境等外在因素，理性分析绩效差距的产生原因，而不是盲目跟从、照搬照抄。这也意味着，在实施标杆比较前，相关主体的关注点应在于如何促进组织学习，制订适合自身的改进措施或方案，而不是寻找缺点，紧抓错误不放，更不应该只是比较而不改进。

（三）提升组织能力，优化组织决策

当前，社会上已形成对于绩效评估的广泛认可，人们普遍认为它不仅可以使公共部门更加廉洁并对公民更加负责，而且能促进组织能力提升和专业水平的提高。[②] 研究表明，组织能力与组织绩效呈显著正相关关系，调节着文化控制、计划控制、奖励和薪酬控制以及行政控制与组织绩效之间的关系。[③] 因此，从根本上说，无论是作

---

① 朱凌：《绩效差距和管理决策：前沿理论与定量研究评论》，《公共管理与政策评论》2019 年第 6 期。

② M. Dubnick and H. G. Frederickson, *Public Accountability: Performance Measurement, the Extended State, and the Search for Trust*, Kettering Foundation, 2011.

③ S. Rehman, R. Mohamed and H. Ayoup, "The Mediating Role of Organizational Capabilities Between Organizational Performance and Its Determinants," *Journal of Global Entrepreneurship Research*, 2019, 9 (1).

为购买方的政府相关部门，还是公共服务承接方，都应加强组织能力和学习机制建设，以促进组织决策更加科学化，增强组织对员工、上级对下级的控制，为组织绩效的提升创造良好的组织环境。

有学者指出，“绩效反馈是管理者捕捉组织能力有效性的有效渠道，不仅可以反映组织遭遇陷阱危机的可能性，也可作为实施能力重构活动的决策依据”①。政府相关部门在完成绩效评估后，可以就承接方的行为与绩效，与承接方责任人或代表交谈讨论，协商改进方案。而更深层次的绩效改进则需要通过绩效评估所提供的绩效结果和绩效信息，形成组织决策的循证依据，从而有针对性地进行决策优化。因此，从绩效评估中获取可靠和有用的信息对组织而言尤为重要。

从组织自身来说，应不断提高组织的信息获取和处理能力，利用信息技术提高信息收集与处理效率，尽量保证绩效信息的客观准确，为决策优化奠定基础；还要增强信息的可见性，减少环境中的不确定性，使更优的决策成为可能，从而对政府购买公共服务绩效产生积极影响。② 通过提供基础广泛的、与组织战略相一致的绩效指标，为管理人员提供更丰富的决策信息，进一步促进组织决策科学化。组织管理人员或决策者对相关信息的感知程度越高，就越有可能使用这些信息来优化决策。③ 所以，提高评估主体的绩效评估能力十分重要。当政府作为评估主体时，需要加强培养并引进与绩效评估相关的专业人才，建设人才队伍，科学设计绩效指标，制订专业的绩效评估计划。

---

① 刘丝雨等:《基于绩效反馈机制的组织能力重构研究》,《系统工程理论与实践》2016 年第 11 期。

② E. Bendoly and M. Swink, “Moderating Effects of Information Access on Project Management Behavior, Performance and Perceptions,” *Journal of Operations Management*, 2007, 25 (3).

③ J. Grafton, A. M. Lillis and S. K. Widener, “The Role of Performance Measurement and Evaluation in Building Organizational Capabilities and Performance,” *Accounting, Organizations and Society*, 2010, 35 (7).

第四节　小　结

在改善责任制的要求下，政府购买公共服务绩效评估的实施是必然的。绩效评估本身与公共责任机制在价值、程序和功能三方面具有高度的契合性，且从公共责任所体现的价值层面出发，绩效评估在更广泛的意义上助推了责任机制的建设。综上，绩效评估作为一种责任机制应用于政府购买公共服务领域具有十分重要的作用，也体现了构建公共责任视角下政府购买公共服务绩效评估体系的必要性。在很大程度上，政府购买公共服务中的公共责任风险是政府监管能力有限以及监督体制不完善造成的，而制度的成熟度与交易成本之间具有密切的联系，即制度越成熟，其成本可能越低。[①] 只有形成机制，人们自动趋向制度目标时，制度才算真正建立并有效运行。[②] 因此，需要加强政府购买公共服务绩效评估及其制度和机制建设，确保成本降低、服务质量及效率提高等良好效应的形成。

根据公共责任机制涉及的信息、评估、结果三个阶段，结合绩效评估实践所反映的问题，从政府购买公共服务绩效评估本身出发，加强与绩效评估配套机制建设，可以形成一整套基于公共责任视角的政府购买公共服务绩效评估责任机制安排（见图6-2）。其中，绩效信息是公共责任实现的基础，亦是问责与改进的基础；绩效评估保障结果正义，促进公共责任的明确与落实；绩效结果的应用则直接关乎绩效评估的有效性，涉及公共责任追究与改善，具有强化公共责任的重要作用。除此之外，在政府购买公共服务绩效评估实践中，项目规划与管理、预算管理与绩效管理等紧密联系，应不断将

---

① R. Merkert, J. Preston and M. Melkersson, et al., "Workshop 2 Report: Competitive Tendering and Other Forms of Contracting-out: Institutional Design and Performance Measurement," *Research in Transportation Economics*, 2018, 69 (1).

② 李景鹏：《论制度与机制》，《天津社会科学》2010 年第 3 期。

各种配套机制与绩效评估相结合，形成良好的循环与互动，为绩效评估创设良好的实施环境。实际的政府购买公共服务绩效评估机制建设，需建立在对特定项目进行具体分析的基础之上，构建适应特定项目的绩效指标。

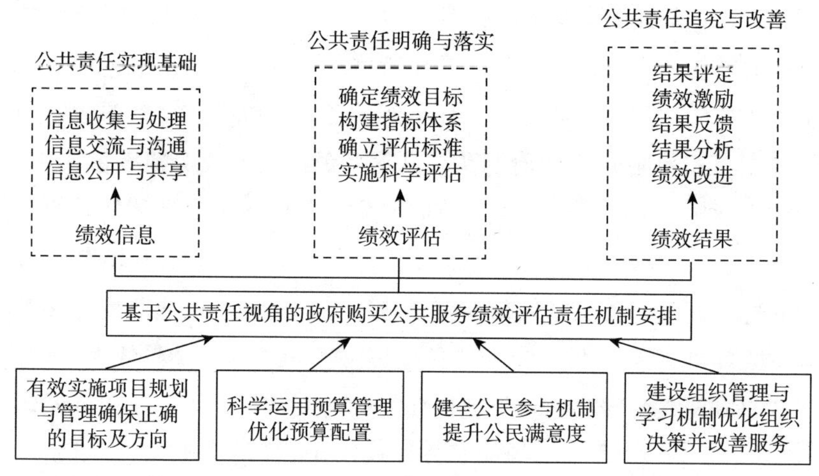

图 6-2　基于公共责任视角的政府购买公共服务绩效评估责任机制安排

此外，本书关于公共责任视角下政府购买公共服务绩效评估责任机制安排的讨论仍存在一定的不足。一是，仅在理论上探讨了政府购买公共服务绩效评估对公共责任机制建设的推动作用。现实中，绩效评估受到相关主体的意愿与能力、组织环境、资源投入等多种因素的影响①，同时，绩效评估本身可能存在诸多困境②，所以绩效

① P. W. Ingraham, "Performance: Promises to Keep and Miles to Go," *Public Administration Review*, 2005, 65 (4); A. A. Amirkhanyan, H. J. Kim and K. T. Lambright, "Putting the Pieces Together: A Comprehensive Framework for Understanding the Decision to Contract Out and Contractor Performance," *International Journal of Public Administration*, 2007, 30 (6-7).

② P. Jensen and R. Stonecash, "The Efficiency of Public Sector Outsourcing Contracts: A Literature Review," Melbourne Institute Working Paper, 2004, 29; G. Grossi and R. Mussari, "Effects of Outsourcing on Performance Measurement and Reporting: the Experience of Italian Local Governments," *Public Budgeting & Finance*, 2008, 28 (1); 袁同成：《当前政府购买社会组织服务评估模式存在的问题及对策》，《社会科学辑刊》2016 年第 1 期。

评估并不一定能够完全实现上述作用。国外学者已开展了许多关于绩效评估作用及其影响因素的实证研究，但目前看来，我国在这方面的研究仍然较为薄弱。一方面，政府购买公共服务绩效评估对于公众来说还是一个“黑箱”，公民参与有限[1]，绩效信息公开不足[2]，使得公众并不清楚其中的实际运作。另一方面，绩效评估涉及因素复杂，而关于绩效评估的数据收集困难和影响因素量化困难，也限制了相关实证研究的展开。

二是，机制隶属并内含在制度中[3]，制度有正式与非正式之分，不仅要加强政府购买公共服务绩效评估相关机制的建设，也要注重其中的信任关系、共享规范、专业能力、绩效文化等非正式制度的建设。由此观之，基于公共责任视角的政府购买公共服务绩效评估责任机制安排不应仅仅关注项目规划与管理、预算管理等较为宏观的方面，也应该关注相关主体间的关系、组织建设等微观方面；且未来应当加强对基于公共责任视角的政府购买公共服务绩效评估作用效果及其影响因素的研究。正所谓“常制不可以待变化”，基于公共责任视角的政府购买公共服务绩效评估责任机制安排也需要与时俱进，在实践中不断完善，以创造更大的公共价值。

---

① 宁靓、赵立波：《公众参与政府购买公共服务绩效评估指标体系研究》，《中国海洋大学学报（社会科学版）》2017 年第 4 期。

② 王克强等：《政府购买社会组织服务项目的绩效评价经验、问题及提升战略——基于上海市的调研访谈》，《中国行政管理》2019 年第 7 期。

③ 赵理文：《制度、体制、机制的区分及其对改革开放的方法论意义》，《中共中央党校学报》2009 年第 5 期。

参考文献

外文著作类

1. C. Pollitt, et al., *Performance or Compliance? Performance Audit and Public Management in Five Countries*, Oxford University Press, 1999.
2. D. F. Kettl, *Sharing Power: Public Governance and Private Markets*, Brookings Institution Press, 1993.
3. D. Moynihan, *The Dynamics of Performance Management*, Georgetown University Press, 2008.
4. G. A. Hodge, *Privatization: An International Review of Performance*, Routledge, 2000.
5. J. D. Donahue, *The Privatization Decision: Public Ends, Private Means*, Basic Books, 1989.
6. M. Bovens, R. E. Goodin and T. Schillemans, eds., *The Oxford Handbook of Public Accountability*, Oxford University Press, 2014.
7. R. D. Behn, *Rethinking Democratic Accountability*, Brookings Institution Press, 2001.
8. R. Mulgan, *Holding Power to Account: Accountability in Modern Democracies*, Springer, 2003.
9. S. J. Kelman, *Contracting in the Tools of Government: A Guide to the New Governance*, Oxford University Press, 2002.
10. S. Kishimoto and O. Petijean, *Reclaiming Public Services: How Cities and Citizens Are Turning Back Privatization*, Transnational Institute, 2017.

外文期刊类

1. A. A. Amirkhanyan, "What is the Effect of Performance Measurement on Perceived Accountability Effectiveness in State and Local Government Contracts?" *Public Performance & Management Review*, 2011, 35 (2).

2. A. Halachmi, "Performance Measurement, Accountability, and Improved Performance," *Public Performance & Management Review*, 2002, 25 (4).

3. A. Hefetz and M. E. Warner, "Contracting or Public Delivery? The Importance of Service, Market and Management Characteristics," *Journal of Public Administration Research and Theory*, 2012, 22 (1).

4. A. Hefetz, M. E. Warner and E. V. Gadot, "Privatization and Inter-Municipal Contracting: The US Local Government Experience 1992 – 2007," *Environment and Planning C: Government and Policy*, 2012, 30 (4).

5. A. M. Girth, "A Closer Look at Contract Accountability: Exploring the Determinants of Sanctions for Unsatisfactory Contract Performance," *Journal of Public Administration Research and Theory*, 2014, 24 (2).

6. B. A. Radin, "The Government Performance and Results Act and the Tradition of Federal Management Reform: Square Pegs in Round Holes," *Journal of Public Administration Research and Theory*, 2000, 10 (1).

7. B. Bozeman, "Public-Value Failure: When Efficient Markets May Not Do," *Public Administration Review*, 2002, 62 (2).

8. B. Germa' and X. Fageda, "What Have We Learned from the Last Three Decades of Empirical Studies on Factors Driving Local Prioritization?" *Local Government Studies*, 2017, 43 (4).

9. B. S. Romzek, "Living Accountability: Hot Rhetoric, Cool Theory, and Uneven Practice," *Political Science & Politics*, 2014, 48 (1).

10. B. S. Romzek and J. M. Johnston, "Effective Contract Implementation and Management: A Preliminary Model," *Journal of Public Administration Research and Theory*, 2002, 12 (3).

11. B. S. Romzek and M. J. Dubnick, "Accountability in the Public Sector: Lessons from the Challenger Tragedy," *Public Administration Review*, 1987, 47 (3).

12. B. S. Romzek, "Living Accountability: Hot Rhetoric, Cool Theory, and Uneven

Practice," *Political Science & Politics*, 2015, 48 (1).

13. B. Stone, "Administrative Accountability in the Westminster Democracies: Towards a New Conceptual Framework," *Governance: An International Journal of Policy and Administration*, 1995, 8 (4).
14. C. J. Heinrich, "Outcomes-Based Performance Management in the Public Sector: Implications for Government Accountability and Effectiveness," *Public Administration Review*, 2002, 62 (6).
15. C. Scott, "Accountability in the Regulatory State," *Journal of Law and Society*, 2000, 27 (1).
16. D. Domberger, C. Hall and E. A. Li, "The Determinants of Price and Quality in Competitively Tendered Contracts," *The Economic Journal*, 1995, 105 (433).
17. D. P. Moynihan, et al., "Performance Regimes Amidst Governance Complexity," *Journal of Public Administration Research and Theory*, 2011, 21 (S1).
18. D. Pangaribuan and A. Supriyanto, "The Effect of Public Accountability and Management Control Systems on Organizational Performance with Organizational Culture as a Moderation Variable," *American Economic Journal: Applied Economics*, 2021, 9 (2).
19. E. Gerrish, "The Impact of Performance Management on Performance in Public Organizations: A Meta-Analysis," *Public Administration Review*, 2016, 76 (1).
20. E. S. Savas, "An Empirical Study of Competition in Municipal Service Delivery," *Public Administration Review*, 1977, 37 (6).
21. E. Springer, "Caught Between Winning Repeat Business and Learning: Reactivity to Output Indicators in International Development," *World Development*, 2021, 144.
22. F. A. Mir and A. H. Pinnington, "Exploring the Value of Project Management: Linking Project Management Performance and Project Success," *International Journal of Project Management*, 2014, 32 (2).
23. G. A. Hodge and K. Coghill, "Accountability in the Privatized State," *Governance*, 2007, 20 (4).
24. G. Bel and X. Fageda, "Factors Explaining Local Privatization: A Meta-Regression Analysis," *Public Choice*, 2009, 139 (1-2).
25. G. Bel and X. Fageda, "Partial Privatization in Local Services Delivery: An Em-

pirical Analysis of the Choice of Mixed Firms," *Local Government Studies*, 2010, 36 (1).

26. G. Brennan, "Institutionalizing Accountability: A Commentary," *Australian Journal of Public Administration*, 1999, 58 (1).
27. G. F. Gómez, A. J. Tadeo and J. Guardiola, "Why Do local Governments Privatize the Provision of Water Services? Empirical Evidence from Spain," *Public Administration*, 2011, 89 (1).
28. G. J. Brandsma and T. Schillemans, "The Accountability Cube: Measuring Accountability," *Journal of Public Administration Research and Theory*, 2013, 23 (4).
29. G. R. Lee, et al., "Outsourcing and Organizational Performance: The Employee Perspective," *The American Review of Public Administration*, 2019, 49 (8).
30. J. Alford and J. O'Flynn, "Making Sense of Public Value: Concepts, Critiques and Emergent Meanings," *Journal of Public Administration*, 2009, 32 (3-4).
31. J. Forrer, et al., "Public-Private Partnerships and the Public Accountability Question," *Public Administration Review*, 2010, 70 (3).
32. J. G. Koppell, "Pathologies of Accountability: ICANN and the Challenge of 'Multiple Account-Abilities Disorder'," *Public Administration Review*, 2005, 65 (1).
33. J. M. Ferris, "The Decision to Contract Out: An Empirical Analysis," *Urban Affairs Quarterly*, 1986, 22 (2).
34. K. J. Meier and L. J. Toole, "Public Management and Organizational Performance: The Effect of Managerial Quality," *Journal of Policy Analysis and Management*, 2002, 21 (4).
35. K. Yang, J. Y. Hsieh and T. S. Li, "Contracting Capacity and Perceived Contracting Performance: Nonlinear Effects and the Role of Time," *Public Administration Review*, 2009, 69 (4).
36. L. M. Benjamin, "Bearing More Risk for Results: Performance Accountability and Nonprofit Relational Work," *Administration & Society*, 2008, 39 (8).
37. M. Bovens, "Analysing and Assessing Accountability: A Conceptual Framework," *European Law Journal*, 2007, 13 (4).
38. M. Bovens, T. Schillemans and P. Hart, "Does Public Accountability Work? An

Assessment Tool," *Public Administration*, 2008, 86 (1).

39. M. Boverns, "Two Concepts of Accountability: Accountability as a Virtue and as a Mechanism," *West European Politics*, 2010, 33 (5).
40. M. David and V. Slyke, "The Mythology of Privatization in Contracting for Social Services," *Public Administration Review*, 2003, 63 (3).
41. M. E. Warner, "Reversing Privatization, Re-balancing Government Reform: Markets, Deliberation and Planning," *Policy and Society*, 2008, 27 (2).
42. N. A. Khanom, "Conceptual Issues in Defining Public Private Partnerships," *International Review of Business Research Papers*, 2010, 6 (2).
43. N. Stefanov and I. Lilov, "Methodology for Analysis and Evaluation of the Effectiveness of Using Outsourcing Services in the Bulgarian Armed Forces," *International Conference Knowledge Based Organization*, 2018, 24 (1).
44. N. Stefanov, "Conceptual Model for Evaluation of the Quality of Outsourcing Services," *International Conference*, 2018, 24 (1).
45. O. Hart, A. Shleifer and R. W. Vishny, "The Proper Scope of Government: Theory and an Application to Prisons," *The Quarterly Journal of Economics*, 1997, 12 (4).
46. P. E. Lingenfelter, "Why Does Performance Budgeting Underperform?" *Change: The Magazine of Higher Learning*, 2021, 53 (3).
47. P. L. Julnes and M. Holzer, "Promoting the Utilization of Performance Measures in Public Organizations: An Empirical Study of Factors Affecting Adoption and Implementation," *Public Administration Review*, 2001, 61 (6).
48. P. Robinson, "Government Accountability and Performance Measurement," *Critical Perspectives on Accounting*, 2003, 14 (1-2).
49. R. Andrews, G. A. Boyne and R. M. Walker, "Strategy Content and Organizational Performance: An Empirical Analysis," *Public Administration Review*, 2006, 66 (1).
50. R. D. Behn, "Why Measure Performance? Different Purposes Require Different Measures," *Public Administration Review*, 2003, 63 (5).
51. R. D. Behn and P. A. Kant, "Strategies for Avoiding the Pitfalls of Performance Contracting," *Public Productivity & Management Review*, 1999, 22 (4).

52. R. H. Dehoog, "Competition, Negotiation or Cooperation: Three Models for Service Contracting," *Administration and Society*, 1990, 22 (3).

53. R. Kluvers, "Accountability for Performance in Local Government," *Australian Journal of Public Administration*, 2003, 62 (1).

54. R. Merkert, J. Preston, M. Melkersson, et al., "Workshop 2 Report: Competitive Tendering and Other Forms of Contracting-out: Institutional Design and Performance Measurement," *Research in Transportation Economics*, 2018, 69.

55. R. Mulgan, "'Accountability': An Ever-Expanding Concept?" *Public Administration*, 2000, 78 (3).

56. R. Mulgan, "Public Accountability of Provider Agencies: The Case of the Australian 'Centrelink'," *International Review of Administrative Sciences*, 2002, 68 (1).

57. S. Barbara and B. S. Romzek, "Dynamics of Public Sector Accountability in an Era of Reform," *International Review of Administration Sciences*, 2000, 66 (1).

58. S. Cuganesan, "The Design of Performance Budgeting Processes and Managerial Accountability Relationships," *Public Management Review*, 2017, 19 (7).

59. S. Domberger and D. A. Hensher, "On the On Performance of Competitively Tendered Public Sector Cleaning Contracts," *Public Administration*, 1993, 71 (3).

60. S. Domberger and P. H. Jensen, "Contracting Out by the Public Sector: Theory, Evidence, Prospects," *Oxford Review of Economic Policy*, 1997, 13 (4).

61. S. I. Lindberg, "Mapping Accountability: Core Concept and Subtypes," *International Review of Administrative Sciences*, 2013, 79 (2).

62. S. Mizrahi and Y. Minchuk, "Accountability and Performance Management: Citizens' Willingness to Monitor Public Officials," *Public Management Review*, 2019, 21 (3).

63. S. Rehman, R. Mohamed and H. Ayoup, "The Mediating Role of Organizational Capabilities between Organizational Performance and Its Determinants," *Journal of Global Entrepreneurship Research*, 2019, 9 (1).

64. T. L. Brown and M. Potoski, "Transaction Costs and Institutional Explanations for Government Service Production Decisions," *Journal of Public Administration Research and Theory*, 2003, 13 (4).

65. T. Schillemans, "Does Horizontal Accountability Work? Evaluating Potential

Remedies for the Accountability Deficit of Agencies," *Administration & Society*, 2011, 43 (4).

66. U. Hvidman and S. C. Andersen, "Impact of Performance Management in Public and Private Organizations," *Journal of Public Administration Research and Theory*, 2014, 24 (1).

67. Y. Han and S. Hong, "The Impact of Accountability on Organizational Performance in the US Federal Government: The Moderating Role of Autonomy," *Review of Public Personnel Administration*, 2019, 39 (1).

68. Y. Han, "The Impact of Accountability Deficit on Agency Performance: Performance-accountability Regime," *Public Management Review*, 2020, 22 (6).

69. Z. Gómez, et al., "Financial and Political Factors Motivating the Privatization of Municipal Water Services," *Local Government Studies*, 2016, 42 (3).

中文著作类

1. 〔美〕E. S. 萨瓦斯:《民营化与公私部门的伙伴关系》,周志忍等译,中国人民大学出版社 2002 年版。

2. 〔美〕W. 理查德·斯科特:《制度与组织:思想观念与物质利益(第 3 版)》,姚伟、王黎芳译,中国人民大学出版社 2010 年版。

3. 〔美〕阿里·哈拉契米主编:《政府业绩与质量测评:问题与经验》,张梦中、丁煌译,中山大学出版社 2003 年版。

4. 范柏乃、段忠贤编著:《政府绩效评估》,中国人民大学出版社 2012 年版。

5. 〔美〕菲利普·库珀:《合同制治理:公共管理者面临的挑战与机遇》,竺乾威等译,复旦大学出版社 2007 年版。

6. 〔美〕马克·H. 穆尔:《创造公共价值:政府战略管理》,伍满桂译,商务印书馆 2016 年版。

7. 王浦劬、〔英〕郝秋笛:《政府向社会力量购买公共服务发展研究:基于中英经验的分析》,北京大学出版社 2016 年版。

8. 〔美〕西奥多·H. 波伊斯特:《公共部门绩效评估》,肖鸣政等译,中国人民大学出版社 2016 年版。

9. 周志忍主编:《政府绩效评估中的公民参与:中国地方政府的实践与经验》,人民出版社 2015 年版。

10. 周志忍、陈庆云主编:《自律与他律：第三部门监督机制个案研究》，浙江人民出版社 1999 年版。

中文期刊类

1. 包国宪、曹西安:《论政府绩效管理中的绩效沟通》,《经济体制改革》2007 年第 1 期。
2. 包国宪、刘红芹:《政府购买居家养老服务的绩效评价研究》,《广东社会科学》2012 年第 2 期。
3. 蔡立辉:《政府绩效评估的理念与方法分析》,《中国人民大学学报》2002 年第 5 期。
4. 蔡立辉:《西方国家政府绩效评估的理念及其启示》,《清华大学学报（哲学社会科学版)》2003 年第 1 期。
5. 曹堂哲、魏玉梅:《政府购买服务中的绩效付酬：一种公共治理的新工具》,《改革》2019 年第 3 期。
6. 陈天祥、何红烨:《政府与社会组织关系折射下的政府职能转变——基于珠三角的一项问卷调查》,《四川师范大学学报（社会科学版)》2016 年第 4 期。
7. 陈巍:《国外政府绩效评估助推公共责任机制建设的经验及启示》,《湘潭大学学报（哲学社会科学版)》2013 年第 1 期。
8. 陈巍、盛明科:《政府绩效评估与行政问责的制度整合》,《湖南师范大学社会科学学报》2012 年第 2 期。
9. 陈晓蓉、张汝立:《手段偏差与目标替代：制度逻辑视角下政府购买服务绩效评估困境》,《求实》2021 年第 5 期。
10. 陈则谦、孙伯谦:《我国政府向社会力量购买公共信息服务的现状分析——基于“指导意见”和“指导目录”的政策文件调查》,《图书情报知识》2016 年第 6 期。
11. 崔正、王勇、魏中龙:《政府购买服务与社会组织发展的互动关系研究》,《中国行政管理》2012 年第 8 期。
12. 丁建彪:《公民参与推动政府绩效评估探析——基于现实依据、实现途径及溢出价值的维度》,《湖北社会科学》2016 年第 11 期。
13. 范柏乃、金洁:《公共服务供给对公共服务感知绩效的影响机理——政府形象的中介作用与公众参与的调节效应》,《管理世界》2016 年第 10 期。

14. 范炜烽、许燕：《政府向社会力量购买公共服务评估指标体系构建研究》，《科学决策》2020 年第 5 期。
15. 高小平等：《负激励：对社会风险评估制度的反思》，《治理研究》2021 年第 6 期。
16. 高晓霞、钱隆：《论政府绩效评估的责任政治逻辑》，《学习论坛》2019 年第 9 期。
17. 管兵、夏瑛：《政府购买服务的制度选择及治理效果：项目制、单位制、混合制》，《管理世界》2016 年第 8 期。
18. 韩俊魁：《当前我国非政府组织参与政府购买服务的模式比较》，《经济社会体制比较》2009 年第 6 期。
19. 韩清颖、孙涛：《政府购买公共服务有效性及其影响因素研究——基于 153 个政府购买公共服务案例的探索》，《公共管理学报》2019 年第 3 期。
20. 韩兆柱、郭红霞：《公共价值管理理论的研究进展与前瞻》，《河北大学学报》2017 年第 6 期。
21. 何艳玲：《“公共价值管理”：一个新的公共行政学范式》，《政治学研究》2009 年第 6 期。
22. 何颖、李思然：《“放管服”改革：政府职能转变的创新》，《中国行政管理》2022 年第 2 期。
23. 胡敏中：《论公共价值》，《北京师范大学学报（社会科学版）》2008 年第 1 期。
24. 胡薇：《政府购买社会组织服务的理论逻辑与制度现实》，《经济社会体制比较》2012 年第 6 期。
25. 吉鹏、李放：《政府购买养老服务绩效内涵界定与评价模型构建》，《广西社会科学》2017 年第 11 期。
26. 季璐等：《社会治理视阈下政府向社会力量购买公共服务评估研究——基于长三角地区的调查》，《江苏社会科学》2016 年第 6 期。
27. 姜爱华、杨琼：《北京市政府购买公共服务绩效评价中存在的问题及对策分析》，《经济研究参考》2019 年第 12 期。
28. 姜爱华、杨琼：《政府购买公共服务“全过程”绩效评价探究》，《中央财经大学学报》2020 年第 3 期。
29. 姜晓萍、郭金云：《基于价值取向的公共服务绩效评价体系研究》，《行政论坛》2013 年第 6 期。

30. 姜晓萍、康健：《实现程度：基本公共服务均等化评价的新视角与指标构建》，《中国行政管理》2020 年第 10 期。

31. 靳永翥、赵远跃：《辐射型多元诉求与前瞻性权威介入：公共政策如何在公共价值冲突中实现“软着陆”》，《行政论坛》2020 年第 6 期。

32. 敬乂嘉：《社会服务中的公共非营利合作关系研究——一个基于地方改革实践的分析》，《公共行政评论》2011 年第 5 期。

33. 句华：《公共服务合同外包的适用范围：理论与实践的反差》，《中国行政管理》2010 年第 4 期。

34. 句华：《政府购买服务的方式与主体相关问题辨析》，《经济社会体制比较》2017 年第 4 期。

35. 李春根、徐乐：《预算绩效评价结果应用的现状与优化》，《中国行政管理》2019 年第 10 期。

36. 李洪佳：《政府购买公共服务绩效评估的难题及破解之道——基于组织间网络的视角》，《行政与法》2019 年第 5 期。

37. 李景鹏：《论制度与机制》，《天津社会科学》2010 年第 3 期。

38. 李军鹏：《政府购买公共服务的学理因由、典型模式与推进策略》，《改革》2013 年第 12 期。

39. 李乐、杨守涛、周文通：《试论公共责任视域下以公民为本的绩效评估指标体系的构建——英国的经验与启示》，《中国行政管理》2018 年第 6 期。

40. 李一宁等：《推进政府购买公共服务的路径选择》，《中国行政管理》2015 年第 2 期。

41. 刘晓静：《范式重构：西方公共行政学的学科衍化与创新探析》，《领导科学》2018 年第 2 期。

42. 卢扬帆、尚虎平：《财政领域全面实施绩效管理的权责关系与定位》，《中国行政管理》2018 年第 4 期。

43. 罗瑜亭、鲁志国：《我国政府购买公共就业培训服务配置效率研究》，《甘肃行政学院学报》2016 年第 23 期。

44. 吕芳：《“异构同治”与基层政府购买服务的困境——以 S 街道的政府购买服务项目为例》，《管理世界》2021 年第 9 期。

45. 马海涛、孙欣：《预算绩效评价结果应用研究》，《中央财经大学学报》2020

年第 2 期。
46. 〔美〕马克・霍哲、张梦中:《公共部门业绩评估与改善》,《中国行政管理》2000 年第 3 期。
47. 马亮:《公众参与的政府绩效评估是否奏效: 基于中国部分城市的多层分析》,《经济社会体制比较》2018 年第 3 期。
48. 宁靓、李纪琛:《政府购买社区居家养老服务的绩效棱柱模型评价研究》,《中国海洋大学学报 (社会科学版)》2020 年第 6 期。
49. 宁靓、赵立波:《公众参与政府购买公共服务绩效评估指标体系研究》,《中国海洋大学学报 (社会科学版)》2017 年第 4 期。
50. 尚虎平:《政府绩效评估中 "结果导向" 的操作性偏误与矫治》,《政治学研究》2015 年第 3 期。
51. 尚虎平:《政府绩效数据生成的客观性与绩效数据选用的主观性悖论及其消解——一个解决政府全面绩效管理流于形式的路径探索》,《中国行政管理》2020 年第 8 期。
52. 尚虎平、杨娟:《公共项目暨政府购买服务的责任监控与绩效评估——美国〈项目评估与结果法案〉 的洞见与启示》,《理论探讨》2017 年第 4 期。
53. 石亚军、高红:《政府职能转移与购买公共服务关系辨析》,《中国行政管理》2017 年第 3 期。
54. 苏明等:《中国政府购买公共服务研究》,《财政研究》2010 年第 1 期。
55. 孙斐:《地方政府绩效评价的公共价值结构图景——基于杭州市综合绩效评价的混合研究》,《行政论坛》2021 年第 6 期。
56. 田凯:《我国公共服务领域政府与社会组织合作关系的发展》,《国家行政学院学报》2018 年第 5 期。
57. 王程伟、马亮:《绩效反馈如何影响政府绩效? ——问责压力的调节作用》,《公共行政评论》2021 年第 4 期。
58. 王春婷:《政府购买公共服务的风险识别与防范——基于剩余控制权合理配置的不完全合同理论》,《江海学刊》2019 年第 3 期。
59. 王春婷等:《政府购买公共服务绩效结构模型建构与实证检测——基于深圳市与南京市的问卷调查与分析》,《江苏师范大学学报 (哲学社会科学版)》2013 年第 1 期。
60. 王佃利、王铮:《国外公共价值理论研究的知识图谱、研究热点与拓展空间——基于 SSCI（1998—2018）的可视化分析》,《中国行政管理》2019 年第 6 期。
61. 王俊、骆威:《公共责任的多面体——大学基金会的复合性公共责任的困境及其改善》,《甘肃行政学院学报》2017 年第 4 期。
62. 王克强等:《政府购买社会组织服务项目的绩效评价经验、问题及提升战略——基于上海市的调研访谈》,《中国行政管理》2019 年第 7 期。
63. 王柳:《绩效问责的制度逻辑及实现路径》,《中国行政管理》2016 年第 7 期。
64. 王柳、陈国权:《论政府问责制与绩效评估的互动》,《国家行政学院学报》2007 年第 6 期。
65. 王名、乐园:《中国民间组织参与公共服务购买的模式分析》,《中共浙江省委党校学报》2008 年第 4 期。
66. 王学军、曹钶婕:《公共价值范式下的政府绩效管理学科体系构建与绩效治理——第五届政府绩效管理与绩效领导国际学术会议综述》,《中国行政管理》2018 年第 1 期。
67. 王学军、王子琦:《从循证决策到循证治理：理论框架与方法论分析》,《图书与情报》2018 年第 3 期。
68. 王雁红:《公共服务合同外包中的政府责任机制：解构与重塑》,《天津社会科学》2016 年第 6 期。
69. 吴帆等:《政府购买服务的美国经验及其对中国的借鉴意义——基于对一个公共服务个案的观察》,《公共行政评论》2016 年第 1 期。
70. 肖雪、颜克高:《一核多元——政府购买服务中的部门间网络关系与行动逻辑》,《公共行政评论》2020 年第 6 期。
71. 徐家良等:《公共价值视域下政府购买公共服务市场竞争度研究——基于 S 市的定性比较分析（QCA）》,《上海行政学院学报》2019 年第 5 期。
72. 徐家良、许源:《合法性理论下政府购买社会组织服务的绩效评估研究》,《经济社会体制比较》2015 年第 6 期。
73. 徐勇:《非营利组织公共责任伦理初探》,《理论与改革》2004 年第 6 期。
74. 薛泽林、孙荣:《分层项目制：上海市推进政府购买公共服务的经验与启示》,《上海行政学院学报》2017 年第 6 期。
75. 闫娟:《政府购买公共服务绩效评估指标体系模型构建与阐释——基于多元取向的立体复合型指标体系模型》,《改革与开放》2016 年第 19 期。

76. 杨黎婧：《公众参与政府效能评价的悖论、困境与出路：一个基于三维机制的整合性框架》，《南京社会科学》2019 年第 9 期。
77. 杨黎婧：《从单数公共价值到复数公共价值："乌卡"时代的治理视角转换》，《中国行政管理》2021 年第 2 期。
78. 叶托、胡税根：《政府购买社会服务的绩效评估指标体系研究——基于德尔菲法和层次分析法的应用》，《广东行政学院学报》2015 年第 2 期。
79. 叶托、隆晓兰：《市场问责机制的局限性及超越：政府购买公共服务的多元问责框架》，《中国社会科学院研究生院学报》2016 年第 6 期。
80. 俞可平：《走向国家治理现代化——论中国改革开放后的国家、市场与社会关系》，《当代世界》2014 年第 10 期。
81. 虞维华：《公共责任的新概念框架——复合性公共责任理论及其意义》，《东南学术》2006 年第 3 期。
82. 贠杰：《中国政府绩效管理 40 年：路径、模式与趋势》，《重庆社会科学》2018 年第 6 期。
83. 赵理文：《制度、体制、机制的区分及其对改革开放的方法论意义》，《中共中央党校学报》2009 年第 5 期。
84. 郑石桥、杨婧：《公共责任、机会主义和公共责任审计》，《中国行政管理》2013 年第 3 期。
85. 周豪、包国宪：《信息来源、信息一致性与公众对政府绩效信息的信任——基于调查实验的发现》，《公共管理评论》2021 年第 3 期。
86. 周志忍：《为政府绩效评估中的"结果导向"原则正名》，《学海》2017 年第 2 期。
87. 周志忍：《政府绩效评估中的公民参与：我国的实践历程与前景》，《中国行政管理》2008 年第 1 期。
88. 朱凌：《绩效差距和管理决策：前沿理论与定量研究评论》，《公共管理与政策评论》2019 年第 6 期。
89. 邹东升、包倩宇：《城市水务 PPP 的政府规制绩效指标构建——基于公共责任的视角》，《中国行政管理》2017 年第 7 期。

后　记

如何有效地对部门和项目的工作绩效进行评估，以帮助管理者改善绩效，是公共管理领域的一大难题，这对于政府购买公共服务来说也不例外。绩效评估可以让管理者从本质上认识到“事情是如何进行的”，绩效数据可以辅助决策，也可作为改进绩效管理的依据。这是长久以来人们对绩效评估一直保有兴趣的原因所在。

政府购买公共服务作为一项改革和创新公共服务供给机制的重要举措，已成为一种普遍且可取的政府惯例。经过多年实践探索，我国政府购买公共服务的范围和规模不断扩大，不仅在公共服务领域的促进功能显著，还进一步助推社会组织培育成长。然而，理论界关于政府购买公共服务的成效到底如何未能达成一致。正如萨瓦斯所言，政府购买公共服务就像拆除炸弹，必须审慎对待，因为错误的决定会导致危险的后果。① 政府购买公共服务不仅是一种经济行为，更是一种政治行为，所以政府购买公共服务绩效评估事实上是一项十分复杂的任务。它既要关注政府购买公共服务的效率等，更不能忽视公正、平等、回应性等公共价值。而公共责任则被理解为对政府购买公共服务绩效评估的回应。

本书从选题拟定、资料查询、调查研究到最后的书稿撰写都离不开老师、学友们的指导与帮助。2013 年，在句华教授的引导下，

---

① 〔美〕E. S. 萨瓦斯:《民营化与公私部门的伙伴关系》，周志忍等译，中国人民大学出版社 2002 年版，第 305 页。

我开始关注公共服务市场化领域，受周志忍教授的指点，聚焦政府绩效管理领域。在两位恩师的悉心指导与启发下，我将研究方向聚焦于政府购买公共服务、非营利组织治理与评估领域，并且顺利完成博士学位论文的撰写。2014 年，有幸参加台湾政治大学两岸暨国际菁英蹲点奖助计划，赴台进行访问学习；同年，作为主要成员参与国家社会科学基金项目“政府向社会力量购买公共服务与事业单位改革衔接机制研究”。2015 年，参与王浦劬教授主持的中英合作项目“政府向社会力量购买公共服务中英经验研究”，赴浙江、河南等地开展实地调研，积累了丰富的一手资料。2018 年，在袁瑞军教授的带领下，赴日参加中日合作“三省社会组织”调研项目，以及早稻田大学举办的亚洲国家地方治理实证比较研讨会……这些学习与调研经历均成为我后续研究的宝贵财富。2018 年，作为项目负责人，我主持的“基于公共责任视角的政府购买公共服务绩效评估研究”获批国家社会科学基金青年项目，本书即其主要研究成果。

这些年来，除了上述老师的指导外，我还得到了很多人的支持与帮助：刘银喜教授帮忙联系调研单位，为课题调研费心安排；燕继荣、李俊清、鲍静、黄璜、张长东等教授在我遇到研究瓶颈时，为我答疑解惑；项目组成员赵娟、王艺潼、高波、杨腾原、朱国伟、李梓钧、赵婷婷、焦诗卉、张蕴萌、苗思瑶、马宏宇、潘晓月、张雪然等不同程度地参与了文献收集、数据分析及实地调研等工作；无私奉献的父母时常相伴，工作繁忙的先生一路陪伴，成为我最坚强的后盾；还有多年来一直关注并鼓励我前行的同学朋友……对此，我常怀感激，铭记于心。

政府购买公共服务实践深入发展，相关改革持续迭代升级，绩效评估和公共政策都处于动态调整之中，需要相关研究的长期追踪。绩效评估在理念、逻辑、方法与指标等方面均可能发生重要变化，本书的研究仅仅是一个开始。由于能力和时间所限，本书难免有疏漏错误，恳请学界同仁、实务专家及读者批评指正。

董　杨

2024 年 9 月